重庆市教育委员会人文社会科学研究项目成果

高职跨境电商产教联盟协同育人创新人才培养研究

向红梅　肖凌云　陈家利　著

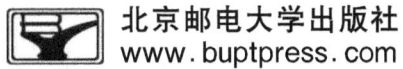

图书在版编目(CIP)数据

高职跨境电商产教联盟协同育人创新人才培养研究 / 向红梅，肖凌云，陈家利著．－－北京：北京邮电大学出版社，2023.5
ISBN 978-7-5635-6913-7

Ⅰ．①高…　Ⅱ．①向…②肖…③陈…　Ⅲ．①高等职业教育—电子商务—产学合作—人才培养—培养模式—研究—中国　Ⅳ．①F724.6

中国国家版本馆 CIP 数据核字(2023)第 076933 号

策划编辑：彭　楠　　责任编辑：王小莹　　责任校对：张会良　　封面设计：七星博纳

出版发行：北京邮电大学出版社
社　　址：北京市海淀区西土城路 10 号
邮政编码：100876
发 行 部：电话：010-62282185　传真：010-62283578
E-mail：publish@bupt.edu.cn
经　　销：各地新华书店
印　　刷：北京虎彩文化传播有限公司
开　　本：720 mm×1 000 mm　1/16
印　　张：12.75
字　　数：242 千字
版　　次：2023 年 5 月第 1 版
印　　次：2023 年 5 月第 1 次印刷

ISBN 978-7-5635-6913-7　　　　　　　　　　　　　　　定价：68.00 元

・如有印装质量问题，请与北京邮电大学出版社发行部联系・

前　　言

在世界百年未有之大变局的情况下,世界之变、时代之变、历史之变的特征更加明显,大国博弈更加激烈,特别是新一轮智能技术迭代升级正在快速推进,创新成为获得国际竞争优势,促进产业经济高质量发展的关键驱动因素。创新人才是驱动产业与企业创新发展的第一资源,加快高水平创新人才培养是实施国家创新驱动发展战略,推动创新转化成国家发展增量的根本所在。高等职业院校是科技创新及创新人才培养的主阵地,肩负着立德树人的根本任务,在推动国家产业经济创新发展中发挥着关键作用。

当前高职跨境电商专业群建设与发展的主旋律以深化产教融合为突破口,促进教育链与产业链、人才链与创新链有机衔接,是提高专业群高质量人才输出,引领产业创新发展的重要举措。本书遵循"问题提出—质化研究—量化研究—对策建议"的逻辑思路。首先,本书阐述了跨境电商产教联盟协同育人的现状,对产教联盟、创新人才培养等核心概念进行了界定,分析了跨境电商产教联盟协同育人的制度缺陷,以及人才输出时"人岗不适"、资源建设不理想、个性化创新人才培养弱化、创新创业育人质量不高等问题。其次,本书利用协同学理论、多元智力理论、人力资本理论,创新提出了产教联盟协同育人的创新人才培养要以学生职业生涯为中心,以产教跨界-融合为理念,重塑协同育人主体的角色,建立跨境电商"人岗适配"的产教协同育人新机制。再次,本书基于三重螺旋理论、人力资本理论,分析了产教互动不足、协同育人利益化、人岗不适、创新人才培养质量不高的影响因素,提出了以对接产业与能力培养为导向,以组织建设和制度完善为切入点,以协同育人为中心,以科技创新与社会服务为抓手,构建跨境电商产教联盟协同育人的创新人才培养新机制,实现技术进步与人力资本"技能培养"的动态适配,形成"技术进步"自上而下和"技能培养"自下而上的创新人才培养新路径。最后,在上述所有研究的基础之上,本书提出了跨境电商产教联盟协同育人的创新人才培养政策建议。

本书是由重庆市教育委员会人文社会科学研究项目"高职跨境电商产教联盟协同育人创新人才培养研究"(课题基金编号:19SKGH251)的理论与实践成果凝练而成的,可为从事电子商务、跨境电商、国际贸易等职业教育者培养跨境电商创新人才,提供理论基础和实践指导。本书第1章至第3章、第9章由重庆电子工程职业学院课题主持人向红梅负责撰写,第4章至第8章由向红梅、肖凌云、陈家利共同撰写。对于本书的不足之处,欢迎专家、学者及广大读者批评与指正,作者将感激不尽。

目　录

第1章　绪论 …………………………………………………………… 1

1.1　核心概念的界定 …………………………………………………… 1
1.1.1　跨境电商的内涵演变 ………………………………………… 1
1.1.2　产教联盟的逻辑内涵 ………………………………………… 3
1.1.3　创新人才培养的内涵辨析 …………………………………… 4

1.2　研究背景 …………………………………………………………… 5
1.2.1　跨境电商的制度创新 ………………………………………… 5
1.2.2　产教联盟协同育人的现实需求 ……………………………… 6
1.2.3　创新人才培养的政策举措 …………………………………… 7

1.3　问题的提出 ………………………………………………………… 8
1.3.1　跨境电商产业人才需求缺口巨大 …………………………… 8
1.3.2　跨境电商专业人才培养与产业需求错位 …………………… 9
1.3.3　跨境电商产教联盟协同育人的问题分析 …………………… 10

第2章　文献综述 ……………………………………………………… 13

2.1　跨境电商产教联盟研究 …………………………………………… 13
2.1.1　产教联盟的内涵研究 ………………………………………… 13
2.1.2　跨境电商产教联盟的研究现状 ……………………………… 14
2.1.3　跨境电商产教联盟的研究述评 ……………………………… 15

2.2　协同育人研究 ……………………………………………………… 16

2.2.1　产教融合协同育人的研究 …………………………………… 16
　　2.2.2　协同育人的共同体研究 ……………………………………… 17
　　2.2.3　协同育人的研究述评 ………………………………………… 17
2.3　创新人才培养研究 …………………………………………………… 18
　　2.3.1　创新人才培养的政策演变研究 ……………………………… 18
　　2.3.2　创新人才培养的研究现状 …………………………………… 18
　　2.3.3　创新人才培养的研究述评 …………………………………… 19

第3章　高职跨境电商人才培养现状研究 …………………………………… 20

3.1　跨境电商人才需求现状分析 ………………………………………… 20
　　3.1.1　跨境电商发展现状分析 ……………………………………… 20
　　3.1.2　跨境电商岗位需求分析 ……………………………………… 23
　　3.1.3　跨境电商人才需求问题分析 ………………………………… 25
3.2　高职跨境电商人才培养现状分析 …………………………………… 27
　　3.2.1　跨境电商人才培养文献数量分析 …………………………… 28
　　3.2.2　跨境电商人才培养主题领域分析 …………………………… 29
　　3.2.3　跨境电商人才培养热点及趋势分析 ………………………… 32
3.3　高职跨境电商产教联盟协同育人创新人才培养现状分析 ………… 34
　　3.3.1　产教联盟协同育人的相关理论 ……………………………… 34
　　3.3.2　产教联盟协同育人的核心理念 ……………………………… 37
　　3.3.3　产教联盟协同培养创新人才的成效分析 …………………… 38
　　3.3.4　产教联盟协同培养创新人才的困惑与担忧 ………………… 41

第4章　高职跨境电商产教联盟协同育人问题分析 ………………………… 44

4.1　高职跨境电商人才输出"人岗不适" ……………………………… 44
　　4.1.1　跨境电商产业新职业新岗位需求变化的新特征分析 ……… 45
　　4.1.2　跨境电商"一岗难求""一将难求"的矛盾分析 ………… 47
　　4.1.3　跨境电商毕业生就业能力与岗位实际需求不匹配 ………… 48
4.2　高职跨境电商数字化教育资源建设不理想 ………………………… 50

4.2.1 传统跨境电商教育资源的固守与割裂 ········· 50
4.2.2 跨境电商数字化教育资源的滞后与匮乏 ········· 51
4.2.3 跨境电商教育资源的"实践性""服务性"缺失 ········· 52

4.3 高职跨境电商产教联盟育人的个性化培养弱化 ········· 53
4.3.1 个性化人才培养理念模糊 ········· 54
4.3.2 个性化课程设置弱化 ········· 54
4.3.3 个性化学分制功效失灵 ········· 56

4.4 高职跨境电商产教融合的教学过程互动性不足 ········· 56
4.4.1 跨境电商产教融合教学互动主体的积极性不够 ········· 59
4.4.2 跨境电商产教融合教学互动载体的体感资源匮乏 ········· 61
4.4.3 跨境电商产教融合教学互动内容学用脱节严重 ········· 62
4.4.4 跨境电商产教融合教学互动路径表层短效 ········· 63
4.4.5 跨境电商产教融合教学互动政策缺位 ········· 65
4.4.6 跨境电商产教融合教学互动反馈滞后 ········· 67

4.5 高职跨境电商产教联盟协同育人的"三化"问题 ········· 68
4.5.1 高职院校跨境电商产教联盟协同育人"表层化"问题 ········· 69
4.5.2 高职院校跨境电商产教联盟协同育人"碎片化"问题 ········· 70
4.5.3 高职院校跨境电商产教联盟协同育人"利益化"问题 ········· 72

4.6 高职跨境电商产教联盟创新创业育人质量不高 ········· 73
4.6.1 高职跨境电商双创教育的创意培养不足 ········· 74
4.6.2 高职跨境电商双创教育的资源建设不足 ········· 74
4.6.3 高职跨境电商双创教育的项目孵化不足 ········· 75

第5章 高职跨境电商产教联盟协同育人的影响因素分析 ········· 76

5.1 高职跨境电商人才输出"人岗不适"的影响因素 ········· 76
5.1.1 高职跨境电商毕业生就业价值取向功利化 ········· 76
5.1.2 高职跨境电商学生持续学习能力不足,岗位适应能力低 ········· 77
5.1.3 人才培养目标多元性弱化,人才输出"同质化" ········· 77
5.1.4 教师产业实践经验不足,创新人才培养的个性化课程设置弱化 ········· 78

5.1.5　专业与创业未深度融合，协同育人的共赢机制未建立 …………… 79
5.2　高职跨境电商教育资源建设不理想的影响因素 ………………………… 80
　　5.2.1　内容体系与平台发展脱节，主体教育资源"单一化" …………… 80
　　5.2.2　培养综合能力导向不强，配套教育资源缺位 …………………… 81
　　5.2.3　重"理"轻"实"现象突出，资源创新力度不强 ………………… 83
　　5.2.4　"单打独斗"现象突出，资源建设力量薄弱 …………………… 83
5.3　影响高职跨境电商产教融合的教学过程互动性不足的原因分析 ……… 84
　　5.3.1　同质化的教学理念阻碍跨境电商产教联盟互动的积极性 ……… 85
　　5.3.2　短缺的资源配置牵制跨境电商产教联盟体感资源互动的充裕性 … 86
　　5.3.3　不对等的利益共同体限制跨境电商产教联盟学用互动的一致协作性 … 88
　　5.3.4　游离的人才培养目标遏制跨境电商产教联盟互动路径的丰富性 … 89
　　5.3.5　柔性的政策导致跨境电商产教联盟的教学互动落地方案的缺乏 … 91
　　5.3.6　混沌的责权影响跨境电商产教联盟互动反馈的时效性 ………… 93
5.4　高职跨境电商产教联盟协同育人的资源、制度、利益分析 …………… 94
　　5.4.1　高职跨境电商产教联盟协同育人的资源分析 …………………… 95
　　5.4.2　高职跨境电商产教联盟协同育人的制度分析 …………………… 96
　　5.4.3　高职跨境电商产教联盟协同育人各主体的利益分析 …………… 98
5.5　高职跨境电商产教联盟双创教育互动不足的原因分析 ………………… 101
　　5.5.1　高职院校跨境电商的创意限于概念、流于形式 ………………… 101
　　5.5.2　高职跨境电商产教联盟的资源建设开放性不足、使用效率低 … 101
　　5.5.3　高职跨境电商产教联盟的项目孵化高概率入、低概率出 ……… 102

第6章　高职跨境电商产教联盟协同育人创新人才培养的机制研究 …… 104

6.1　建立跨境电商"人岗适配"的产教协同育人新机制 …………………… 104
　　6.1.1　去功利化的就业观，树"岗位导向"的择业观 ………………… 104
　　6.1.2　基于共生共度全价值链，搭建"人岗适配"的协同育人平台 … 105
　　6.1.3　建立学生学习能力提升的竞争机制，提高学生未来岗位适应能力 … 106
　　6.1.4　建立个性化创新人才培养机制，提高跨境电商毕业生岗位创新服务
　　　　　能力 ………………………………………………………………… 107

6.1.5 建立可持续发展运行机制,推动跨境电商毕业生高质量就业 …… 107
6.1.6 创新跨境电商教师顶岗实践激励制度,提高教师人才培养的创新能力 …… 110
6.1.7 基于创新创业全价值链,构建"人岗适配"产教协同育人新模式 …… 111
6.2 建立跨境电商数字化的产教协同育人新机制 …… 112
6.2.1 创建多轨动力机制,提升跨境电商课程资源建设驱动力 …… 113
6.2.2 建立数字化资源更新机制,确保跨境电商课程资源时效性 …… 114
6.2.3 建立"网众互动"生成机制,形成资源创新创造融合力量 …… 115
6.2.4 建立多方力量联动机制,打造共建共享资源共同体 …… 117
6.3 强化高职跨境电商"互联网+双创"的个性化培养 …… 117
6.3.1 强化创新创业跨境电商个性化人才培养理念 …… 118
6.3.2 构建创新创业跨境电商个性化课程体系 …… 118
6.3.3 完善创新创业跨境电商个性化学分制度 …… 121
6.4 高职跨境电商产教融合教学过程的互动性机制研究 …… 122
6.4.1 构建跨境电商产教联盟教学主体间的知识与技能互动机制 …… 123
6.4.2 创建跨境电商产教联盟教学载体间的体感资源互动共享机制 …… 125
6.4.3 建立跨境电商产教联盟教学内容学用协同、人才成长长效机制 …… 127
6.4.4 强化跨境电商产教联盟教学与科研互动机制 …… 129
6.4.5 构建跨境电商产教协同育人的法律法规与宏观调控的互动机制 …… 130
6.4.6 强化跨境电商产教联盟协同育人的教学反馈互动机制 …… 131
6.5 对跨境电商产教联盟"多元协同"育人机制的思考 …… 133
6.5.1 "多元协同"视域下跨境电商产教联盟各主体的角色重塑 …… 134
6.5.2 "多元协同"视域下跨境电商产教联盟各主体的话语赋权 …… 134
6.5.3 "多元协同"视域下跨境电商产教联盟的技术赋能 …… 136
6.6 高职跨境电商产教联盟双创育人机制研究 …… 137
6.6.1 以实际绩效为导向,完善跨境电商双创实践育人机制 …… 138
6.6.2 以行业需求为导向,构建跨境电商校企联动育人机制 …… 138
6.6.3 以创业舞台为目标,优化跨境电商双创育人环境 …… 139

第7章 高职跨境电商产教联盟协同育人创新人才培养的路径研究 …… 140

7.1 开辟"人岗适配"的跨境电商产教联盟协同育创新人才新路径 …… 140
7.1.1 跨境电商产业-专业-就业"三业"联通实施路径 …… 140
7.1.2 基于相互需求-共同利益,构建跨境电商专业-产业"双边适配"平台 …… 141
7.1.3 基于树状结构构建"根-干-枝"专业,实现创新人才培养与产业改革的动态"匹配" …… 142

7.2 打造"协同发力"的跨境电商产教联盟创新人才培养新高地 …… 142
7.2.1 共建共享,奏响平台-人才-技术多资源协同"交响乐曲" …… 142
7.2.2 数智驱动,点燃跨境电商产教联盟数智协同的"智慧引擎" …… 145
7.2.3 靶向发力,擘画政-校-企-园多主体协同育人的"发展蓝图" …… 147

7.3 探索"多维教学互动"的产教联盟协同育人新路径 …… 150
7.3.1 基于内容跨界融合,完善教学内容与课程体系间的协调互动 …… 152
7.3.2 基于"欲望激发动力",构建创新创意人才培养的协同互动路径 …… 154
7.3.3 基于高技能人才培养目标,实现科研与教学的纵横互动 …… 155
7.3.4 打破技能竞赛与教学项目屏障,实现赛项融通互动 …… 157
7.3.5 基于供需契合,促进职业素养与专业技能在教学中的融合互动 …… 158
7.3.6 基于成果导向教育,构建人才培养与就业结果互动的反馈机制 …… 160

7.4 探索"多元共治"跨境电商产教联盟培养创新人才的新经验 …… 162
7.4.1 "多元共治"跨境电商产教联盟的法律支撑 …… 162
7.4.2 "多元共治"跨境电商产教联盟的实践探索 …… 164
7.4.3 "多元共治"跨境电商产教联盟的责任约束 …… 167

7.5 探索高职跨境电商产教联盟双创育人路径 …… 168
7.5.1 创新校内外资源共享机制,形成良好的双创育人习惯 …… 168
7.5.2 健全跨境电商"双创"课程体系,促进专创融合 …… 169
7.5.3 健全协调育人评价体系,建立双创育人立法监督机制 …… 169

第8章 政策建议 …… 171

8.1 完善跨境电商产教联盟协同育人"人岗适配"的评价机制 …… 171

8.2 以"多元协同共生"机制遏制创新人才培养的"三化"问题 …………… 171
8.3 优化跨境电商产教联盟"协同发力"创新人才培养新模式 …………… 172
8.4 以创新人才培养质量为核心,实现跨境电商育人的产教互动 ………… 172
8.5 加强高职跨境电商创新创业能力的培养,激发双创育人新动力 ……… 173
8.6 优化"五化一体"产教联盟协同育人的创新人才培养新路径 ………… 174

第9章 研究结论及后续研究 ………………………………………………… 175

9.1 高职跨境电商产教联盟协同育人创新人才培养的研究结论 …………… 175
   9.1.1 跨境电商产教联盟协同育人创新人才培养现状与问题的"局势图" …… 175
   9.1.2 高职跨境电商产教联盟协同育人创新人才培养的"创新图" ……… 175
   9.1.3 高职跨境电商产教联盟协同育人创新人才培养路径的"优化图" …… 176
9.2 高职跨境电商产教联盟协同育人创新人才培养的后续研究 …………… 176
   9.2.1 进一步加强跨境电商产教联盟协同育人的理论研究 ……………… 176
   9.2.2 进一步加强跨境电商产教联盟创新人才培养的企业主体研究 …… 177
   9.2.3 进一步加强跨境电商产教联盟协同育人的评价机制研究 ………… 177

参考文献 ……………………………………………………………………………… 178

第1章 绪　　论

1.1 核心概念的界定

1.1.1 跨境电商的内涵演变

跨境电商源于数字经济,推动了数字经济的发展。随着数字经济的高速发展,跨境电商的内涵不断丰富与革新。尽管跨境电商是传统贸易的改变者、数字贸易和数字经济的推动者,但目前国内外对跨境电商的内涵还存在争议,尚未达成共识。2010年,Weber认为跨境电商的核心是数字产品或服务,跨境电商是通过互联网等电子化手段传输商品或服务的商业交易活动。① 2013年,美国国际贸易委员会(United States International Trade Commission,USITC)将跨境电商的内涵定义为通过互联网传输实现产品和服务销售的商业活动;2014年,其又对这一内涵进行了完善,强调互联网在跨境电商中的作用;2017年,美国进一步扩展跨境电商的内涵,认为跨境电商还应包括实现全球价值链的数据流、实现智能制造的服务以及无数其他平台和应用。② 2019年跨境电商风云变幻。eBay首次出现负增长,平台红利消失。阿里巴巴用20亿美金收购网易卡拉,Shein启动5亿美元融资,蚂蚁金服收购英国万里汇,这都表明中国企业成为跨境支付新引擎。随着《中华人民共和国电子商务法》以及跨境电商零售进口新政策的正式生效,跨境电商内涵的发展迎来高度规范化发展时代。

国内跨境电商以数字经济发展为基础,对跨境电商内涵的研究源于2011年。熊励等人认为跨境电子商务是以互联网为依托,以数字交换技术为工具,据此为交易双方提供商品交易所需的数字化电子信息,旨在实现以数字化信息为交易标的一种商业

---

① Weber R H. Digital trade in WTO-law-taking stock and looking ahead[J]. SSRN Electronic, 2010(1):3.
② 王建丰,王玉林.数字经济下我国跨境电商规则升级新路径[J].宏观经济管理,2020(7):67.

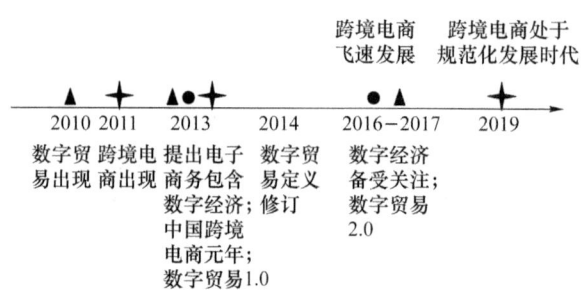

图 1-1　跨境电商内涵演变轨迹

模式。① 2013 年被称为中国跨境电商元年,该年提出跨境电商包含数字经济,其演变轨迹如图 1-1 所示。

2016 年,汪旭辉和冯文琪等人一致将跨境电商与外贸电商进行分离,将其内涵定义为不同关境的交易双方在电商平台上完成交易订单和线上结算,在线下通过跨境物流配送货物的一种跨境交易模式。② 如图 1-2 所示,2018 年,王喜和余稳策从内涵的维度,分析了跨境电商与传统外贸之间的脉冲响应和(Ordinary Least Squares,OLS)回归分析,得出跨境电商发展与传统外贸增长之间具有双向因果关系,跨境电商交易金额的自然对数值每增 1%,直接拉动中国传统外贸交易额的自然对数增长 0.401%。③

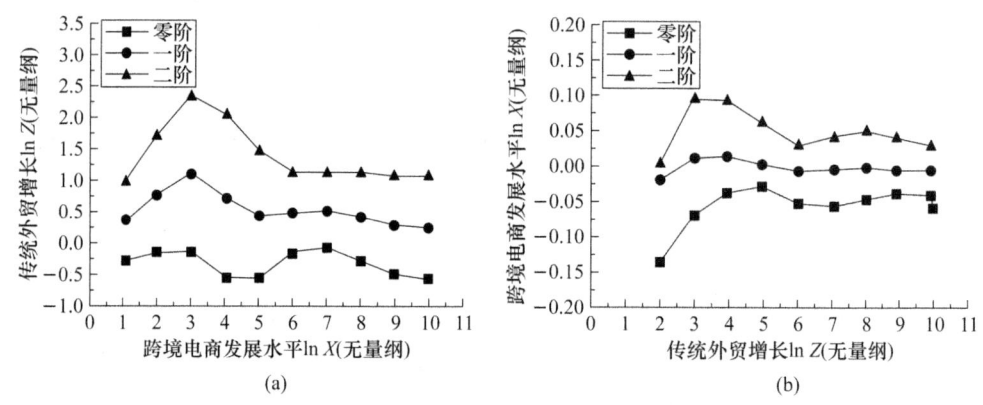

图 1-2　跨境电商与传统外贸之间的脉冲响应分析折点图

---

① 熊励,刘慧,刘华玲.数字与商务[M].上海:上海社会科学院出版社,2011:5.
② 旭晖,冯文琪.电子商务助推现代服务业升级:机制、路径及政策——以大连市为例[J].北京工商大学学报(社科版),2016(2):41.
③ 王喜,余稳策.跨境电商发展与传统对外贸易互动关系的实证分析[J].经济与管理研究,2018(2):83.

跨境电子商务衍生于电子商务、数字经济、数字贸易，三者之间互融共生、交叉重叠，数字经济是跨境电商与数字贸易发展的基础，数字贸易是跨境电商发展的数字化趋势。其中跨境电子商务强调商品交易活动从线下转移到线上，通过互联网实现商品的跨境交易。本书认为跨境电子商务的内涵有广义和狭义之分，广义的跨境电商的内涵分属不同关境的交易主体，通过跨境支付结算及跨境物流送达商品，最后完成进出口交易的跨境贸易活动。狭义的跨境电商特指跨境网络零售，指分属不同关境的主体运用电子商务手段完成交易的微贸易活动。本书研究的是跨境电商的广义内涵。

1.1.2 产教联盟的逻辑内涵

产教联盟是"提质培优"和"双高建设计划"背景下实践探索出来的一种新的校企合作组织形式。所谓"产教"，从字义上看，"产"指的是"产业"，"教"指的是"教育"。这里的联盟指的是两个及以上主体基于共同目标、相同利益、互需诉求等集合一起协同育人的一种组织。产教联盟顾名思义就是生产和教育的联合，实质就是通过不同的利益纽带将企业与学校两种不同类型的社会组织结合起来，形成一种利益共同体，为企业实现利益最大化和学校人才培养最优化服务。[1] 本书研究的跨境电商产教联盟，其是指跨境电商教育主体与跨境电商的产业主体间形成的协同发展利益共同体。值得我们思考的是产教联盟协同育人的内在动因是什么呢？Phillip和Felix通过24个实例研究发现：企业参与产教融合可以大量节省培训成本，校企双方均可以从中受益，合作与联盟有利于双方的发展。[2] Richard认为校企之间的合作与联盟对于学校及其专业建设极为重要，产业与教育是密不可分的，教育一直要与产业进行合作，使得教育能紧跟产业的发展，产业能更好地反哺教育。[3]

我国高度重视产教联盟协同育人的重要作用，甚至上升到国家战略的高度。1992年，国务院颁布的《国家中长期科学技术发展纲领》，要求大力推进企业与高校之间的横向联合与协同发展，夯实了产教联盟成立的政策基础。在2015年7月发布的《教育部关于深入推进职业教育集团化办学的意见》、2016年李克强总理关于加快发展现代职业教育的重要批示、2017年颁发的《国务院办公厅关于深化产教融合的若干意见》、2018年教育部等六部委印发的《职业学校校企合作促进办法》以及2019年国务院颁布的《国家职业教育改革实施方案》等系列政策的指引下，各高职院校引入市场竞争机

---

[1] 许雷,方一鸣.产教联盟背景下高职学生职业素养提升研究[J].职教论坛,2019(3):144.
[2] Grollmann P,Rauner F. Exploring innovative apprenticeship: quality and costs. Education+Training, 2007(6):432.
[3] 国外高校与企业如何实现共赢[EB/OL].(2017-07-07)[2022-09-15]. http://fund.cssn.cn/jyx/jyx_gjjy/201707/t20170707_3572076.shtml.

制,扎实推进职教集团、产教联盟的实体化运作,为深化产教联盟协同育人奠定了实践基础。2022年5月1日开始实行的《中华人民共和国职业教育法》,将产教联盟协同育人上升到法律高度,深度挖掘跨境电商校企联盟的育人功能。但在产教联盟协同育人的实践中,出现产教"两张皮"问题,即产教分离问题。所以在跨境电商产教联盟协同育人中,要充分发挥联盟的组织学习功能,为校企双方提供知识与技能的共享平台,建立信任机制、完善学习机制、强化沟通机制,夯实产教联盟运行的实践基础、加速实现产教联盟成员之间知识与技能的成功转移,为提高跨境电商产业人才培养质量护航。

1.1.3　创新人才培养的内涵辨析

国内很多学者都在研究关于创新人才培养的内涵。到目前为止,国内学者并未达成统一的认识。在弄清创新人才培养的内涵之前,先要弄清创新的内涵。创新除了要有创造力,还要有坚持不懈的精神和创新素养。要想成为创新型人才,首先要有克服困难和解决"卡脖子"问题的毅力。创新大约等于10%的创造力和90%的坚持。虽然"坚持不懈"是创新不可或缺的品质,但是盲目坚持可能难以实现最终目标,还需要创新素养的支持。由此可见,跨境电商创新人才应具有好奇心、思维能力、创造与实践等素养。好奇心是创新想法的源头,思维能力是创新的灵魂所在。正如列宁所言,我们不能做"思想的巨人、行动的矮子",创新不只是思维的产出,还是思维与实践的共同积累。本书从创新人才培养的全生命周期出发,认为跨境电商创新人才培养的内涵是指以社会主义核心价值观为引领,通过跨界学习与交流,把高职跨境电商的学生培养成拥有自由心灵、自主探索、特色创新等核心要素的杰出人才。没有这些前提条件,无论多么优质的学习资源、多么丰富的学习活动,都难以激发出学习主体的自主创新行为,更难以获得具有创新性的高价值成果。

创新人才培养是高职跨境电商产教联盟协同育人的新使命、新担当。习近平总书记指出,"人才是创新的第一资源"。① 在中央人才工作会议上,习近平总书记为新时代人才强国战略锚定了新坐标,树立了新标杆:加快建设世界重要人才中心和创新高地,为2035年基本实现社会主义现代化提供人才支撑,为2050年全面建成社会主义现代化强国打好人才基础。自《国家中长期教育改革和发展纲要(2010—2020)》将"创新人才培养"纳入国家战略,各高职院校的跨境电商产教联盟通过"翔苗计划""珠峰计划""破壁行动""卓越人才培养试点班""工匠工坊""课证赛创"等举措,不断加强实践创新人才培养内涵建设,面向产业数字化、数字产业化、数字电商、跨境电商等领域需求,培养了一大批产业急需的拔尖创新人才。

---

① 中共中央文献编辑室.习近平关于科技创新论述摘编[M].北京:中央文献出版社,2016:116.

1.2 研究背景

1.2.1 跨境电商的制度创新

互联网在全球买卖双方之间架起了一座经济、高效的沟通"桥梁"。在全球新冠疫情的影响下,线下商超关闭,人们开始居家隔离,这成就了全球电商增长的热潮。伴随安全支付、订单追踪与客户服务等支持性技术的崛起,全球电商市场规模已呈指数级增长态势。2014—2017年,全球电商的零售额从1.336万亿美元增到2.304万亿美元。全球电商的零售额占零售总额的比例从2019年的15%增长到2021年的21%。我国跨境电商在大数据、云计算等新一代数字技术的深度应用背景下,正在加速迭代升级,交易标的不断丰富、交易流程的日趋简化、交易规模的持续扩大,成为新时期我国经济发展的重要引擎。在新冠疫情的冲击下,2020年我国跨境电商进出口总额逆势增长31.1%,达1.69万亿元。[①] 2021年其规模进一步扩大,达1.98万亿元,其中出口为1.44万亿元,涨幅达24.5%。[②] 我国作为跨境电商大国,在制定跨境电商的国际规则上,要敢于担当,有所作为,大胆创新,勇于实践,并要争做跨境电商国际规则的制定者。

我国在凝聚"跨境"共识,共享"丝路"机遇等方面,取得举世瞩目的成就,赢得国际社会的广泛认可,这主要归功于中央政府及地方政府的政策制度创新,赋能跨境电商高速高质量发展。从2014年到2022年,我国政府工作报告连续9年提及跨境电商,习近平总书记在不同场合多次强调要推动跨境电商等新业态发展,壮大跨境电商市场已经成为我国构建双循环新发展格局的重要组成部分。[③] 为了持续引领全球电商行业新发展,打造跨境电商发展"新高地",清除"电商平台监管滞后、跨境争端解决效率低下、跨境电商人才错配"等障碍,国务院先后发布《国务院办公厅转发商务部等部门关于实施支持跨境电子商务零售出口有关政策的意见》《国务院办公厅关于促进跨境电子商务健康快速发展的指导意见》《国务院办公厅关于加快发展外贸新业态新模式

---

① 海关总署2020年全年进出口有关情况新闻发布会[EB/OL].[2021-01-14]. http://fangtan.customs.gov.cn/tabid/1106/Default.aspx.
② 海关总署2021年全年进出口有关情况新闻发布会[EB/OL].[2022-01-14]. http://www.customs.gov.cn/customs/xwfb34/302330/4124672/index.html.
③ 马述忠,郭继文.制度创新如何影响我国跨境电商出口——来自综试区设立的经验证据[J].管理世界,2022(8):84.

的意见》等文件,加强顶层设计与指导。财政部、国家税务总局多次调整税收政策,海关总署先后单独设立"9610""1210""1239""9710""9810"监管代码及对应的监管方式,促进物流通关阳光化。在跨境电商政策法规中,最具中国特色的一项改革措施是国家试点政策。自2015年到2022年,国务院先后分6批共设132个跨境电商综合试验区。综合试验区先行试点,然后将成功的创新举措复制推广到全国其他地方。综合试验区自设立之初就与制度创新紧密联系在一起①,李克强总理明确强调:"跨境电子商务综合试验区不是政策洼地,而是制度高地。"②综合试验区旨在破解跨境电商纵深发展的痛点、难点及体制性障碍,以促进跨境电子商务自由化、便利化和规范化发展③。

1.2.2 产教联盟协同育人的现实需求

近年来,我国坚持对外开放政策。既要护航中国企业"走出去",也要为海外企业"引进来"提供保障。在此情况下,我国对国际化、多元化、专业化的高素质高技能复合型人才产生了更多需求。高职院校是培养跨境电商大国工匠、能工巧匠、高技术高技能人才的主阵地,《国家职业教育改革实施方案》要求"深化产教融合、校企合作,育训结合,健全多元化办学格局,推动企业深度参与协同育人"。但我国跨境电商的人才输出与跨境电商企业对人才的需求错位,跨境电商企业参与跨境电商专业协同育人的动力不足,"产教联盟""校企协同育人"流于形式,跨境电商陷入"技能短缺"等困境,严重阻碍高职院校跨境电商专业高质量服务跨境电商产业发展,亟须破解跨境电商产教联盟协同育人过程中的瓶颈障碍,实现校企双向赋能,为跨境电商产业迭代升级提供智力支撑。

跨境电商"技能短缺"的困境"呼唤"产教联盟协同育人。"技能短缺"的问题严重影响数字智能技术的深度应用,阻碍"丝路电商"合作的深化、国家政府间的合作与双向开放。随着跨境电商已进入精细化运营时代,行业对高技能复合型人才的需求更为迫切。"招人难、留人也难","人才缺乏几乎是所有跨境电商企业面临的难题,在跨境电商高速发展的背景下,人才缺口正在持续扩大。处于高速发展的跨境电商不断增加跨境营销与服务、进出口通关与报关以及互联网营销和策划等领域的人才需求数量④。

---

① 商务部:新设跨境电商试验区重在制度创新[EB/OL].(2016-01-09)[2022-01-09]. http://www.gov.cn/xinwen/2016-01/09/content_5031648.htm.

② 李克强:跨境电商综试区不是政策洼地而是制度高地[EB/OL].(2016-01-09). http://www.gov.cn/xinwen/2016-01/09/content_5031760.htm.

③ 国务院关于同意设立中国(杭州)跨境电子商务综合试验区的批复[EB/OL].(2015-03-07). http://www.gov.cn/zhengce/content/2015-03/12/content_9522.htm.

④ Giuffrida M,et al. Cross-border B2C e-commerce to greater china and the role of logistics: literature review[J]. International Journal of Physical Distribution & Logistics Management,2017(9):773.

传统外贸企业迭代升级,倒逼跨境电商技术不断更新,进一步增加产业人才的劳动价格优势[①],使得复合型人才的需求长期存在缺口[②]。据阿里研究院《中国跨境电子商务人才研究报告》显示,85.9%的企业认为跨境电商人才缺口很大[③]。根据阿里巴巴国际站的预测,当前我国跨境电商的专业人才缺口已经超过 600 万。杭州跨境电商每年用人缺口在 20 万人以上、跨境电商企业独立站每年人才缺口在 5 000 人以上;各类跨境企业均需要海外红人类的直播人才,其每年人才缺口在 7 500 人以上。企业对阿拉伯语、西班牙语、德语、葡萄牙语等语种人才的需求进一步扩大。我们应加强高职院校跨境电商专业人才培养,筑牢人才"蓄水池";推进跨境电商人才社会化培养,激活发展"新引擎";举办各类跨境电商赛事,下好人才集聚"先手棋";破解人才匮乏困境,做好产业与教育业协同育人的储备工作,提高跨境电商专业服务产业经济高质量发展的能力。

1.2.3 创新人才培养的政策举措

跨境电商的发展离不开人才支撑。在国际技术掣肘加剧和国内创新人才供需失衡的现实背景下,创新人才培养的政策成为推动外贸经济高质量发展的基础。世界各国非常重视创新人才的培养。当今世界,各国竞争的实质是人才的竞争,尤其是尖端人才的竞争。谁拥有大批创造能力强的尖端创新人才,谁就拥有推动经济快速发展的核心竞争力。我国要加快建成社会主义现代化强国,必须大力培养拔尖创新人才。2016 年 5 月 30 日,习近平总书记在全国科技创新大会、两院院士大会、中国科协第九次全国代表大会的讲话中深刻指出:"要努力造就一大批能够把握世界科技大势、研判科技发展方向的战略科技人才,培养一大批善于凝聚力量、统筹协调的科技领军人才,培养一大批勇于创新、善于创新的企业家和高技能人才""培养造就一大批青年科技人才""世界级科技大师、领军人才、拔尖人才""要大兴识才爱才敬才之风"[④]。2021 年 9 月 27 日,习近平总书记在中央人才工作会议上发表了《深入实施新时代人才强国战略 加快建设世界重要人才中心和创新高地》的重要讲话,全面、深刻地论述了创新人才培养的重要作用:"创新是第一动力,人才是第一资源""我国已进入第二个百年奋斗目标的新征程,比历史上任何时期都更加渴求人才"[⑤]。

---

① 程义琼. 跨境电商背景下的电子商务人才能力需求调研[J]. 中国市场,2017(9):192.
② Valarezo A, Perez-Amaral T, Garin-Munoz T, et al. Drivers and barriers to cross-border e-commerce: evidence from spanish individual behavior[J]. Telecommunications Policy,2018(6):467.
③ 张崇辉,张乐,苏为华. 基于中小企业视角的跨境电商人才需求分析[J]. 调研世界,2020(7):12.
④ 习近平. 在全国科技创新大会、两院院士大会、中国科协第九次全国代表大会上的讲话[J]. 科技管理研究,2016,36(12):2.
⑤ 习近平. 深入实施新时代人才强国战略,加快建设世界重要人才中心和创新高地[J]. 求是,2021(24):10.

创新是国家提升国际竞争力的迫切需要,经济发展的新阶段与面临的新挑战决定了国际核心竞争力对创新需求的迫切性。科技创新人才能够充分发挥效能,离不开行之有效的人才政策[①]。为消除跨境电商创新人才培养的障碍,世界各国以开放协同创新为特点,不断出台新政策赋能创新人才培养的国际影响力。欧盟理事会在2006年提出建设"创新型欧洲"的战略,在2008年成立欧洲创新技术研究院,把2009年定为"创新年"[②],以提高欧洲人的创新意识。欧盟的系列新举措为跨境电商产业所需的创新人才提供了人力支撑。俄罗斯出台的《2014—2020年"创新俄罗斯的科研与教育科研人员"联邦目标纲要》,阐明了创新人才培养的目标和任务、培养机制等内容,为俄罗斯创新人才的培养提供了政策支持。截至2021年4月底,我国地方性人才政策共计3 191条,其中以人才培养及发展政策为主,占人才相关政策的82%,[③]如上海的科技英才扬帆计划、启明星计划、技术带头人计划、浦江人才计划,湖北实施的《关于加强人才发展激励促进科技创新的若干措施》,深圳2021年实施的《深圳市优秀科技创新人才培养项目管理办法》。这些政策指引全社会创新活力竞相迸发、创新力量充分涌流。但跨专业跨产业的高技能复合型创新人才培养相关政策举措弱化,致使跨境电商创新人才匮乏。协同创新机制不健全,新知识难以快速内化为职业技能,导致跨境电商专业知识创新未能促进技术技能创新。为此,必须推出跨境电商创新人才跨行跨业协同培养的新体制新机制,从而保障跨境电商的高速高质可持续性发展。

1.3 问题的提出

1.3.1 跨境电商产业人才需求缺口巨大

跨境电商作为我国对外经济的重要增长点,被政府予以高度重视和政策倾斜,成为重点扶持对象。在此情况下,跨境电商在未来将迎来新的发展机遇,对跨境电商卖家而言也是一大转机。随着跨境电商的快速发展,跨境电商企业的人才缺口巨大,具备跨境电商专业技能的创新创业人才匮乏问题更加突出。通过查阅《2020年度中国电子商务人才状况调查报告》,发现2018年到2020年中国跨境电商相对领域的人才缺口高达450万,人才需求缺口在持续增大。在全球新冠疫情的影响下,2020年,大

---

① 申峥峥,张玉娟,于怡鑫.上海科技人才政策文本分析[J].情报工程,2018(1):89.
② 柯常青.欧盟创新人才培养政策举措[J].中国人才,2012(2):51.
③ 本刊编辑部.各地创新人才培养政策一览[J].中国人才,2021(11):16.

多数跨境电商企业都赚得很多。2021年,大多数跨境电商企业都想继续趁"疫情红利",再赚一笔。据不完全统计,2020年,我国跨境电商人才缺口超过600万,且以每年10%以上的增速增大,其中复合型的销售与运营人才特别紧缺。2021年第一季度,跨境电商运营人才需求同比增长200%,其中广东省跨境电商运营招聘需求占全国50%以上。通过查阅《2021外贸行业人才形势研究报告》,发现2021年第一季度外贸进出口行业人才招聘职位数同比增长11.2%,此时跨境电商运营招聘需求较2020年第一季度猛增190.9%。在招聘需求猛增的背后,是跨境电商行业新老卖家的一场增长博弈。新卖家带资进场,纷纷砸重金,老卖家为求扩张,不惜下"血本",都在跨境电商行业争抢人才。只要有一点跨境电商运营经验,月薪就能过万。有1年经验的电商运营者,月薪可突破2万。在人才缺口持续扩大的情况下,各跨境电商企业都疯狂在市场上抢人才。根据《"十四五"电子商务发展规划》显示,到2025年我国电子商务领域相关从业人数将达到7 000万,跨境电子商务交易额将增长至2.5万亿元。自2022年开始的未来五年,预计我国电商人才缺口将达985万,跨境电商人才缺口450万,并以每年30%的速度递增,目前我国跨境电商人才培养严重滞后甚至错位,在跨境电商人才需求缺口巨大的情况下,亟须跨境电商产教联盟协同育人,共同培养"供需匹配"的跨境电商产业人才。

1.3.2 跨境电商专业人才培养与产业需求错位

近年来,随着"互联网+外贸"的深度融合,跨境电商发展火爆,人才需求旺盛。教育部先后分别在中专、高职、本科增设跨境电商专业,以缓解人才需求压力。根据教育部对跨境电商专业人才培养的定位,培养符合企业需求的跨境电商高素质技术技能人才需要实战教学的有力支撑。不管学生以个人身份还是法人身份入驻跨境电商平台,运营跨境网店时都面临货源、品牌、资金、物流成本、风险把控等问题。目前,大多数职业院校的跨境电商教学主要以理论教学和平台仿真软件实训为主,人才输出质量离跨境电商企业的要求还比较远。如图1-3所示,通过调研与统计分析发现有55.17%的跨境电商企业认为应届毕业生的动手能力弱,41.38%的跨境电商平台型企业认为毕业生对英语和计算机等基本技能掌握不熟练。由可见应届毕业生的基本能力素质与跨境电商企业需求存在明显的不匹配,也表明跨境电商产业与院校人才培养之间供需失衡。其主要原因在于高职院校跨境电商人才培养、课程开发、师资培养、实训实习建设等跟不上产业发展,院校对企业最看重的持续学习能力、工作执行能力、责任心与敬业度的培养不足,传统实践教学条件与高速发展的跨境电商数字化形成巨大反差,致使人才输出不符合跨境电商产业的需求,高职院校的人才供给与跨境电商企业的人才需求错位。

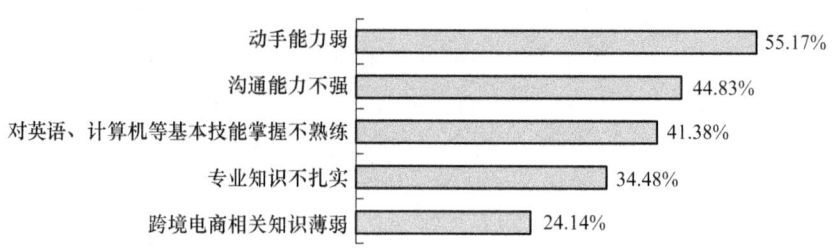

图 1-3　跨境电商应届毕业生在工作岗位中最突出的问题

跨境电商产业发展的最大问题在于人才培养。跨境电商专业培养出来的应届毕业生的能力和岗位需求不匹配,企业安排给应届毕业生的工作"干不了"或"干不好",问题的根源在于供给与需求的错位。一是应届毕业生的专业知识结构和跨境电商产业需求存在错位,难以满足市场需求。对于以职业岗位为导向的人才培养理念,产业的发展是风向标。在人才培养过程中院校应投入足量的人力、物力、财力来构建课程体系。然而大多数院校实践教学设备老旧、双师型的师资力量弱、没有基于工作场景的实践训练,导致学生毕业即失业。二是跨境电商产业与院校双方的利益诉求存在错位。对院校来说,跨境电商龙头企业阿里巴巴、京东等是高职院校引入技术产品、搭建实践平台的首选,高职院校忽视了与中小型跨境电商企业建立合作关系。对企业来说,行业领军企业对产教融合协同育人产生的动力不足,反而是中小型跨境电商企业更需要通过产教联盟协同育人来吸引人才。

1.3.3　跨境电商产教联盟协同育人的问题分析

近年来,在国家系列文件政策的护航和产教联盟成员的共同努力下,我国协同育人成果丰硕。2010 年,教育部发布《国家中长期教育改革和发展规划纲要(2010—2020 年)》明确提出要促进校校、校企、校所等不同领域间的协同发展。2017 年,国务院办公厅印发《国务院办公厅关于深化产教融合的若干意见》,要求推进产教融合人才培养改革,促进产教供需双向对接。各职业院校积极探索有关校企合作协同育人的创新实践。2019 年国务院印发的《国家职业教育改革实施方案》(职教 20 条),要求加强产教融合,构建校企命运体共同体。产教融合、校企协同育人迎来"升级版",产教联盟协同育人成为职业教育的输血线和生命力,高职教育产教融合协同育人的底色更鲜明,办学路子更宽广。2022 年新修订的《中华人民共和国职业教育法》将职业教育与产业发展中的"产""教"真融真合的成功举措上升到法律的高度,要求继续坚持校企多元协同育人的办学特色,实现跨境电商专业的毕业生"好就业、就好业",跨境电商企业"好用工、用好工",跨境电商复合型技术技能人才在职业岗位上有成就感、在工作待遇上有满足感、在社会地位上有存在感的目标。

在产教融合理念的倡导和"课-证-赛-创-用"的实践探索推动下,高职院校的跨境电商专业建设与企业发展之间的合作更加密切,二者同心同向,同频共振,协同育人的成效显著。在跨境产教联盟协同育人的过程中,高职院校针对学生能力提升方面建立了健全的维护机制,提高了跨境电商毕业生的就业能力、实践能力。用于学生能力提升的资源广泛、路径畅通,可提高跨境电商专业的学生创新型探索的主动性和积极性。但通过专家拜访、实地考察及在线访问发现,只有22%左右的企业非常愿意与院校协同育人,45%的企业比较愿意与院校协同育人,38%的企业对校企协同育人持无所谓态度,25%的企业与院校开展较为深层多形式的协同育人,47%的企业与院校开展浅层协同育人,31%的企业没有与院校协同育人,53%的企业愿意接受毕业生的顶岗实习,48%的企业较愿意接受毕业生的顶岗实习,无企业直接拒绝接受毕业生的顶岗实习。由此可见,多数跨境电商企业参与校企多元协同育人的积极主动性较差,主要体现在跨境电商企业与高职院校协同育人的意愿较低,开展的校企合作较少。其主要原因在于高职院校跨境电商课程设置与产业发展需求存在矛盾,另外就是部分跨境电商企业对产教联盟协同育人的认识程度不高,如图1-4所示。

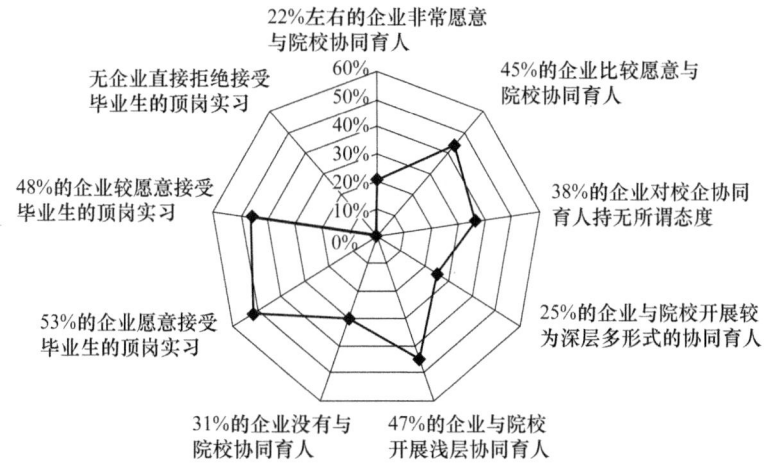

图1-4 跨境电商企业与院校协同育人的意愿示意图

高职院校提供与产业发展相契合的培养载体,对传统跨境电商企业的转型升级至关重要,从作者调研结果来看,当前高职院校与中小型跨境电商企业或亟须转型升级的企业的配合不紧密,如图1-5所示。高职院校跨境电商专业的人才培养载体有多个,人才培养途径、人才培养过程、人才培养制度都是实现跨境电商专业人才培养目的、完成跨境电商专业人才培养的重要载体。在多数情况下,高职院校对专业人才培养途径的选择是基于专业教师的教学能力及现有教学资源的,在能达成专业人才培养预设目标的前提下选择育人途径,较少利用企业优质资源。在跨境电商人才培养过程中,专业或专业群往往局限于自身能力,忽视企业顶岗实践能力的培养。跨境电商人才培养制度是保障理论育人与实践育人顺利实施的体制机制。在产教联盟协同育人的政策制度的顶层设计中,跨境电商专业带头人或专业主任仍将校方作为人才培养主体,忽视了企业在协同育人中的主体地位,导致课程内容与职业标准相脱节,产教联盟协同育人未能真正"落地生根"。

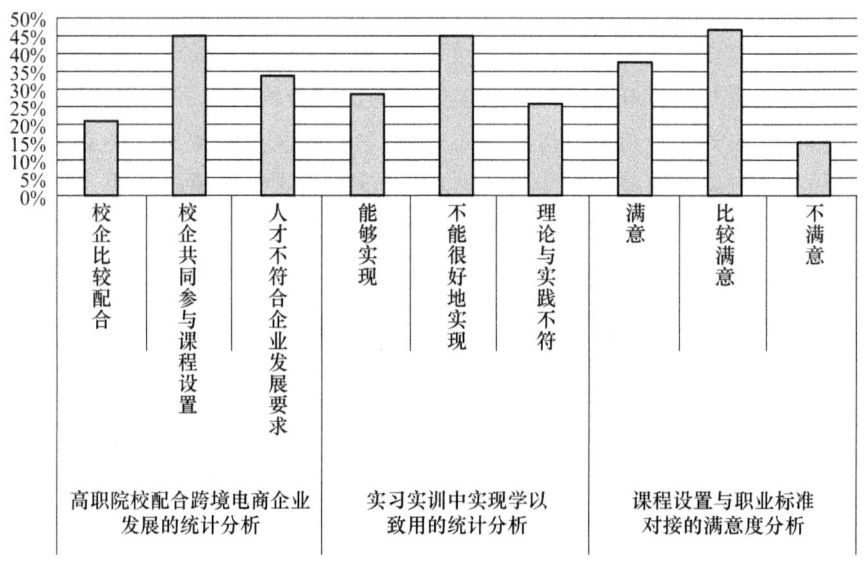

图1-5　高职院校与中小型或亟须转型升级的跨境电商企业配合不紧密示意图

第 2 章 文献综述

2.1 跨境电商产教联盟研究

2.1.1 产教联盟的内涵研究

联盟源于战争时期的几个国家、几个民族为了相互保卫签订协议组建的利益共同体。有学者认为产教联盟就是指职业教育主体与产业主体之间所形成的联盟。产教联盟的概念源于产学研合作。[①] 由于产教联盟最早出现在职业教育中,因此也有学者认为产教联盟又可以称为职教集团,是教育链与产业链结合的产物。在国家政策支持下,产教联盟发展迅猛。截至 2022 年 12 月,我国在册的产教集团总数已经达 1 400 多个。[②] 2014 年,《国务院关于加快发展现代职业教育的决定》中鼓励多元主体组建职业教育集,提出政府部门要研究制定院校、行业、企业、科研机构、社会组织等共同组建职业教育集团的支持政策,"教育链"和"产业链"需要交叉融合等。[③] 2015 年的《教育部关于深入推进职业教育集团化办学的意见》、2016 年李克强总理关于加快发展现代职业教育的重要批示、2017 年的《国务院办公厅关于深化产教融合的若干意见》以及 2018 年教育部等六部门印发的《职业学校校企合作促进办法》,分别对职教集团成立的意义、组建方式、作用发挥等方面做了更为详细的规定,一时间各类职教集团、产教联盟如雨后春笋般层出不穷。据不完全统计,我国在 2022 年 12 月时在册的产教集团总数已经达 1 400 多个,这其中涉 100 多个行业和近千个研究机构、1 200 多所高职院校参与组建职教集团,企业参加数更是达 30 000 家,也就是说,每一个高职院校就有

[①] 杨蕙琳.面向职业教育现代化建设的产教联盟协同育人研究[J].职教与职业,2020(6):12.
[②] 方一鸣.产教联盟背景下高职院校混合所有制改革研究[J].职教论坛,2019(5):143.
[③] 陈雯静.长沙产业园区职业教育集团建设 SWOT 分析与战略选[J].湖南科技学院学,2014(10):132.

至少30家企业与之合作。① 2019年年初,国务院颁布的《国家职业教育改革实施方案》在开篇就提出鼓励和支持社会各界特别是企业积极支持职业教育,要实现社会多元办学的格局,目标在2020年初步建成300个示范性职业教育集团(联盟)。

关于产教联盟的内涵,本书认为先要深刻理解产教联盟的3个特点。第一个特点是合作目的的战略性。与基于单一项目、功利性、短期性合作关系不同,产教联盟遵循市场化原则,以政府为主导,建立校企"双主体"协同育人的战略性合作伙伴关系,形成构建主体间"你中有我,我中有你"的一体化发展格局,基于相同利益增加各自主体的长期竞争优势。第二个特点是资源禀赋的互补性。职业教育与产业、行业具有互补性,职业教育为产业、行业发展提供技术和人才支持,产业、行业则为职业教育发展提供市场空间和物质基础。职业院校和企业作为教育领域与产业领域的主要主体,在资源禀赋上天然具有互补性,这是产教联盟协同育人的现实基础,也是产教联盟协同育人的逻辑基础。第三个特点是合作要素的技术性与知识性。围绕智力、技术与知识的互动和传播开展产教协同育人,以技术和知识为纽带建立合作关系、实施合作项目,是产教联盟的典型特征。故我们认为产教联盟是高职院校与企业为了提高各自的核心竞争力,跨产业界和教育界,以不同利益为纽带,以参股或契约形式结盟,将产业链上下游企业与教育链上各职业院校联合起来,缔结成校企利益共同体,为企业实现利益最大化和职业院校人才培养最优化。

2.1.2 跨境电商产教联盟的研究现状

中国跨境电商从2003年左右萌芽,至今已经跨越3个阶段,渠道、产品、生态持续迭代,推动中国数字化产业快速发展。但《"十四五"电子商务发展规划》数据显示,预计在2025年,我国跨境电子商务交易额将增长至2.5万亿元。未来我国跨境电商人才缺口将会非常大。我国跨境电商人才培养形势异常严峻,企业非常需要人才,亟须跨境电商产教联盟多元主体协同育人,缓解因跨境电商产业高速发展带来的人才短板问题。国家高度重视跨境电商发展,国务院先后分6批创设了132个跨境电商综合试验区,出台了《国务院办公厅关于加快发展外贸新业态新模式的意见》,跨境电商在融合推动新动能打造上已经显现出强大潜力。为了全面贯彻和具体落实职教20条和新修订的《中华人民共和国职业教育法》关于深化产教融合、推动集团化办学的实体化运作,在各地方政府的指导下,各职业院校携手行业领军企业,基于相同利益、资金投入、股权介入,搭建协同-共生的跨境电商产教联盟,共育引领产业高质量发展的高技能高素质人才。

---

① 苏国晖.区域型职教集团建设SWOT分析及对策[J].成人教育,2015(10):66.

2017年9月22日,全国首个跨境电子商务产教联盟成立大会在宁波召开。来自相关政府部门、全国13个跨境电商综合试验区所在城市的院校代表、近100名国内知名跨境电商专家、学者和知名跨境电商企业家,共同探讨跨境电商校企合作新机制。联盟以公益性和服务性为原则,以产教融合、合作共赢、资源共享、协同发展为基础,以专业和产业为纽带,搭建政府、学校、企业、园区合作,国内外交流互通、产教资源共享等三大平台,服务跨境电商人才培养,满足跨境电子商务产业对复合型人才的需求。

2020年8月19日,中国跨境电子商务综合试验区人才培养产教联盟在无锡科技职业学院成立。该联盟成立后,与各成员单位紧密合作,促进职业院校与行业企业的互惠多赢、共同发展,为跨境电子商务产业的发展与提升搭建开放共享的跨境电商人才培养信息交流平台、产教融合教学资源共建共享平台、社会服务对外合作平台和人才供需综合服务平台,建立教育与产业对接协作机制,深化"课证赛"融合教学模式改革,加快跨境电商人才的培养速度,培育外贸新业态,为稳外贸注入新动能,打造跨境电商谷。

2021年6月9日,中东欧跨境电商产教联盟在浙江揭牌成立。该联盟得到全国职业教育电子商务行业指导委员会的支持和指导,是集政产学研用为一体的产教联盟,吸引了跨境电商龙头企业、行业协会、国际商会、产业园区、本科和职业院校以及以宁波市教育局、商务局等部门为依托的智库、研究机构等32家单位首批加盟。国际化是发展现代教育的重要标志,办学国际化水平是院校综合办学实力的重要体现。该联盟成员围绕"一带一路"倡议和中国-中东欧国家合作,搭建平台开展人才培养、跨境电商实践以与研究、教育、人才、科技的国际交流等合作。

2.1.3　跨境电商产教联盟的研究述评

关于产教联盟的内涵,专家、学者主要从联盟产生的背景,联盟的相关政策、本质属性及组织功能的单一视角研究联盟的内涵,缺乏系统性的研究。从2017年至2020年,对跨境电商产教联盟现状进行研究的专家、学者较少,但关于跨境电商产教联盟的成立与揭牌的新闻媒体报道较多。在新修订的《中华人民共和国职业教育法》的赋能下,在2021年以后,跨境电商产教联盟围绕"产教融合与高水平专业群建设",直指职业教育要坚定不移地服务区域产业需求,推动职业院校办学定位与区域产业发展战略深度融合。在十四五期间,职业教育产教联盟应以城市为节点、行业为支点,企业为重点,聚焦产业升级靶向发力,增强职业技术教育适应性,实现人才链与产业链的有机融合。产教联盟要增强服务意识和服务能力,努力探索教育业与产业融合的新途径,创新产教协同育人的长效机制,建设"院校集群＋功能板块""专业集群＋产业链"的产教融合生态系统,实现与城市发展同频共振。

2.2 协同育人研究

2.2.1 产教融合协同育人的研究

学术界的专家、学者对"产教融合""协同育人"单视角研究较多,2022年以"产教融合""协同育人"等为篇名,从 CNKI 数据库进行文献检索,检索出"产教融合"的文献 7 886 篇、"协同育人"的文献 2 603 篇、"校企协同育人"的文献 665 篇、"协同育人模式"的文献 566 篇、"产教融合协同育人"的文献 166 篇。通过文献梳理可发现,专家、学者对协同育人的研究大多聚焦在育人目标教学思路和运行机制上。

在协同育人的目标上,强调价值观的引领和职业素养的提炼,重视人才的可持续发展能力。① 将人才培养目标与企业实际需求相对接,将实践过程与生产过程相结合,将职业岗位标准融入学生学习过程,这样才能让学生在生产实践中检验所学的专业知识,提高学生适应岗位的能力,从而增强人才培养的针对性和适应性。② 高职跨境电商产教联盟要为企业培养具有高技术技能和敬业精神的人才,既要强调价值引领功能,也要突出跨境电商学生的综合专业技能培养。

在协同育人的教学思路上,有学者提出"以专业为导向、以书本理论知识为依托,紧密联系一线企业,根据企业需要,开展有针对性的科研项目,将三者有机结合,培养创新人才,为国家战略服务。③ 跨境电商产教联盟协同育人在课堂教学中,在以专业为导向的同时,还应引入课程思政,以立德树人为根本原则,引导学生以创新思维的方式解决问题,增强学生民族自豪感,培养学生自强不息、奋发向上的精神。

在协同育人的运行机制上,高职院校、接受协同培养的学生群体更关注合作企业主导培育学生的全过程,产教融合协同育人一定不是企业获取学生廉价劳动、"投机"的过程,应将其构建成一个阶段性、具有联动性的育人运行机制。④ 校企双方应遵循教育规律,探索与人才培养匹配的跨境电商产教联盟协同育人机制,增强跨境电商学生对跨境电商企业文化的认同感,提高学生胜任未来岗位的能力和服务跨境电商产业

---

① 教育部关于印发《高等学校课程思政建设指导纲要》的通知[EB/OL].[2022-10-11]. http://www.gov.cn/zhengce/zhengceku/2020-06/06/content_5517606.htm.
② 陈熔,桂文龙,胡海婧.农业职业院校产教融合协同育人研究[J].教育与职业,2017(9):50.
③ 冯星,招瑜.高校产教融合协同育人模式的探索与实践[J].实验室研究与探索,2022(6):242.
④ 童丽,陈镇杰.产教融合协同育人何以见成效?——基于组织承诺框架的分析[J].中国职业技术教育,2019(6):58.

经济高速发展的能力。

2.2.2 协同育人的共同体研究

关于"协同育人共同体"研究的文献较少,目前该研究还处于起步阶段。高职产教融合协同育人共同体的构要以立德树人为根本,以培养高素质高技能复合型能工巧匠、大国工匠等为目标。有学者基于扎根理论研究了高职产教融合协同育人共同体建设的影响因素理论模型,从中发现:各主体的参与动力直接影响高职产教融合协同育人共同体的建设成效,各主体的个性特征在高职产教融合协同育人共同体建设中起调节作用,内外部环境在高职产教融合协同育人共同体建设中发挥支撑作用。[①] 但高职跨境电商产教联盟协同育人共同体存在企业参与动力不足、育人质量不高、产教互动不多等问题。也有学者从文化融合的视角,研究从利益联合到文化融合的协同育人共同体。共同体不仅是资源的集合体,还是文化的融合体,必须将企业文化和校园文化相结合,创造出一种新型的校企合作文化。[②] 跨境电商产教联盟在协同育人时,应将校园文化带入企业,保持企业的生机与活力,并将企业文化引入校园,增强师生对企业文化的认同感,将校园文化和企业文化融为一体,渗透产业文化的精神实质,提升学生适应未来岗位的职业素养。同时将院校跨境电商前沿理念植入企业,扩大企业的社会影响力。

2.2.3 协同育人的研究述评

基于产教融合协同育人的研究现状,学者们发现从"制造大国"到"制造强国"的跨越离不开拥有更多的大国工匠,而职业教育正是培养大国工匠的"摇篮",并从多维度研究了产业、企业和高职院校协同育人的紧迫性。随着中国经济的高质量发展,中国高职教育面对社会产业发展转型提出的新需求,在国家利好政策的赋能下,产教融合协同育人从简单的毕业生输送,到高职院校对行业和企业的脉动咨询,再到长期稳态相互促进状态下产业和教育两个行业之间的动态博弈。

协同育人共同体成为学术热点,并且随着产教融合协同育人研究的逐步深入,校企等多主体协同、创建共同体的研究受到了越来越多的关注,部分学者尝试运用协同学、扎根理论研究产教融合协同主体之间的协同模式,但目前这类研究文献较少,尤其

[①] 钟贞山,王磊.高职产教融合协同育人共同体建设的影响因素分析——基于扎根理论的研究[J]. 职教论坛,2022(4):120.
[②] 刘桓,陈福明,程艳红.基于产教园的高职院校深化产教融合协同育人的机制探索[J]. 中国职业技术教育,2018(9):55.

是高职跨境电商产教融合协同机制的研究还处于空白,这正是本书研究的理论价值所在。

为此,本书在系统调查研究和深入分析的基础上,分析跨境电商产教联盟协同育人构建的影响因素;在协同-共生理论的指导下,梳理产教联盟协同育人机制的理论思路,为完善高职跨境电商产教融合协同育人机制提供优化对策,从而促进高职跨境电商专业群的高质量发展。

2.3 创新人才培养研究

2.3.1 创新人才培养的政策演变研究

1950年的《教育部关于实施高等学校课程改革的决定》和1951年的《政务院关于改革学制的决定》提出,大学和专门学院应与研究机构配合,院校应培养具有创新要素的研究人才还处于初步探索阶段。2001年,《基础教育课程改革纲要(试行)》强调学生应通过实践增强探究和创新意识,课程标准指出要倡导科学精神、科学态度和科学方法,引导学生创新。2009年,国家启动《基础学科拔尖学生培养计划》,选拔具有创新潜质的学生并对其进行多层次的科研训练。[①] 2010年,《国家中长期教育改革和发展规划纲要(2010—2020年)》提出,高中教育阶段要积极开展研究性学习,探索培养创新人才的途径,高等教育阶段要促进科研与教学互动、与创新人才培养相结合。2016年,习近平总书记在全国"科技三会"上指出:"要加强科教融合、校企联合,培养一大批创新创业人才。"2022年,《关于加快场景创新以人工智能高水平应用促进经济高质量发展的指导意见》提出,应多渠道开展场景创新人才培养。《"十四五"卫生健康人才发展规划》指出,建设生命健康人才高地,培养造就一批创新型高层次人才。

2.3.2 创新人才培养的研究现状

人才是创新的根基,创新驱动的实质是人才驱动,谁拥有一流的创新人才,谁就拥有科技创新的优势和主导权。习近平总书记指出:"在创新实践中发现人才、在创新活动中培育人才、在创新事业中凝聚人才,聚天下英才而用之,让更多千里马竞相奔腾。"高职院校是培养创新人才的主要阵地,创新人才培养的关键在于培养模式的创新。马

---

① 李曼丽,苏芃,吴凡,等."基础学科拔尖学生培养计划"的培养与成效研究[J].清华大学教育研究,2019(1):31.

海军从人才培养模式改革的视角提出创新意识和创新能力的培养要从学生主体、导师主体、授课教师主体三重维度设计培养方案,导师和授课教师要注重培养学生主体的问题意识、批判意识、归纳意识,应在实践中进行高校创新人才培养模式探究,努力推进教学内容创新、教学方法和教学模式改革。① 在实践层面,孙菁认为科教融合是以创新人才培养为前提,使科研与教学在形式和内容上相互渗透的人才培养路径。② 李雪燕认为创新人才具备"创新人格""完备的知识结构""创新能力、实践能力"以及"精力旺盛、乐观态度、适应力强"等素质。③ 王广民等提出科技创新人才具有创新意识、勇气和能力,扎实的基础知识和稳定的研究方向,敏锐的观察力,较强的科学思维能力与综合分析能力等方面的特质。④

2.3.3 创新人才培养的研究述评

从创新人才培养的政策演变中不难看出我国在新中国成立之初,围绕科研院开展了小范围的创新人才的培养探索。自党的十七大、十八大以来,对于教学方式、多主体协同育人等多维度的探索,我国创新人才培养政策与实践从高等教育向基础教育延展,创新人才培养的研究处于快速发展阶段,对创新人才培养的认识不断深化,创新人才培养实践广度不断延伸,呈现多样化发展趋势。

关于创新人才培养的实践研究,可以说创新人才培养是一个复杂而系统的工程,需要理论研究的支撑和对人才成长规律的准确把握,也需要在国家层面上加强顶层设计、制定法律法规,还需要在社会层面上营造良好氛围、探索创新人才培养的体制机制,并在实践层面上聚焦创新人才必备品格及遵循发展的规律。

纵观创新人才培养的政策演变和现状研究,可以发现创新人才在知识基础、能力素养、思想精神上具有共性特质:在知识基础上,对于所从事的领域积累了扎实且系统的知识体系;在能力素养上,拥有良好的科学素养和创造性解决问题的能力;在思想精神上,具备创新精神和创新意识及自主、自律意志。这三大共性特质为创新人才的成长和发展夯实了内在基础。

---

① 马海军,张诗豪.高校创新人才培养模式探究[J].人民论坛,2022(10):93.
② 孙菁.科教融合:创新人才培养的新路径[J].中国高等教育,2012(17):33.
③ 李雪燕.创新型人才的成长特质与协同培养管理机制[J].东南学术,2017(3):89.
④ 王广民,林泽炎.创新型科技人才的典型特质及培育政策建议:基于84名创新型科技人才的实证分析[J].科技进步与对策,2008(7):187.

第 3 章　高职跨境电商人才培养现状研究

人是推动社会发展最基本的动力源。近年来,中国跨境电商出现了令人欣喜的发展速度,这对整个经济社会增添了新的发展活力。但是事物的发展总有两面性,且事物总会因各种难题而曲折发展。我们在发展过程中,也看到了不少企业因为资金、人力等问题面临倒闭的危机。从某种意义上来说,跨境电商产业发展最核心的问题聚集在"人"身上,无论是政策的制定者、企业的管理者、高校的培养者和被培养者,都是靠"人"这个社会基本组织细胞发挥效用。即使我们分析了培养模式、培养路径等问题,最终也还是要落实到人的执行问题。此处,我们聚焦于被培养者(人才)这一研究点,这些问题包括人才供应不足、人才创新力不足、人才适岗力不足等。因此,我们做好跨境电商人才培养的现状分析是捋清各类繁杂关系的起步点。

3.1　跨境电商人才需求现状分析

供需关系是研究社会某一产业不可回避的一环。跨境电商产业作为 21 世纪的新兴产业,人才需求变化极快。总体而言,现阶段跨境电商人才核心需求由原来的"量"上的需求转变为"质"上的需求,即跨境电商企业需要的不单单是从前的"懂平台""懂营销"这么简单的人力资源,还需要"懂创新""懂文化""懂运营"等的具有综合型能力的人力资源。人才的需求同大环境密不可分,我们的视角应由系统到聚焦,在大环境下看清人才需求现状。所以,我们从产业发展现状、产业岗位需求、产业人才需求问题 3 个方面探究整个跨境电商人才需求现状。

3.1.1　跨境电商发展现状分析

自 21 世纪以来,经济全球化进程持续向前,国与国之间生产要素的流动速度继续加快。信息技术进一步赋能国际贸易的发展,提高了跨境电商的信息化、数字化程度,持续减少了国际贸易的成本。而近年来,在部分国家主张逆全球化政策的背景下,中国对外开放的力度只增不减,中国跨境电商的发展机遇非常明显,这为跨境电商企业打好了坚实的基础。新冠疫情直接或间接影响了全球的销售链,全世界范围内很多国家和地区的网络零售进入疯狂发展阶段,这也客观为跨境电商提供了成长的空间。

全球电商销售额的发展趋势如图 3-1 所示。毫无疑问,跨境电商的迅速发展是有目共睹的。从国际视角来看,整个电商市场的发展速度略有放缓,但整体消费市场仍旧充满活力。根据 eMarketer 的数据显示,2022 年,全球电商的销售额预计已突破 5 万亿美元,占整体零售总额的 1/5,2025 年,预计这个数字将突破 7 万亿美元。新冠疫情为线下零售行业带来一片阴霾,而为跨境电商行业却带来生机。尽管各大机构预测全球电商零售额的增长速度将逐步放缓,但电商零售额的增长速度仍将快于实体店,这也必定增加电商销售额占总体销售额的比例。同时,新兴经济体将因为电商市场在当地的迅猛发展而重新焕发生机,例如,东南亚地区、拉美地区将成为快速发展的闪耀之星。

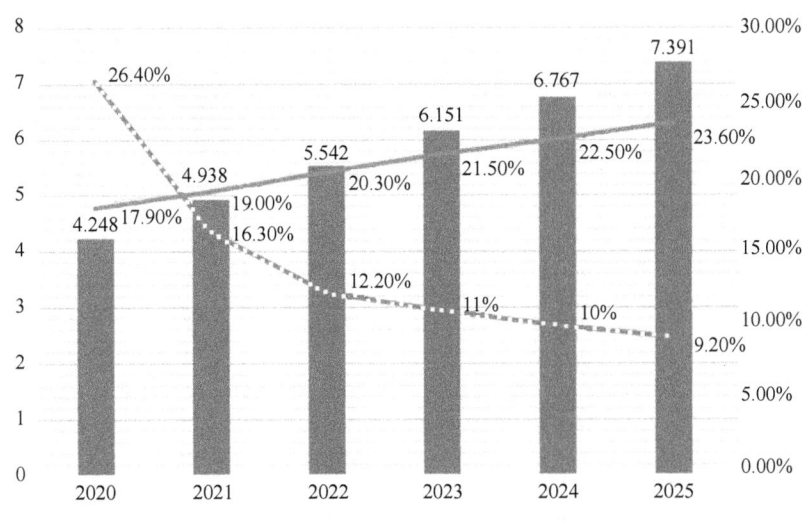

图 3-1 全球电商销售额的发展趋势

注:数据来源于 eMarketer。

从国内视角来看,跨境电商在 10 余年里有跨越式发展。2010 年,我国跨境电商交易额仅有 1.1 万亿元,到 2019 年年底则达到 10.5 万亿元,接近增长了 10 倍。《2022 跨境电商行业发展研究报告》提到,自 2017 年以来的 5 年间,我国跨境电商的规模增长了近 10 倍。[①] 国内跨境电商的发展主要依托经济转型的大趋势以及国家政

---

① 王晓涛.数字化引擎驱动中国跨境电商 5 年增长 10 倍[N].中国经济导报,2022.

策的红利支持,特别是国家队跨境电商综合试验区的支持,我们从 2015 年的中国(杭州)跨境电子商务综合试验区打开了跨境电商的发展大道,此后便涌现出一大批综合试验区,到 2022 年已经有 120 余个综合试验区遍布全国各省市。跨境电商综合试验区发展历程如表 3-1 所示。同时,我国跨境电子商务呈现交易规模逐年扩大、在出口占据主导的同时进口比例增长、在以 B2B(Business to Business)模式为主的同时 B2C(Business to Consumer)模式逐步兴起等发展特点。① 需要指出的是,2022 年中国的跨境电商销售额增长 11.7%,这是电商发展历史中最慢的增长速度。因为在过去十年的时间里,中国电商年增长率在 40% 左右。但中国的数字化转型正在迅速达成熟点,昔日的突出性增长规模或将成为历史,"量大价低"的发展模式应当向"品牌化"的发展模式发展。因此,未来几年,跨境电商可能不会以前些年的增速增长,但仍然会有较好的发展形势。

表 3-1 跨境电商综合试验区发展历程

时间	设置区域	官方公告
2015 年 3 月	中国(杭州)跨境电子商务综合试验区	《国务院关于同意设立中国(杭州)跨境电子商务综合试验区的批复》(国函〔2015〕44 号)
2016 年 1 月	天津 上海 重庆 合肥 郑州 广州 成都 大连 宁波 青岛 深圳 苏州	2016 年 1 月国务院常务会议决定
2018 年 7 月	北京市 呼和浩特市 沈阳市 长春市 哈尔滨市 南京市 南昌市 武汉市 长沙市 南宁市 海口市 贵阳市 昆明市 西安市 兰州市 厦门市 唐山市 无锡市 威海市 珠海市 东莞市 义乌市	《国务院关于同意在北京等 22 个城市设立跨境电子商务综合试验区的批复》(国函〔2018〕93 号)
2019 年 12 月	泉州市 太原市 赤峰市 抚顺市 珲春市 绥芬河市 徐州市 南通市 温州市 绍兴市 芜湖市 石家庄市 福州市 赣州市 济南市 烟台市 洛阳市 黄石市 岳阳市 汕头市 佛山市 泸州市 海东市 银川市	《国务院关于同意在石家庄等 24 个城市设立跨境电子商务综合试验区的批复》(国函〔2019〕137 号)
2020 年 4 月	大同市 营口市 盘锦市 吉林市 黑河市 常州市 淮安市 盐城市 宿迁市 湖州市 嘉兴市 衢州市 台州市 丽水市 安庆市 漳州市 莆田市 龙岩市 九江市 东营市 潍坊市 临沂市 南阳市 宜昌市 湘潭市 郴州市 梅州市 惠州市 中山市 江门市 湛江市 茂名市 肇庆市 崇左市 三亚市 德阳市 绵阳市 遵义市 延安市 天水市 西宁市 连云港市 乌鲁木齐市 德宏傣族景颇族自治州 雄安新区 满洲里市	《国务院关于同意在雄安新区等 46 个城市和地区设立跨境电子商务综合试验区的批复》(国函〔2020〕47 号)

---

① 李锦.数字化背景下我国 B2B 跨境电商平台发展问题研究[D].石家庄:河北经贸大学,2021.

续表

时间	设置区域	官方公告
2022年1月	扬州市 镇江市 泰州市 金华市 舟山市 宣城市 上饶市 淄博市 日照市 襄阳市 韶关市 汕尾市 河源市 阳江市 清远市 潮州市 揭阳市 云浮市 南充市 眉山市 宝鸡市 喀什地区 阿拉山口 马鞍山市 景德镇市 鄂尔多斯市 红河哈尼族彝族自治州	《国务院关于同意在鄂尔多斯等27个城市和地区设立跨境电子商务综合试验区的批复》(国函〔2022〕8号)

此外,无论是从国际视角还是国内视角,数字化必将成为跨境电商发展的重要推动力之一。已有相关数据证明,数字化产业极大提升了集群效应,跨境电商中小企业势必如雨后春笋般出现在市场之中。根据阿里研究院的统计,数字化产业带每增加1%的供应商,线上规模将增加3.4%,中小企业的集聚性越强,中小企业的经济活力越强,区域经济更活跃。① 数字化将重塑行业的供应链,提升跨境电商整体利润和运行效率。过去10年,跨境电商业务主要集中在B2B、B2C领域,未来可能因为信息化的深度融合,B2B(Business to Business)、DTC(Direct to Consumer)独立站模式将成为大型企业的新宠并且顺畅运行。不同企业之间可以利用专用的网络来交换、传递数据信息,并开展双边、多边等交易活动。

3.1.2 跨境电商岗位需求分析

近年来,迅猛发展的跨境电商是混合了"互联网"和"传统外贸"行业特征的新业态,由于其涉及交易、监管、技术等商业活动,对岗位人才的需求展现出多元化、综合性等特征。跨境电商企业对岗位的需求多元多样,不夸大地说,不少刚起步的企业对自己的需求规模、需求特征不尽了解,导致企业在海量人才市场中无法找到适合自己发展的人才。

首先,为了更好地匹配目前的跨境电商岗位需求,我们要了解跨境电商模式的发展历程。在前文,我们阐述了跨境电商的概念,它与传统的外贸既有联系,又有不同之处。如图3-2所示,传统外贸的交易流程是本地的供应商提供商品,通过多种方式的贸易磋商,进而运用航运、海运、陆运等方式将商品发送至外贸商,然后经过采购、分销、零售等环节将商品最终送到消费者手中。传统外贸过程中的环节较多,各个岗位

---

① 阿里研究院.数字化产业带:增强产业韧性与活力[EB/OL].(2022-08-31)[2022-09-30]. http://www.aliresearch.com/ch/presentation/presentiondetails? articleCode＝373345152900665344&type＝%E6%8A%A5%E5%91%8A&organName＝.

分工比较明确,因此传统外贸的岗位需求可谓是"量大面广"。而在跨境电商诞生后,其主要通过跨境电商B2B平台、跨境电商B2C、DTC独立站3种模式进行交易,当然还有相对小部分的C2C跨境电商交易。3种模式有各自的特征,同时也各有利弊。从交易环节上来看,DTC独立站是环节最少的且最新颖的方式。DTC独立站模式的优势体现在为消费者提供独特购物体验的同时,掌控其从浏览到售后的全程数据,并且能够根据这些数据优化自己的产品、营销策略和供应链体系等,培育属于自己的私域流量。①

由于现今的跨境电商企业体量不同、发展阶段不同、发展定位不同等复杂因素,跨境电商的岗位需求本应当根据具体企业的实际情况分析。但我们从近些年的发展趋势来研判岗位需求,是具有较强现实意义的,加之有不少企业的成功案例,或许我们能够清晰地把握住跨境电商岗位需求的转向。

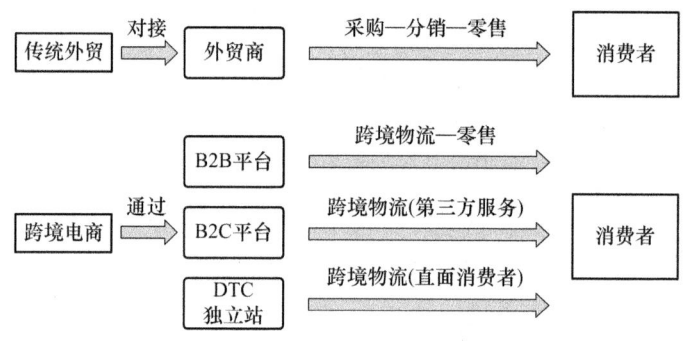

图 3-2 传统外贸与跨境电商中间环节的区别

根据上述分析以及全国跨境电子商务人才需求动态平台的数据可知,全国从事跨境电商的行业企业对运营管理、数据采集与处理、社交媒体推广的人才需求量最大。②这些岗位普遍对跨境电商平台的熟练程度、对大数据等技术的运用能力、对境外社交媒体的营销能力都有较高的要求。在亿邦智库发布的《2021跨境电商发展报告》中提到,近60%的跨境电商出口企业在亚马逊(Amazon)平台、eBay、阿里巴巴国际站、速卖通(AliExpress)等平台的入驻率几乎在20%上下浮动。同时,在营销层面,跨境电商企业的岗位需求调研中35%的受访企业通过社交营销拓宽海外市场,其中43%的受访企业通过平台内竞价引流,是目前跨境电商获取外国客流量的最主要方式。值得注意的是,由于部分国家对新鲜潮流类产品的关注度高,网红营销的重要性开始被跨

---

① 李琦.依托DTC模式的跨境电商独立站品牌化运营路径探索[J].中国商论,2021(7):31.
② 谢爱平.基于产教融合的实战型跨境电商人才培养的探索与实践[J].湖北广播电视大学学报,2021(12):40.

境电商企业关注起来。

未来,跨境电商的岗位需求将发生如下变化。一是运营推广类岗位的需求规模将持续扩大。长久以来,跨境电商营销推广的重要程度都相当高,因为该类岗位需要了解异域文化的基本知识,同时在商品宣传中还要有创新创造力,这是打开市场的"金钥匙"。由于目前中小企业选择的跨境电商业务主要集中在欧美地区,因此,Google、Facebook(现更名为 Meta)、YouTube 等平台成为企业海外营销的主要阵地。Tiktok 在近年来也受到企业的关注,根据亿邦智库的企业调查,目前在受访企业中有 14% 的企业选择 Tiktok 平台进行推广。此外,我们必须关注新型消费群体的爱好,例如,Snapchat 开创了 AR 技术融入社交媒体的先河,承载了 Z 世代用户的核心平台。尽管其目前占比不大,但 Z 世代用户终将成为接下来 10 年里最重要的消费群体,他们是出生于网络时代的购买者,如果不能清晰地把握住他们的购物方式、购物喜好等,将会错过跨境电商最好的"商机"。二是平台治理型岗位或许将被更加重视。平台治理型岗位也被人们常常定义为运营岗,但它不仅仅是运营平台的岗位,因为它还涉及平台规则的熟悉、平台安全的应急保障。例如,在 2021 年的亚马逊"封号"事件中,不少违规企业都受到惩罚,这对企业的销售额造成了极大的影响,也引起了企业对平台安全的重视。例如,2021 年度,受亚马逊"封号"事件影响,泽宝技术的经营业绩出现下滑。一时间,平台治理风险成为各大跨境电商企业的最大担忧,这从侧面说明,平台治理型岗位在安全底线上起着重要作用。

除了以上两个岗位展现出"稀缺性"以外,部分企业由于开拓了 DTC 独立站,未来可能需要更多岗位涉及其中。DTC 独立站模式有非常成功的案例,被称为"电商界 TikTok"的快时尚服饰企业希音(SHEIN)就是以 DTC 独立站模式进行贸易的代表企业之一。[①] DTC 独立站相关岗位更为复杂,它融合了平台开发、供应管理、技术支持、美术设计等多样元素,因此对人员的综合素质要求也更高。未来,DTC 独立站模式可能更多需要产品品牌搭建管理的工作岗位,如基于客户需求的品牌研发岗位、传播品牌理念的创新营销岗位、个性化品牌优化的客服岗位等。需要指出的是,DTC 独立站模式目前还未被中国跨境电商企业完全认可,但一旦形成规模效应,该类型的岗位缺口将会大大扩大。

3.1.3 跨境电商人才需求问题分析

关于人才需求的问题分析,不少学者通过不同维度进行研究。有的利用统计学模

---

① 郭闪闪.国内跨境电商发展现状及未来展望[J].互联网天地 2022(1):48.

型对企业进行了分析。例如,部分学者通过 Gamma 分布的混合模型分析得出,不同类型的企业对人才需求存在异质性,即交易企业、平台企业和服务企业对人才需求不一致。① 也有学者通过对部分省市跨境电商的岗位需求进行调研分析。例如,部分学者调研认为,常州市跨境电商企业的核心岗位包括跨境电商运营专员、跨境电商销售和跨境电商客服。② 也有学者通过招聘平台(百度招聘、Boos 直聘、58 同城等)进行人才需求分析。

基于多名学者的调查研究,我们主要从主营 B2B 和 B2C 的相关企业进行人才需求问题分析。事实上,我国的 B2B 商业模式大多仍处在传统贸易和跨境电商贸易的融合发展转型阶段,企业主要利用网络的即时性与迅速性提升客户对服务的满意度,通常是在线上发布广告和信息,在线下成交和通关,这从某种意义上还具有传统贸易的特征。这类企业需求的人才相对固定且需求面较窄,他们更多的是需要维系客户关系的人才(往往要懂客户语言)、基础性平台运营人才。跨境 B2B 目前分运营和业务板块,从长远来看,运营人才的需求量将持续增多。跨境 B2C 是当前大部分西部地区的高职院校毕业生的从业方向,主营 B2C 业务的企业往往需要的是懂 C 端跨境电商平台的人才,当然也设有美工、开发等结合个人兴趣爱好的岗位。

无论是主营 B2C 还是主营 B2B 的企业,或者说两者兼顾的企业,都清楚地知道跨境电商已经成为中国外贸的新业态。这一方面带来了资本的疯狂流入;另一方面也导致了部分企业在做跨境电商时存在一定的盲目性。总体来看,当前主要存在三大问题。

其一,跨境电商企业的人才需求存在不稳定性。跨境电商企业对应对政策变化、平台规则变化的能力要求极高。例如,2021 年绝大部分企业仍然以欧美市场为主,且依托的主要平台仍是亚马逊,他们在人才需求上主要要求精通亚马逊平台的运营,清晰了解欧美市场的喜好等。但 2021 年突发亚马逊"封号"事件,瞬间导致不少中小型企业的利润减少。也因此导致专注于亚马逊平台的岗位人才出现失衡状况。因此,跨境电商企业人才需求在很大程度上受到平台的限制,需要人才有应对风险挑战的能力。

其二,跨境电商企业对人才的专业性要求过高。当前,我国跨境电商产业呈现爆发式增长,一方面企业遭遇人才供给的瓶颈;另一方面企业对人才的期许值过高。尽管跨境电商近些年对人才质量的要求显著提升,但不应设置过高的门槛,这对人才长期性发展是不利的。例如,不少企业要求从业者有相关的平台运营经历,且往往要求他们能熟练操作。特别是跨境电商中小企业,他们在人才招聘上往往倾向于"拿来主

---

① 张崇辉,张乐,苏为华.基于中小企业视角的跨境电商人才需求分析[J].调研世界,2020(7):17.
② 慈银萍.跨境电商人才需求挖掘——以常州市为例[J].现代企业,2021(12):115.

义",即他们希望员工有丰富的实际工作经验,能很快适应岗位要求,无须企业再培训。① 但跨境电商人才几乎都是刚从学校毕业的新人,对工作岗位还有待熟悉。所以,如表3-2所示,我们会看到在亿邦智库所调研的企业中,有16%企业认为专业人才匮乏,且人才流动性较大。

其三,跨境电商创新创业型人才较为欠缺。跨境电商企业不仅在人才数量上极度欠缺,还存在人才队伍结构不合理的问题,特别是高层次创新人才。同时,在大学生跨境电商创业中也存在经验不足的现象。例如,多数学生选择第三方网络平台创立和运营网店,尽管这种模式投资小、见效快、操作起来简单灵活,但是易造成同质化的过度竞争甚至引起市场混乱。② 创新创业类人才的缺少会影响跨境电商的转型,也会导致很难改变中国式跨境电商"以价取胜"而非"以品牌取胜"的基本现状。

表 3-2 跨境电商企业面临的几大难题

涉及岗位	问题类型	企业反映问题所占比例
物流相关岗位	物流成本上涨、物流通路不畅	40%
平台运营岗位	订单不稳定、没有新订单、订单取消等	34%
营销推广岗位	海外营销转化效果差	31%
平台运营岗位	平台限制大,生存困难	17%
平台运营、物流、营销推广等岗位	专业人才匮乏,人才流动性大	16%

基于以上问题,人才培养的前瞻性是关键,这既是对高职院校的挑战,也是较大的发展机遇。跨境电商近些年突破了万亿增长后,企业和高职院校都应当思考跨境电商的高质量发展问题,要把握住人才培养与产业需求的合理关系,更要在人才培养(综合性能力)和品牌打造(创新性能力)上多花一些工夫。

3.2　高职跨境电商人才培养现状分析

人力、财力、物力是企业发展的核心要素,而其中的人才更是重中之重。人才是社会发展的关键性资源之一,也是跨境电商企业谋求发展、取得成功的重要竞争力。不少企业、学者都形成了一个共识——专业人才缺口已成为我国现阶段跨境电商发展的

---

① 梅蒋巧.跨境电子商务人才需求特征研究[J].管理观察,2014(11):120.
② 王红军.跨境电子商务人才创业胜任力培养机制研究[D].杭州:浙江大学,2018(12):2.

重要桎梏。① 研究高职跨境电商人才培养的学者在近些年呈现出逐年增长的趋势,这给我们把握发展方向提供了较多思路。故本节内容从跨境电商人才培养的研究趋势,分析跨境电商企业中人才需求规模、需求特征、人才流失等问题。

3.2.1 跨境电商人才培养文献数量分析

2022年,在知网中,键入"跨境电商人才培养"关键字进行检索,可看到相关文献有3 000多篇。该类文献最早可追溯至2014年,当时的文献主要以课程建设为出发点,研究跨境电商专业课程的人才培养,研究视野相对比较窄。例如,部分学者对"'互联网+'环境下的商务英语专业转型为跨境电商专业的可行性"进行研究,并且以江西信息应用职业技术学院为案例进行分析。② 后来,随着跨境电商各项数值的迅猛增长,不少学者的视野立即被这一新兴产业吸引。2015年,各类文献数量如井喷式增长,且研究领域更为专业化、精细化。例如,部分学者对跨境电商环境下的国际物流模式进行了研究,指出只有不断完善跨境电商环境下的国际物流模式,关注国际物流服务的成本、质量、效率和服务响应能力,才能更好地促进我国跨境电商的发展。③ 随后的几年,关于跨境电商人才培养的研究文献数量持续增长,直至2020年到达峰值637篇。就总体趋势而言,跨境电商的研究一直保持着较高的热度,如表3-3所示。

表3-3 "跨境电商人才培养"相关文献发表数量趋势

发表年份	文献数量/篇
2014年	3
2015年	70
2016年	308
2017年	427
2018年	561
2019年	417
2020年	637
2021年	543
2022年	658

由于本书重点研究"跨境电商创新人才"的培养,所以在知网中,我们对搜索范围进一步精确。键入"跨境电商创新人才培养"关键字后,发现文献数大幅减少,总计

---

① 陈超.跨境电商人才需求问题的统计研究[D].杭州:浙江工商大学,2020(1):4.
② 梅蒋巧.跨境电子商务人才需求特征研究[J].管理观察,2014(31):119.
③ 庞燕.跨境电商环境下国际物流模式研究[J].中国流通经济,2015,29(10):15.

101篇。早期的跨境电商创新人才研究主要聚焦在创新人才的培养模式、实践路径探索等,由于早期并没有相关经验,所以这一时期基本上是"摸着石头过河"。例如,某高职院校在2016年时运用"把企业搬进校园"的校企合作模式,引进跨境电商企业骨干,建设专兼结合的双师型教师队伍,以赛促教、以赛促学等多种途径培养学生的就业和创业能力。[①] 后来,在有了更丰富的经验后,部分高校也探索出更多的人才培养模式,如融"思、学、产、赛、证、创"于一体的教学模式下的"六融合一建设"校企协同育人模式[②]、"三源驱动四阶递进"跨境电商创新创业人才培养模式[③]等。总体上,相关文献更多的是从教学改革的研究中探索如何在高校内部培养出跨境电商人才,并没有充分挖掘出政府(相关行政部门)、产业以及产教联盟在人才培养中的统筹作用。因此,本书借鉴前人的经验,进行了相应的融合,并将研究视野进一步拓宽,以期在跨境电商创新人才的培养中贡献绵薄之力。

表3-4 "跨境电商创新人才培养"相关文献发表数量趋势

发表年份	文献数量/篇
2016年	6
2017年	12
2018年	20
2019年	17
2020年	29
2021年	16
2022年	25

高校是跨境电商人才产出的重要源泉,其重要程度不言而喻。跨境电商人才培养相关文献的充实对高职院校乃至本科院校的跨境电商人才培养都有较强的推动意义,各地各校也在近8年来探索出了不少的人才培养经验和路径,研究方向也在不断聚焦、不断革新,呈现出精准培养、适时培养等新态势。

3.2.2 跨境电商人才培养主题领域分析

在键入"跨境电商人才培养"关键字后,我们对主要主题分布进行分析。在主要主

---

① 周银新,程忠国,李霜.基于跨境电商的高职商务英语人才培养实践探索[J].职业时空,2016,12(2):43.
② 黄顺丽."六融合一建设"跨境电商创新创业人才培养的校企合作研究与实践——以广东科贸职业学院为例[J].太原城市职业技术学院学报,2021(11):114.
③ 李福英,杨芳,龙飞,等."三源驱动四阶递进"跨境电子商务创新创业人才培养模式探索[J].长沙大学学报,2021,35(6):111.

题中,聚焦"电商人才""人才培养""人才培养模式""人才培养路径"4个关键词的文献分别有564篇、540篇、192篇、82篇,约占总相关文献的40%。这类文献的主题领域主要基于以下视域开展研究。

(1)基于"互联网＋"视域

互联网"飞入"寻常百姓家推动了以互联网为基础的各项社会事业的发展。根据中国互联网络信息中心(China Internet Network Information Center,CNNIC)第50次《中国互联网络发展状况统计报告》显示,截至2022年6月,我国网民规模达10.51亿,较2021年12月增长1 919万,互联网普及率达74.4%,较2021年12月提升1.4个百分点。① 伴随着用户的增长和互联网的普及,网络消费成为新冠疫情下驱动消费的重要支撑。不少学者做过推算,互联网的普及率和跨境点电商的增长率呈正相关,即互联网的广泛推广,互联网基础设施的充分建设与跨境电商的快速发展是密切相关的。因此,早在2015年至2016年,部分高职院校的教师就开始探索"互联网＋"跨境电商人才培养的模式与路径。例如,安徽国际商务职业学院提出构建"真实企业化环境、真实企业项目、真实企业导师、真实企业运营"的"四真"人才培养环境②;宁波城市职业技术学院结合"互联网＋"背景下的跨境电商发展趋势和近年来的教学实践,探索出"融语言技能和跨境电商平台运营技术为一体的专业模块课程""融校企合作和跨境电商平台实训教育为一体的特色冠名班级""融创新创业和跨境电商平台经营管理为一体的电商实体企业"的跨境电商人才培养模式③。后来,随着跨境电商互联网模式的不断成熟,逐渐涌现出更加聚焦的学术研究,进一步探索了依托特殊方式进行跨境电商的路径。例如,浙江金融职业学院探索"互联网＋"背景下跨境电商英语直播人才培养路径,卖家需要通过速卖通、亚马逊、Facebook等自媒体平台将产品进行推介,同时通过短视频、vlog等方式进行宣传。④ 应当看到,越来越多的高校学者、企业经营者意识到互联网的重要性,纷纷将视野投向这片充满生机的线上沃土。但大部分研究仅阐述互联网发展,仅将互联网看作跨境电商发展的平台,而较少地从互联网技术本身思考人才培养问题。由于研究者绝大部分是从经济学相关专业毕业的,缺乏理工科相应的技术知识,这可能也是在"互联网＋"视域下探索跨境电商的一个局限性,亟待形成经济与技术的跨界融合。

---

① 中国互联网络信息中心.第50次《中国互联网络发展状况统计报告》[EB/OL].(2022-09-14)[2022-10-07]. http://www.cnnic.net.cn/n4/2022/0914/c88-10226.html.

② 朱超才."互联网＋"背景下跨境电商人才培养策略[J].通化师范学院学报,2016,37(2):99.

③ 孙从众."互联网＋"背景下高职院校跨境电商人才培养模式探索——以宁波城市职业技术学院应用英语专业为例[J].江西电力职业技术学院学报,2015,28(4):21-25.

④ 林圆园."互联网＋"背景下跨境电商英语直播人才培养路径探析[J].宁波职业技术学院学报,2021(2):61.

（2）基于国家政策背景视域

无论是世界上的哪一个国家，其行政结构中必定会有经济相关的部门，这类部门的重要作用是研判经济形势、制定经济政策等。市场是灵活的、逐利的，如果不对其进行大方向的引导，必定会进入经济社会发展的无序阶段。政策从某种意义上是起着"指挥棒"的作用，对某一产业的发展起着至关重要的作用。跨境电商产业的发展亦是如此，它不仅受到国内经济政策的影响，还受到外贸政策的影响，所以跨境电商产业具有较强的"政策导向性"。因此，国内较多学者在跨境电商人才培养上也进行了政策导向上的分析。自党的十八大以来，与跨境电商紧密联系的是"一带一路"倡议（"丝绸之路经济带"和"21世纪海上丝绸之路"）。不少学者在"一带一路"背景下对跨境电商发展开展了分析。例如，有学者基于"一带一路"背景分析中国跨境电商的发展概况，探究当前我国与"一带一路"沿线国家或地区之间跨境电商贸易存在的问题，并提出解决对策以促进我国跨境电商的持续发展。[①] 也有学者在"一带一路"背景下对跨境电商人才培养体系进行了研究，提出"校企融合、工学交替、岗位轮换"模式，突出跨境电商实战能力的培养，适应广东省跨境电商企业集群对多种人才的需求。[②] 这些文献对跨境电商人才培养进行了有益探索，特别是为本书中高职院校跨境电商产教联盟的创新人才培养研究提供了不少的思路。

尽管"一带一路"倡议已提出多年，它对于跨境电商的价值依旧不减，甚至在某些国家、地区的跨境电商业务中起着重要的作用。同时，我们也应当看到世界经济形势的风云变幻，需要依托跨境电商发展新平台、新思路、新探索。2022年生效的《区域全面经济伙伴关系协定》（RCEP）或许就是值得关注的一点。当然已经有学者在其生效前就开展了积极的探索。例如，已有学者探索了RCEP下中国-东盟跨境电商合作的问题与路径，分析了交易支付体系、电子信息合法性认同、物流基础水平、边境通关效率等问题，提出了加强企业深度合作、积极践行"三智"倡议、借助于数字经济发力、加快电商人才培养合作等路径。[③]

（3）基于教学改革视域

在人才培养方面，还有部分文献集中在跨境电商专业教学改革领域。这类文献主要通过课程来研究跨境电商融合培养，如"学赛研产"融合培养跨境电商人才、新文科语境下探讨跨境电商人才培养、现代学徒制下探讨跨境电商人才培养等。此外，尽管

---

① 李国庆，姜丽，刘晓洁，等."一带一路"背景下中国跨境电商发展策略探究[J].中小企业管理与科技（中旬刊），2021(12):128.
② 李世红."一带一路"背景下 跨境电商人才培养体系创新研究[J].港口经济,2017(2):57.
③ 严文韬，方友熙.RCEP下中国-东盟跨境电商合作的问题与路径[J].国际商务财会,2021(9):3.

部分文献没有在标题或主题中体现"跨境电商人才培养",但其教学改革论述过程中呈现的最终结果仍然是落脚在"人"身上。例如,湖北科技职业学院探索以跨境电商核心课程"跨境电商营销与推广"为对象的课程教学改革,致力于提升学生适应岗位的能力。[①] 这些课程建设上的探索,为我们在后文分析数字化资源建设提供了经验。

3.2.3 跨境电商人才培养热点及趋势分析

创新是一个民族超越发展的不竭动力。时至今日,跨境电商成了经济的新业态,层出不穷的新模式、新思维也运用到跨境电商产业发展过程中,跨境电商人才培养也应随着信息时代的浪潮不断向前推陈出新。现如今,研究跨境电商人才培养的学者越来越多,不同学者的观点还尚未完全统一。但总体上体现出了一些研究趋势,这种趋势不仅体现在概念上创新,也体现在方式上的创新。因此,我们应当去把握住热点变化和研究趋势。

(1) 跨境电商人才培养的范式跨越

范式源自希腊语的"范型""模特",在拉丁语体系下它的概念是"典型范例"。1962年,托马斯·库恩在《科学革命的结构》系统阐述了范式的概念,简言之,范式就是公认的模型或模式。范式后被用于哲学、社会科学领域,也被用于教育学相关概念的释义中。例如,何菊玲认为"教师教育范式"是一个包含形而上学范式、社会学范式和人工范式3个层面的相互联系、不可分割的有机统一体。[②]

基于范式的思考,我们可用于探究跨境电商人才培养的范式。我们究竟如何定义跨境电商人才的概念?我们又如何培养符合跨境电商发展的人才?现今的跨境电商人才培养模式是否匹配目前的需求?这些都应当成为探究跨境电商人才培养范式的应有之义。过往,我们的培养模式相对固定,院校开设跨境电商专业时将跨境电商人才的培养目标定为"懂外语、懂经济、懂平台"。人才培养目标也相对单一,能够运营基础性跨境电商平台是核心的目标之一。就业上,学生毕业后从事的工作大部分和B2C、B2B跨境电商相关,具体上以平台运营、平台客服岗位为主。这种人才培养模式下的大学生离开校园后,较难适应跨境电商企业的需求。当前阶段的跨境电商依然不是以往的"以量取胜"的情况,对人才的要求也变得更加高标准。例如,懂的外语可能不仅需要英语,还需要俄语、日语、韩语、印度尼西亚语等;营销、选品上可能不仅要关注价格上的优势,还需理解当地的文化特征、生活习惯。因此,跨境电商人才培养的范式从内生性要求跨越至外延式发展,进而实现跨境电商的高质量发展。

---

① 李智. 基于产教融合的高职跨境电商类课程教学改革实践与研究[J]. 内蒙古煤炭经济,2021(13):212.
② 何菊玲. 教师教育范式研究[D]. 西安:陕西师范大学,2008.

(2) 跨境电商人才培养模式的继承创新

在未来,信息化将成为跨境电商发展的主旋律,信息化教学也成为高职院校的发展方向。一方面,我们要看到"互联网＋"在跨境电商产业将成为常态化,"互联网＋"人才势必在未来几年成为跨境电商企业的人员缺口;另一方面,我们必须清醒地认识到跨境电商在"互联网"阵地饱和后需要有超越的空间。或许我们的人才培养应当从"互联网＋"发展到"智能＋",这是对跨境电商类新经济的创新探索,转变传统的对外贸易。"智能＋"人才培养不一定需要学习所有的人工智能基础知识,但需要对这些知识都有所了解,就可以在模式或应用上予以创新。①当然,"智能＋"仅是一个方向,我们应当更多看到创新型人才的重要性,这种创新是各个方面的。例如,通过创新课程体系、创新教学评价模式等,培养出更多符合跨境电商高速发展规律的创新型人才。创新型人才也无必要拥有太多的能力,如跨境电商创业能力、专业知识和技术掌握能力、电商平台创新管理能力、产品和服务创新能力、工艺和服务流程创新能力等。随着跨境电商企业体量的日渐发展,创新型人才势必成为一个颇有价值的研究热点。

(3) 跨境电商人才培养路径的借鉴超越

自21世纪以来,我国研究职业教育的学者逐渐将视野放宽至全球。不少学者一方面分析我国的职业教育基础并进行反思;另一方面也在职业教育较为发达的国家探寻经验。如何快速有效地突破校企合作瓶颈? 我国职业教育研究者希望借助于几十年甚至上百年的职业教育理论和实践成果解决我国的产教融合问题。例如,不少学者分析德国"双元制"培养下的应用型人才比学理型人才更容易找到工作、得到重用,因为这类人才可以为企业节省很大一笔培训费用。

站在新时代的新起点,我们看到现在尚未有学者运用外国产教融合的制度经验来分析跨境电商产业的建设。但从大形势来看,跨境电商发展得太快,人才更新换代的频率较高,跨境电商的"双元"培养,甚至"多元"培养显得更为重要。我们目前的人才培养路径更多将教学场域放在了学校内部,对学生的考核评价也大多放在理论知识上。这和职业教育较发达的德国以技能培训为主,考试也重在考核技能截然不同。所以,我们对产教联盟的形式进行深入研究,从某种意义上来说这是一种转变的开始。需要指出的是,相对于德国等西方职业教育发达国家,我国人口基数更大,市场对就业人口的需求也更多。在此背景下,我们学习"双元制"等成功经验,更容易形成规模效应,所产生的人才培养结果将会更为显著。因此,我国跨境电商人才培养路径的借鉴融合将绘就超越他国职业教育的美好图景,这方面的研究或许会成为学者们未来的一个关注点。

---

① 李川."智能＋"创新型人才培养模式的研究[J].实验室研究与探索,2021(8):151.

3.3　高职跨境电商产教联盟协同育人创新人才培养现状分析

从人的视角出发,实现人自由而全面的发展是我们的培养目标之一。对文明的发展而言,创新是人类文明不断向前的动力源泉。因此,创新人才的培养作为教育界公认的新世纪教育目标,已经逐步上升到国家未来发展保障的高度,并成为当今世界教育业发展的总趋势。① 当前,我国在创新人才培养上进行了丰富的理论探索、实践探索,取得了一系列的理论、实践经验。但我们也应当清楚地认识到,创新人才的培养任重道远。高职院校承担着技术型创新人才培养的重要任务,有必要探究出适合自身发展的培养路径。本节中我们将从产教联盟协同育人的核心理论、成效预期、困惑担忧等方面开展论述。

3.3.1　产教联盟协同育人的相关理论

产教联盟在很大程度上意味着产业发展和教育紧密连接形成战线同盟,使教育产出和企业需求具有一致性。依托产教联盟协同培养创新人才需要不少的理论支撑,这需要我们弄清楚人的价值属性、组织的协同力量、协同的生成机理等。基于这些问题,我们主要依托人力资本理论(human capital theory)、三螺旋理论(triple helix)、协同学理论(synergetics)、多元智力(multiple intelligences)理论来厘清相应的关系。

(1) 人力资本理论

人力资本理论是界定和衡量人力资源的重要理论基础和研究工具。1935 年,美国经济国学家凯思琳·沃尔什提出"人力资本"这一概念。凯思琳·沃尔什通过对比分析个体受教育者在高中及大学阶段投入的学习费用和各阶段毕业后的收益,来评估教育的经济效益。② 后来,西方教育经济学家西奥多·舒尔茨和加里·S.贝克尔在前人的基础上对人力资源理论进行了归纳。其关于教育的核心观点是"教育投资是人力投资的主要途径且经济效益远大于投资物质",并指出,"教育是提高人力资本的最基本手段"。

事实上,在西方学者系统研究"人力资本"这一概念之前,马克思一直将工人(或者说劳动力)作为研究的重点线索。马克思强调"人的自由而全面的发展",注重于探讨

---

① 史慧. 高校创新人才培养模式研究[D]. 天津:天津大学,2015.
② 王红军. 跨境电子商务人才创业胜任力培养机制研究[D]. 杭州:浙江大学,2018.

人力资本的法权关系,着力于从生产关系层面探究人力资本的社会属性。① 他的直观视角更多放在生产力和生产关系上,但潜在脉络依旧是围绕着"人"。并且他指出"熟练的劳动力"(熟练工)是在"简单劳动力"(新手)的基础上,通过培训、学习、实操等方式锻炼出来的。尽管"熟练的劳动力"是用来批判资本家剥削剩余劳动力的印证,但他也直言"熟练劳动才是经济发展的源泉"。上百年过去了,马克思的人本思想依旧能够从某种意义上阐明当今企业想要有经验的熟练工的原因。

无论是西方经济学家的人力资本理论,还是马克思潜在的人力资本思想,都阐明了一个道理——技能、经验等人力资本重要的衡量标尺是可以通过教育的投资而获得的。这些投资的途径包含了正式的教育、在职的培训、成人的自主学习等,其中,几乎所有经济学家都认为教育是人力资本生成的重中之重。

跨境电商产教联盟正好可运用人力资本理论,这对于企业和高职院校都是有益的。一方面,企业渴望以最低的成本获得"人力资本",他们期望获得熟练工,产教联盟是成本相对低廉的方式;另一方面,尽管高职院校没有"人力资本"诉求,但对社会经济发展而言,培养符合时代的"人力"是其本职工作。

(2) 三螺旋理论

"三螺旋"这一概念首先在生物学领域被提出,主要用于描述自然界的基因、生物体、环境的关系。美国遗传学家查德·列万亭在《三螺旋：基因、生物体和环境》中首次提到三螺旋理论。而后该理论逐渐运用在人文社科领域,最主要的目的是指出高校、企业、政府三者既相互联系又独立运转的关系。而三螺旋理论的主要论点是政府、企业和高校作为国家创新体系的主体,除了体现自身组织功能以外,还应当在与其他机构交互合作中获得更大的能力,从而进一步深化合作,实现自身功能的创新与扩展,形成持续创新流服务,完善国家创新体系。② 三螺旋理论的价值体现在打破了原有的高校、企业(产业)、政府的信息圈层,形成知识、行政、生产这三大领域的合力,如图3-3所示。

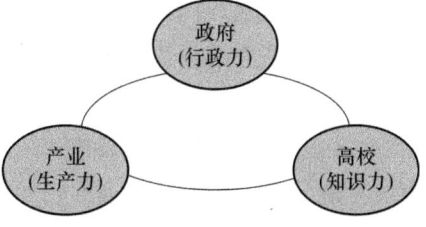

图3-3 三螺旋理论中的3种主体力量

---

① 曾广波.马克思的人力资本思想及其当代价值研究[D].长沙:湖南大学,2016.
② 程西慧,李晓华.基于三螺旋理论的创新人才培养生态链构建研究[J].河北科技大学学报(社会科学版),2022,22(1):44.

不少学者运用三螺旋理论分析高校的发展,特别是将其作为创新人才培养路径的理论支撑。例如:部分学者提出制度创新链、技术创新链、知识创新链"三链"耦合的创新人才培养生态链[①];部分学者采用三螺旋理论探究高职的专业与相应地区产业发展的适应问题,如从多方共治、数字治理、加强投入、产教融合、需求导向和双向循环等角度为上海高职专业设置和制造业产业发展的适应性提出建议[②]。基于前述学者的研究,我们依托三螺旋理论重点分析跨境电商产教联盟协同培养创新人才的阻力,提出高职院校跨境电商产教联盟协同育人存在"表层化""碎片化""利益化"的问题,并探索相应的解决方案。三螺旋理论能较好地适用于跨境电商类问题的分析,因为它契合跨境电商企业、跨境电商专业、负责跨境电商产业相关行政部门的现实状况,具有很强的现实意义。

(3)协同学理论

协同学理论由德国理论物理学教授赫尔曼·哈肯最早提出。哈肯教授的早期成就集中在激光物理学、原子物理学、量子场论,后专研协同学理论。1971年,赫尔曼·哈肯教授与本杰明·格雷厄姆合作撰文发表《协同学:一门协作的科学》,自此协同学正式地作为一门专业被研究。协同学一开始的构想是用数学解析方法求出序参量精确或近似的解析表达式和出现不稳定性的解析判别式。不少学者认为,哈肯教授的协同学理论不仅可以用在自然科学中,还可以解决很多社会学的问题。

协同学较好地揭示某个系统从无序向有序自组织演变的过程和规律,用这种规律引入高职院校跨境电商产教联盟的发展,能给予创新人才的培养模式较多有益的启示。如果我们将跨境电商产业(或者说整个跨境电商的发展道路)看作一个整体的系统,那么高职跨境电商专业、社会跨境电商企业、统筹跨境电商的相关行政部门便是系统中的组成部分。在早期跨境电商的发展中,3个部分几乎各司其职,没有任何联系,这就是一种"无序"的状态。而跨境电商产教联盟的核心作用就是将3个部分中的独立组织联结起来,向"有序"的自组织演变,最终形成系统的整合力。因此,通过协同学理论,我们或许能够在跨境电商产教联盟的创新人才培养中获得新的经验。

(4)多元智力(multiple intelligences)理论

多元智力理论由哈佛大学教授、发展心理学家霍德华·加德纳首先提出,他对"智力"的评判提出了新的标准,即"智力是在某种社会或文化环境的价值标准下个体用以

---

① 程西慧,李晓华.基于三螺旋理论的创新人才培养生态链构建研究[J].河北科技大学学报(社会科学版),2022,22(1):42.

② 孟仁振,张耀军,霍利婷.三螺旋理论视域下高职专业设置与区域制造业发展适应性研究——以上海市为例[J].中国职业技术教育,2022(7):47.

解决自己遇到的真正难题或生产及创造出有效产品所需要的能力"。[①] 他将"智力"划分为 7 种：语言智力、节奏智力、数理智力、空间智力、动觉智力、自省智力和交流智力。总体来看，加德纳教授对"智力"的描述更加综合全面，并且强调智力的实质效用，即解决问题、解决难题的能力。该理论对产教联盟的构建有较大意义。高职院校在培养人才时往往只注意语言、数理智力的培养，而更少强调自省、交流智力的培养，这也部分导致了我们培养的人才出现了同质化现象。高职院校依托产教联盟的打造，通过学生到企业、行业、园区的深入实践，切实锻炼他们解决实际问题的能力，进而培养他们的"多元智力"。这是我们构建产教联盟的初衷和重要任务。

3.3.2 产教联盟协同育人的核心理念

基于上述理论，我们有了研究分析的工具，并对协同育人理念的塑造有了思路。在产教联盟的实践过程中，我们需要更加直观、更符合职业教育发展规律的理念。

(1) 产教"跨界-融合"理念

不少学者对"跨界-融合"一词有各自的观点。例如，美国学者菲利普·阿特巴赫认为现代大学处于社会的中心，已经成为"复杂系统的摇篮"。他的观点直接地指出了大学已经不再是成立之初的"象牙塔"，而与社会有着千丝万缕的联系。聚焦在职业教育的发展，也有学者提出了"跨界-融合"相关的理念。例如，美国学者卡尔·桑德斯指出职业教育在某种意义上的"边界"将被跨越，形成跨界的职业教育课程，并在这基础上谋求某种结构的融合。用马克思主义基本原理的视角，也能清晰地看到大学需要与社会其他组织密切联系，因为理论与实践是一组辩证统一的关系，实践是检验真理的唯一标准。我国学者姜大源在 2009 年第一次对中国职业教育的"跨界-融合"提出了系统性的概念，并指出无论是外延还是内涵，职业教育作为一种开放的教育类型，都跨越了职业与教育、企业与学校、工作与学习的界域。[②] 职业教育与本科教育不同，它更加注重学生应用型能力的培养，在培养过程中不应只是把学生关在学校学习理论，这样会形成限制学生动手能力提升的桎梏。"跨界-融合"理念对职业教育产教联盟有启发式意义，抑或说职业教育产教联盟在很大程度上是"跨界-融合"的坚实桥梁和真实体现。产教联盟的校企合作、产教融合、工学结合无不从生态肌理上打破了原有的"界"，试图重塑职业教育发展的深度与广度。"跨界-融合"理念是我们搭建跨境电商产教联盟的重要依托。

(2) 以学生职业生涯为中心理念

高等职业教育的一大核心目的就是培养学生的职业能力，以适应社会分工后的各

---

① 霍力岩.加德纳的多元智力理论及其主要依据探析[J].比较教育研究,2000(3):38.
② 姜大源.职业教育立法的跨界思考——基于德国经验的反思[J].教育发展研究,2009(19):32.

项工作。这种职业能力往往是复合型的概念,往往体现为知识结构中的基础知识要强调"够用",专业知识要强调"实用",与专业相关的知识要强调"运用"[①]。高职院校在培养学生的过程中不单单是教会学生基础性的理论知识,也不局限于教会学生简单的实践操作,而更应该对学生有长久的职业发展规划。在真实的课堂上,提问学生将来的职业规划时,几乎九成的同学持"不清晰"的态度。这也客观导致了部分学生毕业后从事的工作并不是与自己所学专业相关的工作,因为他们对自己所学专业没有清晰的认知,不知道自己所学专业将来的用处。有学者做了相关调研,该调研显示,14.0%的毕业生处于低就业专业,3.6%的毕业生专业不对口、学非所用[②]。这是一个亟待解决的问题。产教联盟的意义就在于指导专业学生融入真实的工作场域之中,进而制定符合发展规律的职业生涯规划,明晰人才市场需求的变化。这样才能建立起良好的心理素质和自信心,提高学生的社会适应能力。

(3) 多元主体交叉协同育人理念

根据三螺旋理论和协同学理论,我们不难发现,在人才的培养中,仅靠一元(单一主体)培养学生是无法满足当前变化频繁的社会需求的。特别是在新冠疫情的影响下,我国经济形态、产业结构、就业环境都发生了较大变化。[③] 例如:新冠疫情推动了互联网经济(如网上购物、在线教育)等新业态的发展,间接影响了劳动力市场的就业面向;新冠疫情导致了大部分企业普遍采用"云求职"等模式进行面试。在此,我们提出产教联盟应遵循多元主体交叉协同育人理念,以适应当前复杂多变的就业形势。所谓"多元主体",即除了高职院校,应广泛地将社会中一切可以用于教学的力量融合起来,包括政府(相关行政部门)、行业、企业、园区的力量以及互联网中的民众知识力量。需指出的是,以往的大部分研究仅从政府、学校、企业三元主体进行分析,忽略了社会当中话语权相对弱势的园区力量、互联网中的民众力量、中小企业力量,这将是我们对多元主体的补充。"交叉"指的是应当将理论教学、实践教学、校企协同教学等贯穿到学生的整个学业过程中,这其中包含了学分互认、顶岗实习、多元教学评价等多种方式。这种"交叉"依托产教联盟的平台,对实质性进展更有保障。基于多元主体交叉协同育人理念,我们能够清晰地把握住社会经济发展的脉搏,真正发挥产教联盟的现实作用,真正推动职业教育从"大有可为"向"大有作为"发展,也就能培养出更多的契合时代发展的创新型人才。

3.3.3 产教联盟协同培养创新人才的成效分析

高职院校产教联盟是职业教育高质量发展的重要支点,这一职业教育的发展重大

---

① 汤向玲. 高职院校学生职业能力培养研究[D]. 武汉:武汉理工大学,2006.
② 姚晓辉. 高职院校学生职业生涯规划与就业取向分析[J]. 教育与职业,2018(20):81.
③ 周妍. 疫情背景下高职毕业生高质量就业供给侧场域新形塑[J]. 教育与职业,2022(18):62.

战略越发引起高职院校、主管行政部门、企业、高职学生等相关利益主体的高度关注与重视。为此,产教联盟的根本目标是什么?产教联盟要培养什么样的创新人才?什么样的创新人才才能符合跨境电商产业发展?弄清楚上述问题是开展后续分析的必要铺垫。我们不妨从以下3个视角进行分析。

(1) 产教联盟协同推进社会经济转型发展

跨境电商产教联盟协同培养创新人才是一项特殊的教育行动,也是一种特殊的经济活动。战略性调整是经济结构转型的一个重要手段,我国各个地区都将加快数字化经济转型是未来的一个大方向。高等职业教育从诞生以来就具备了教育属性和经济属性,其发展必定将实现协同育人、人力资本的耦合作为核心目标。有学者指出,作为服务经济社会发展的职业教育,其发展能够在很大程度上影响甚至决定经济增长方式的转变质量与效率。[①] 跨境电商专业便是一个极好的运用案例。《中华人民共和国国民经济和社会发展第十四个五年规划和2023年远景目标纲要》指出,要加快构建以国大循环为主体、国内国际双循环相互促进的新发展格局,我国经济发展由高速增长转变为高质量增长,社会经济也体现出更强的信息化,这些都对跨境电商产业的发展提出了更高的要求,跨境电商产业也势必将承担更多的国家发展义务。我们看到,近些年跨境电商产教联盟如雨后春笋般成立,其数量非常之多,且部分承载了国家经济发展的重要任务。例如,2021年7月,联合全国五分之一跨境电商综合试验区的长三角内陆城市跨境电商产教联盟在上海正式成立,在数字经济、小商品、新能源汽车、新材料、智能装备制造、生命健康等优势产业"培植"柔性化供应链。[②] 这种多方联动的产业联盟势必将在地区形成示范带动作用,促进产业转型升级,推动社会经济的高质量转型发展。

而在长三角内陆城市跨境电商产教联盟成立之前,山东、广东等跨境电商大省已经在本省教育厅的统筹下成立了相关组织。这些组织大多涉及当地企业的转型升级。因此,跨境电商产教联盟的最终目标应服务于数字化经济转型的大目标,同时兼顾经济发展创新驱动的转型,这是我们分析产教联盟成效的必要考量之一。

(2) 产教联盟协同提升学生综合职业能力

综合职业能力是指高职学生通过融会贯通在校理论知识、校外实践经验等核心技

---

① 程宇. 中国职业教育与经济发展互动效应研究[D]. 长春:吉林大学,2020.
② 中华人民共和国国家发展和改革委员会. 长三角内陆城市跨境电商产教联盟正式成立[EB/OL]. (2021-07-29)[2022-02-15]. https://www.ndrc.gov.cn/xwdt/ztzl/cjsjyth1/xwzx/202107/t20210729_1292272.html?code=&state=123.

能,进而在真实的企业工作中熟练解决"综合性专业"问题的能力。① 我国经济正逐步向高质量发展转型,制约我国高质量发展的重要因素之一就是创新型和应用型人才极度匮乏。这种匮乏体现在全社会企业的共同需求上,在跨境电商产业中尤为严重。有学者根据《中国跨境电商人才研究报告》的调查得到结论,大部分毕业生存在解决问题的能力不强、专业知识不扎实、知识面窄、视野不够宽等缺点。② 不可否认的是,跨境电商企业越来越青睐拥有综合职业能力的学生。

为确保产教联盟的实效性,我们有必要考量产教联盟如何培养学生的核心专业能力、解决问题的能力和社会协作能力。一是核心专业能力。它是适应跨境电商岗位的基础,是成为岗位技术人员必须具备的能力,是综合职业能力的重中之重。产教联盟中的校企合作项目将教学过程与企业真实工作相融合,能够提升实践教学质量,依托入企教学、顶岗实习实践等方式可使跨境电商专业学生在干中学,学中干,有效锻炼其对专业知识和技能的运用能力,进而促进学生对专业知识和职业能力的融通。二是解决问题的能力。通过产教联盟的校企合作,跨境电商专业学生能亲身接触企业真实运转的过程,让学生掌握交易技巧、运营技巧和客服沟通技巧等,让其学会周密、严谨的工作方法以及应对学校无法接触到的真实难题,提高学生解决问题的能力。三是社会协作能力。通过产教联盟的校企合作,跨境电商专业的学生在企业中能学习处理与领导、同事之间的日常关系,亲自参与企业项目,形成团队意识,学会为人处世的基本技巧,最终能提升自己的社会协作能力。以上能力是跨境电商专业学生单单依靠学校这一场域无法培养的,因此,也需作为产教联盟成效的考量因素。

(3)产教联盟协同促进校企共生共进

作为产教联盟的最大利益攸关方,学校和企业均应从中获得某种程度上的"提质"。对学校而言,促进合作专业发展是一大诉求。由于主观和客观等原因,多数高职院校在育人的过程中,保持着传统的从理论到理论的思路,同时较多强调专业知识的系统性和完整性。这客观影响了实训课程的开设和师生的实操能力培养,导致学生的技能技术水平与预设的人才培养目标相去甚远。为解决这一系列的问题,不少高职院校被迫花费大量的人力、物力试图营造逼真的社会企业生产环境,同时聚力建设"双师型"教师队伍。但是,这些努力的最终结果依旧是高职院校技能人才培养无法较好地符合社会经济转型发展的综合需要。事实上,这也是某些职业院校办学水平较难提高的原因,甚至部分高职院校因学生毕业后就业难的问题无法吸引新的学生,陷入招生上的劣势循环。因此,技术技能培养是高职院校人才培养的核心要义。无数的案例已经证实,技术技能的培养一定不能闭门造车,仅仅依靠高职院校很难有较好的结果。

---

① 潘建华. 我国职业教育校企合作的有效性研究[D]. 上海:上海师范大学,2017(6):58.
② 陈咏,何绮文,陈星涛. 职业院校培养跨境电商人才的现状与对策[J]. 职业技术教育,2016,37(20):26.

为此,产教联盟的打造可以使学校获得来自企业的师资、知识、设备、经费等资源,这能够有效培养技术技能型创新人才,更为重要的是能够促进合作院校实现科学发展。对企业而言,提升企业的竞争力是一大诉求。人力资源的竞争是企业间竞争的一个重要赛道,不少企业因为急缺某些人才甚至出现"挖墙脚"的现象。因此,与其进行人力资源的恶心竞争,不如换一个思路,从人力培养上节约成本。企业要主动地参与产教联盟的合作项目,通过介入职业教育的教学过程,与高职院校联合确定自己所需要的人才培养目标,共同制定相应的人才培养方案,并力所能及地提供设备、教师支持等。同时,告知高职院校企业的急需技能人才,为企业的良性竞争提供了强有力的人才支撑。

总体来说,跨境电商产教联盟的诞生是为了培养社会经济转型的创新人才、拥有企业实战经验的实用型人才。此外,跨境电商产教联盟是一种基于创新、实用型人才培养的特殊合作,也应当是一个长期、系统、持续的过程。所以,产教联盟的成效考量也必须注重长远合作效益。

3.3.4 产教联盟协同培养创新人才的困惑与担忧

与传统话语体系中的校企合作略有不同,产教联盟着重将职业院校与政府、企业、行业推动形成长期性、战略性的合作伙伴关系,从某种意义上来讲,产教联盟是校企合作的升级版本,也是推动职业教育"大有可为、大有作为"的新模式、新探索。正如前文所述,依托产教联盟培养跨境电商创新人才算是有益尝试,这种尝试由于在近几年刚兴起,所以必然会遇到各种各样的问题与挑战。但我们不妨从产教联盟的视角,先从整体了解近些年的发展困境,以期对跨境电商产教联盟有所帮助。围绕着产教联盟建设的几大问题主要有如下几方面:

(1) 产教联盟是否能解决人才输出同质化的问题

高校教学模式的同质化不是一个新的问题,而是一个长久存在且尚未解决的问题。近年来,国家通过多种方式强调高校的非同质化建设,针对职业教育的同质化问题也提出了"应用型本科"的解决方案。在高校同质化原因上,部分学者认为,"教师的权威与学生的依存心理强化了灌输式教学"[1],因而导致了同质化。又有部分学者指出,高校人才培养片面追求高层次,如高职高专追求"升本"目标,在人才培养上照搬部分本科院校。不少学者都认同,如果按照这种方式发展下去,经过一段时间积累后,将会造成学术型人才过多,应用型人才和技能型人才偏少的局面,使得高校人才供给出现结构性过剩。[2] 事实上,现在大学生就业难、企业招聘难的双重困境在部分程度上

---

[1] 韩洪文,田汉族,袁东.我国大学教学模式同质化的表征、原因与对策[J].教育研究,2012,33(9):68.
[2] 林伟连,伍醒,许为民.高校人才培养目标定位"同质化"的反思——兼论独立学院人才培养特色[J].中国高教研究,2006(5):41.

就是因为高校人才输出同质化问题较为严重。

产教联盟的建设是不是高职院校解决同质化问题的一剂良方呢？由于绝大部分高职院校参与的产教联盟的成立时间并不长，不少产教联盟发挥的作用目前较为有限，从结果上我们尚不能盖棺论定。但至少有一点可以肯定，产教联盟是我们在创新人才培养上的一次探索，依托正确的方式方法，我们应当会有较大的收获。

（2）产教联盟是否能推动教学资源数字化的问题

伴随着新冠疫情对线下教学的冲击，数字化教学资源成为各大高校建设的重点。产教联盟应当和教学资源数字化建设相向并行。一是产教联盟的主体中大多包含了教育行政部门，不少省市的教育行政部门是直接管理着高校的数字化建设平台。例如，重庆高校在线开放课程平台是由重庆市教委主管、市教育信息技术与装备中心指导、昭信教育科技集团建设并运营的全国性课程资源公共服务平台，是重庆市官方唯一高校在线学习平台。二是产教联盟中的企业（行业）主体可以依托数字化平台，通过企业经验丰富的人员开设相关的真实职业课程。这对于线上增长工作经验、了解工作真实场景能够起到极大的作用。三是高职院校能够依托产教联盟促进信息化教学改革。在产教联盟中的高职院校之间可以搭建信息桥梁，开展数字化资源共享，打破内外机制运行梗阻。至于，产教联盟在数字化资源建设上的推动作用有多大？政府、企业、行业等主体能否在数字化资源建设上发挥在整体的协同作用？这些是我们亟待探索的问题。

（3）产教联盟中的教学评价能否更加多元化的问题

教学评价单一是高校面临的一大难题。在教师评价中，大部分高校建立了两级督导（学校与学院）、学生评教等评价体系。这类体系下往往有一些数值上的指标，存在评价主体的主观差异性导致评价结果不合理的现象。例如，许多学生不清楚评价教师的作用和意义，往往草率对付了事。[1] 大学多年的发展历史表明，它不能被看作与世隔绝的"象牙塔"，而应该是与大学之外的社会紧密相连的。因此，产教联盟中的教学评价能否从企业的视角中获得一些灵感，这是一个比较期待的探索。

（4）产教联盟能否解决教学过程互动不足的问题

教学互动不足是高校中教学中的常见现象。高职院校的教学互动不足表现在教师与学生之间、教师与教师之间、教师与企业之间等。所以，实践教学环节薄弱一直是职业教育人才培养的"老大难"问题，究其原因，主要是学校未与行业组织、企业等产业主体形成紧密的合作关系，无法获得充足、优质的实践教学资源。[2] 产教联盟在组织

---

[1] 徐薇薇,吴建成,蒋必彪,等.高校教师教学质量评价体系的研究与实践[J].高等教育研究,2011,32(1):102.

[2] 杨蕙琳.面向职业教育现代化建设的产教联盟协同育人研究[J].教育与职业,2020(12):13.

结构、设计意图上可以说完美地回应了教学互动不足这一问题,但它的实际效果也有待于实践的检验。

(5) 协同育人机制能否更加系统、实效的问题

高职院校产教联盟存在"表层化""碎片化""利益化"等问题,部分产教联盟在成立后往往较少开展或压根不开展实质性的合作项目,这也导致了其"空有其名、未见其实"的状况。这些问题的症结在于参与产教联盟的各方主体有自身的利益关切和利益考量。如何设计出全面、合理、系统的协同育人机制,是产教联盟在成立之初就应当考虑的重要事项。

以上是产教联盟培养创新人才的困惑与担忧,弄清楚这些问题对我们思考、探索跨境电商产业的发展有较强的借鉴意义。发展中的事物总会在曲折的道路中前进,我们相信,产教联盟能够给职业教育带来一片新天地。在后文中,我们将尝试整理当前跨境电商产教联盟培养创新人才所面临的一系列问题,厘清问题的表层与深层的复杂关系,竭尽所能探索解决的思路。

第 4 章　高职跨境电商产教联盟协同育人问题分析

4.1　高职跨境电商人才输出"人岗不适"

随着"一带一路"倡议以及"中国制造 2025"发展战略等的深入推进,跨境电商搭共享经济快车进入高速发展阶段,但跨境电商产业劳动力市场"供需失衡""人岗不适"的人才需求瓶颈问题,严重阻碍了跨境电商产业转型升级和区域经济的可持续发展。为了解决"人岗不适"的问题,国家频频下发"人岗匹配"的政策引导文件。2017 年的《国务院办公厅关于深化产教融合的若干意见》提出:"深化产教融合,促进教育链、人才链与产业链、创新链的有机衔接,是当前推进人力资源供给侧结构性改革的迫切要求。"[1]其应成为产业转型升级的"助推器"、促进就业的"稳定器"、人才红利的"催化器"。[2] 2019 年的《国家产教融合建设试点实施方案》要求:"开展国家产教融合建设试点,充分发挥城市承载、行业聚合、企业主体作用"[3]以及"建立城市为节点、行业为支点、企业为重点的改革新路径新机制"。[4]《教育部 财政部关于实施中国特色高水平高职学校和专业建设计划的意见》提出:"推动高职学校和行业企业形成命运共同体,为增强产业核心竞争力提供有力支撑。"[5] 2022 年新修订的《中华人民共和国职业教育

---

[1]　国务院办公厅关于深化产教融合的若干意见[EB/OL].(2017-12-19)[2022-05-10]. http://www.gov.cn/zhengce/content/2017-12/19/content_5248564.htm.

[2]　国家发展改革委有关负责人就《关于深化产教融合的若干意见》答记者问[EB/OL].(2017-12-19)[2022-05-10]. http://www.gov.cn/zhengce/2017-12/19/content_5248610.htm.

[3]　关于印发国家产教融合建设试点实施方案的通知[EB/OL].(2019-09-25)[2022-05-10]. https://zfxxgk.ndrc.gov.cn/web/iteminfo.jsp?id=16431.

[4]　建立城市为节点、行业为支点、企业为重点的改革新路径——国家发改委有关负责人就《国家产教融合建设试点实施方案》答记者问[EB/OL].(2019-10-10)[2022-05-10]. http://www.gov.cn/zhengce/2019-10/10/content_5438188.htm.

[5]　教育部 财政部关于实施中国特色高水平高职学校和专业建设计划的意见[EB/OL].(2017-12-19)[2022-05-05]. http://www.moe.gov.cn/srcsite/A07/moe_737/s3876_qt/201904/t20190402_376471.html.

法》明确要求:"把促进产教融合、校企合作作为基本导向。"①由此可见,高职跨境电商人才培养的供给侧与产业需求侧的"动态平衡"是实现校企"真协同"、产教"真融合"的关键环节。

但跨境电商产业的劳动力市场"供需失衡""人岗不适"带来的人才需求瓶颈问题,严重阻碍跨境电商产业经济的快速发展。高职跨境电商的特色教育本应为跨境电商企业培养"人岗相适"的创新创业复合型人才,解决企业用人和学生就业需求,实现供需与产教的"双向平衡"。但高职跨境电商的人才培养目标和课程设置脱离产业经济的发展轨道,导致我国高职院校人才培养供给侧与行业企业需求侧契合度不高,社会对现有高职院校跨境电商产教联盟人才培养提出了质疑,亟须创新高职跨境电商产教联盟协同育人的机制,以顺应"中国制造2025"发展战略与"一带一路"倡议的要求,多元协同育人机制成为增强跨境电商产业核心竞争力的主要抓手,进而促进跨境电商产业经济效益和高职跨境电商创新人才培养效益的共生共享。

4.1.1 跨境电商产业新职业新岗位需求变化的新特征分析

随着跨境电商产业转型升级的推进和社会分工的进一步细化,业态变化带动新职业不断涌现。在新修订的《中华人民共和国职业分类大典(2022年版)》中,净增158个新职业,占到总职业数的10%。职业因生产生活而生,在新职业短时间内猛增的背后,无疑是新一代数字技术的飞速发展和经济社会的迅猛发展。跨境电商新职业的工作内容和雇佣方式更自由更灵活,符合现代学生的职业观和价值观。例如,数字化管理师、低代码开发工程师、角色原画师、主播经纪人、游戏体验师、品鉴体验官等多个数字新职业引人关注。在数字经济的催生下,这些新岗位人才需求也逐渐呈现出"年轻化""个性化"的趋势。针对当今毕业生在就业方面表现出来的新特征、新变化,需要强化正确的职业价值观。针对数字化产业对数字换新职业人才的求贤若渴,职业院校应提高新职业人才的培养质量,引导相关企业参与新职业的发展,实现人才培养和市场需求的紧密衔接,与新时代新需求同频共振,释放需求潜力、激发发展活力。

随着跨境电商的迅猛发展,不但企业在人才的需求数量上存在缺口,而且现有人才的质量无法达到企业的用人标准。跨境电商作为新兴行业,对跨境电商人才也提出了新的需求。因此,要解决企业人才需求问题,首先要清楚企业需要什么类型的人才,即只有明白企业的真实需求,才能"对症下药"。为了深入探究跨境电商交易类、平台类企业对人才的需求特征,我们从岗位需求和需求技能两个角度对跨境电商人才需求

---

① 《中华人民共和国职业教育法》[EB/OL]. (2022-04-21)[2022-05-09]. http://www.moe.gov.cn/jyb_sjzl/sjzl_zcfg/zcfg_jyfl/202204/t20220421_620064.html.

进行分析。

1. 岗位需求特征分析

不同类型的电商企业的岗位需求各不同,但这些需求有一个共同特征,那就是要能解决企业最棘手的问题,也就是企业最紧缺人才的供给问题。通过问调发现,跨境电商人才需求最为迫切的岗位是营销类岗位,其次是商务类岗位、运营及策划类岗位、技术类岗位、进出口通关类岗位,分别占76.47%、55.88%、54.12%、52.94%和41.76%(如表4-1所示)。以技术型人才为主的跨境电商平台企业最紧缺的是运营及策划类岗位人才、技术类岗位人才。96.55%的企业需要运营及策划类岗位人才。86.21%的企业需要负责推广、销售等的营销类岗位。需要负责网站搭建、维护及安全,手机App开发,产品设计及数据分析工作等的技术类岗位、商务类岗位、风控类岗位以及进出口通关类岗位的企业分别占75.86%、72.41%、62.07%、48.28%。对比跨境电商交易企业、平台企业与服务企业对不同岗位的需求,营销类、运营与策划类、技术与产品类、风控类以及通关类的人才需求缺口较大。尤其是营销类人才最紧缺,即能够应用平台推销企业产品至海外市场。

表4-1 不同类型跨境电商企业不同岗位需求表

企业类型	岗位类别	占比/%
以营销人才为主的跨境电商交易企业	营销类岗位	76.47
	商务类岗位	55.88
	运营及策划类岗位	54.12
	技术类岗位	52.94
	进出口通关类岗位	41.76
以技术型人才为主的跨境电商平台企业	运营及策划类岗位	96.55
	营销类岗位	86.21
	技术类岗位	75.86
	商务类岗位	72.41
	风控类岗位	62.07
	进出口通关类岗位	48.28

2. 需求技能特征分析

通过对有效调研问卷的统计分析,发展跨境电商企业渴望高职院校培养更多的复合型技能人才,95.47%的人力资源均表示复合型技能人才最为紧缺。但不同类型的企业对复合型技能人才的技能需求不同。例如,跨境电商交易类企业最看重的是就业者的平台营销能力、外贸业务知识能力以及外语能力,这3类需求分别占比55.88%、

50.00%、48.82%。企业其次看重的是平台操作能力、互联网思维能力,这两类需求分别占比38.24%、33.53%。跨境电商交易类企业对应聘者有客户消费理念和了解文化知识、了解对相关业务政策法规知识的需求相对较弱,这两类需求分别占比18.82%、15.88%。

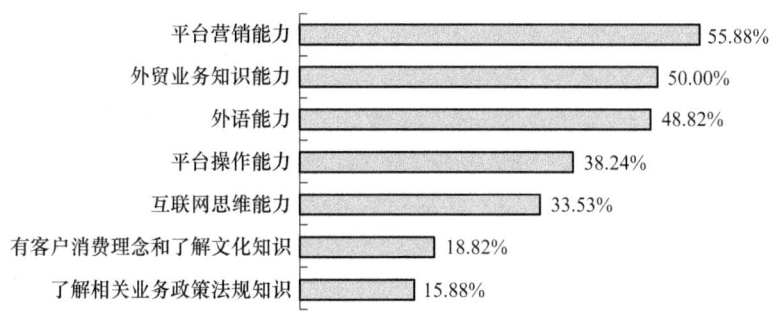

图4-1 跨境电商交易类企业不同岗位的不同技能需求统计图

对于跨境电商平台类企业,对具有商业数据分析能力的人才需求最大,需求占比高达89.66%,其次是具备互联网思维的人才,需求占比为72.41%。如图4-2所示,跨境电商企业对就业者的供应链金融优化及风控能力、外贸业务知识、物流渠道及国际物流管理能力的需求占比依次为41.38%、37.93%、27.59%。通过对比分析,发现不同类型的跨境电商企业对应届毕业生的技能需求有较大差异。跨境电商交易类企业对就业者的营销能力、外语能力和外贸业务技能要求较高,而跨境电商平台类企业对就业者的数据分析和运营管理能力要求较高,亟须复合型技能人才。

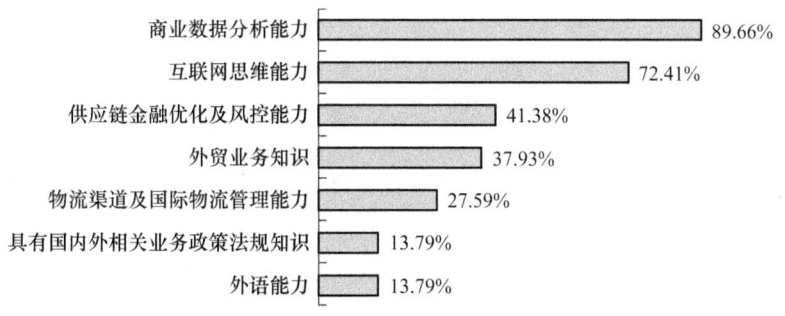

图4-2 跨境电商平台类企业不同岗位的不同技能需求统计图

4.1.2 跨境电商"一岗难求""一将难求"的矛盾分析

国家政策的支持,行业的迅猛发展,使得跨境电商成为我国经济发展中的一匹"黑马",我国跨境电商不仅业务呈爆发式增长,还逐步实现了"买全球、卖全球"的愿望。

并且,跨境电商企业数量迅猛增长,如深圳跨境电商企业数量从最初只有几百到现在已经有几万了。而企业跨境电商团队的搭建至少需要三至四人,人才需求量的扩张导致跨境电商的发展中人才需求缺口大、专业人才"一将难求"的现象越来越凸显。陈竹韵以浙江省民营企业为研究对象,发现平均每家跨境电商企业需招基层人员9位。①刘颖对北京跨境电商企业进行了调查,发现86%的企业认为严重缺乏跨境电商人才,对营销类岗位的需求最为迫切。② 此外,商业模式不断推陈出新,使得复合型人才长期存在缺口③。

与跨境电商高薪岗位"一将难求"相矛盾的是成千上万的毕业生"一岗难求"。在2022年的春招中,求职者在应聘一个岗位时,遇到的竞争对手接近去年的2倍,求职者压力倍增。再就业需求大,灵活就业人数高达两亿,就业的结构性矛盾突出,就业难与招人难并存,高学历岗位一岗难求。刚毕业的应届生们和许多失业者想找到一份理想工作都比较困难。在新冠疫情的影响下,不少企业发布破产公告或大批员工被裁员,这无疑会造成更加严峻的就业形势。就业难,创业更难。从2019年到2022年,新冠疫情多点暴发,大多数人居家隔离,很多实体店在没有客源、没有收入的情况下处于亏损状态,让无数有创业梦想的人望而却步。2022年毕业生高达1 076万人,加上去年和前年毕业后没有参加工作的毕业生,应届生群体的数量相当惊人,使得"一岗难求"和"一将难求"互相矛盾的乱象更加显性化。

4.1.3 跨境电商毕业生就业能力与岗位实际需求不匹配

随着产业结构的转型升级与技术创新的多重驱动,高技能要求的岗位不断增多。人工智能的产生也会催生出一些新的岗位和业态,但是有学者认为人工智能技术对传统岗位的替代速度会大于其对新工作岗位的创造速度。④ 为了适应岗位需求,跨境电商企业在增加高技能岗位数的同时减少了低技能岗位数。低技能岗位的新雇佣量下降,高技能岗位的新雇佣量增加。失业和待业人数上升,高技能岗位工资大幅度上涨。院校期望学生能高质量就业,毕业生期待能获得高薪的工作岗位,但就业能力与岗位实际需求出现不匹配的现象。以知识、技能、经验获得为标志值,向上为错配、向下也为错配,只有正好才是适配。不管是向上还是向下的错配,员工都易跳槽或失业,跨境电商企业易出现人才流失问题。

---

① 陈竹韵.浙江省民营企业跨境电商人才需求调研[J].现代职业教育,2017(7):5.
② 刘颖.北京跨境电子商务企业人才需求状况调查分析[J].价值工程,2016(4):68.
③ Valarezo A, Perez Amaral T, Garin-Munoz T, et al. Drivers and barriers to cross-border e-commerce: evidence from spanish individual behavior[J]. Telecommunications Policy, 2018(6):469.
④ Acemoglu D,Restrepo P. Robots and jobs: evidence from US labor markets[J]. Social Science Electronic Publishings,2017,17(3):99.

在跨境电商交易类企业中,因能力与岗位需求不匹配,人才流失率最高的岗位同时也是人才需求缺口最大的岗位,即营销类岗位。跨境电商企业的营销类岗位人才流失率高达10.35%,而运营及策划类岗位人才流失率为7.48%。如图4-3所示,商务类和技术类岗位的人才流失率偏低,分别为6.73%、5.03%。通过调研发现跨境电商人才流失的最重要原因是工作压力,其次是薪酬待遇。工作压力过大实质上是就业者的就业能力低于岗位实际需求,就业者能力和岗位要求不匹配。工作压力过小也就是就业者的就业能力远远高于岗位实际需求,就业者缺乏动力和挑战性。只有就业能力匹配岗位实际需求,才能实现供给侧与需求侧的双向平衡。

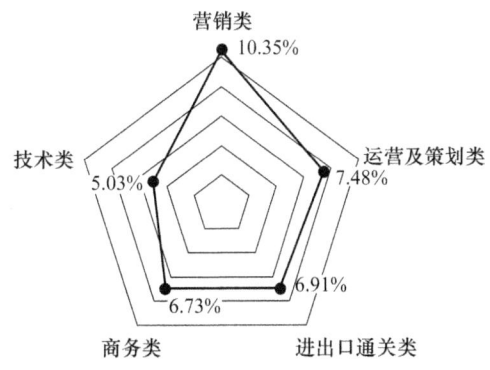

图4-3 跨境电商交易类企业不同岗位的人才流失率统计图

如图4-4所示,在跨境电商平台类企业中,无论是业务型(营销类、运营及策划类、进出品通关类)还是技术类的复合型人才,离职率均低于跨境电商交易类企业。在偏向技术型的平台企业中,企业员工在短时间内不会有很高的流动性,即跳槽率不会很高。但其运营及策划类和营销类岗位的人才流失率和跨境电商交易类企业一样,位居前二,分别为7.48%、10.35%。

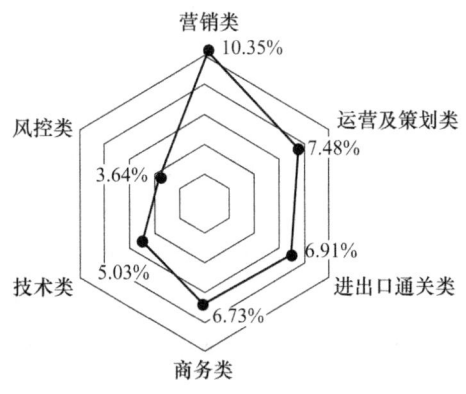

图4-4 跨境电商平台类企业不同岗位的人才流失率统计图

其主要原因是跨境电商专业的学生在毕业就业或再就业时,常出现自身的就业能力与岗位需求不匹配的情况,导致跨境电商企业的人才流失率高于其他行业。许多跨境电商企业的人才流失,本质上也是就业能力与岗位需求不匹配。只有就业能力和岗位需求正好匹配,才能解决院校毕业生高质量就业的问题,才能实现供给侧和需求侧的双向平衡。

4.2　高职跨境电商数字化教育资源建设不理想

自2020年以来,习近平总书记在不同场合多次就发展电子商务作出重要指示,对发展农村电商、跨境电商、丝路电商等提出要求,明确指出电子商务是大有可为的。近年来,随着《中国教育现代化2035》《加快推进教育现代化实施方案(2018—2022年)》《"十四五"规划和2035远景目标纲要》的相继出台,中共中央、国务院对中国高等教育进行了纲领性的指导,教育资源特别是数字化教育资源的建设成为高职院校的重点。专业课程的数字化资源也成了建设职业教育线上资源的重要内容之一。目前,跨境电商专业作为一个应用型专业,知识架构中涉及管理、经济、计算机等专业知识,相对应地要求学生不仅要掌握相关的概念和原理,还需要通过实验教学培养诸如电子商务系统设计开发、电子商务产品设计、电子商务营销等实践操作能力。尤其是大数据、云计算、人工智能等数字技术催生了更加丰富的跨境电商应用场景,建设系统的、前沿的、应用的跨境电商教育资源显得更为重要。但就目前而言,高职跨境电商教育资源建设面临着传统跨境电商教育资源的固守与割裂、跨境电商数字化教育资源的滞后与匮乏、跨境电商教育资源"实践性""服务性"的缺失等现实问题。

4.2.1　传统跨境电商教育资源的固守与割裂

高等职业教育是高等教育中的特殊类型,具有不一样的特征。部分学者将其特征归纳为以下3个方面:一是职业性。高等职业技术教育的培养目标应根据市场需求以及就业岗位需要制订。二是实践性。高等职业技术教育侧重岗位实际能力的培养,教育教学过程强调实训和实习,以让学生在培训后具有极强的岗位适应能力。三是开放性。高等职业技术教育面临市场选择,应对社会经济快速发展,迅速适应技术技能的最新动态,实现技术迅速转化,是职业教育对接社会需求的特点。[①] 从特征中不难看出,高职院校与社会经济发展、行业企业发展有着密不可分的联系。基于此,高职院校

---

① 蒋庆荣.协同治理视角下中国高等职业教育治理模式研究[D].长春:吉林大学,2018.

教育资源的建设更应充分考虑到这种联系。

当前,跨境电商教育资源存在固守和割裂的现象,主要体现在作为职业教育的课程在体系建构时在很大程度上固守在校内范畴,并将行业企业等联系紧密的主体排除在外或大幅降低其参与性。由此,课程的建设、资源的打造便更多是学校单方面的建构,经由此类教育资源进行的人才培养过程造成学生对行业企业的适应性不足,这与前文所提及的"人岗不适"也存在一定联系。

传统跨境电商教育资源以固定的专业课程为中心,设置较为单一的课程目标,开展多而杂的课程学习。例如,跨境电商学生的专业包括电子商务、国际商务、商务英语、国际贸易等,专业类别复杂,并且各专业均以原设定的专业资源为基础开展跨境电商方向的人才培养工作,存在"新瓶装旧酒"的现象,并未清晰地梳理出系统的、有针对性的跨境电商岗位标准、课程体系结构与课程标准。各校各专业在跨境电商人才培养标准方面尚未形成一致意见,跨境电商人才培养也处于初级摸索阶段。由此导致当前跨境电商领域的教学资源匮乏,市场上只有少数几门跨境电商核心课程教材,并未形成全套跨境电商系列教材。

因此,跨境电商课程中以往基于知识、能力或狭隘教育视角等构建而成的课程资源,已经不可避免地呈现出固守与割裂的态势,需要探索新的领域、开展新的研究、引入新的视角。而与此同时,由于跨境电商课程是职业性、技能性的课程,因此其内在发展规律在跨境电商专业不断完善的过程中也逐渐变得更加明晰,经过初期的探索之后,需要的是进一步提升跨境电商职业素养。开展跨境电商教育资源的跨界与融合时,不仅要关注职业素养在课程建构中的决定性作用,还要秉持"跨界与融合"的观念。如何打破传统教育资源的桎梏,成为当下跨境电商教育资源研究的当务之急和必然之需。

4.2.2 跨境电商数字化教育资源的滞后与匮乏

中共中央、国务院印发的《中国教育现代化2035》指出,要"创新教育服务业态,建立数字教育资源共建共享机制"[①]。教育资源数字化是近些年教育事业发展的应有之义和必然之举,随着数字生活消费新场景建设的深入拓展,跨境电商教育资源的打造也迎来了机遇和挑战。跨境电商专业在教育资源上有着天然的数字化属性:一方面,跨境电商的实践操作平台几乎都在互联网平台完成;另一方面,数字化教育资源更契合跨境电商平台更新较快的现实情况。

---

① 中国教育现代化2035[EB/OL].(2019-02-23)[2022-03-09].http://www.gov.cn/xinwen/2019/02/23/content_5367987.htm.

但是,跨境电商数字化教育资源的构建状况不尽理想。首先,跨境电商数字化教育资源在数量上相对匮乏,跨境电商领域的国家教学资源库和省级以上跨境电商类精品在线课程寥寥无几。例如,2022年在中国大学MOOC平台上搜索"跨境电商"关键词,全国仅有83项课程资源,国家级精品课程仅有10项(如表4-2所示),而在这其中大部分课程均是以"电子商务"为主的,专门针对"跨境电商"开设的课程仅有1项。其次,现有跨境电商数字化教育资源存在滞后性。跨境电商领域发展迅速,新技术、新模式、新问题层出不穷,这也需要教学资源快速动态更新,目前的资源建设模式难以满足这一要求,导致教学资源的利用率不高。例如,跨境电商专业的案例具有变化较快的特征,以往的行业企业案例若不及时进行更新则十分容易过时,跨境电商平台运营等课程也亟须最新的行业数据、市场分析和运营工具。但就目前而言,电子商务教学资源建设还是主要依靠建设单位专门投入人力物力进行,建设成本高,时间周期长,因此数字教学资源库普遍存在着无法及时更新的问题,无法满足更迭快速的理论、平台发展需求。

表4-2 中国大学MOOC平台上与跨境电商相关的国家精品课程

课程名称	开设院校	课程层次
跨境电商之速卖通	宁波城市职业技术学院	职业教育课程、国家精品
营商的法律智慧:商法	暨南大学	国家精品
电子商务基础与应用	无锡商业职业技术学院	职业教育课程、国家精品
电商创业	浙江理工大学	国家精品
电子商务	重庆大学	国家精品
MIB国际商务	浙江工商大学	国家精品
东南亚南亚商务	云南师范大学	国家精品
电子商务概论	东北财经大学	国家精品
国际贸易实务	河南工业大学	国家精品
电子商务理论与实务	苏州经贸职业技术学院	职业教育课程、国家精品

4.2.3 跨境电商教育资源的"实践性""服务性"缺失

中共中央、国务院印发的《加快推进教育现代化实施方案(2018—2022年)》中将信息技术作为新时代实现教育现代化的重要手段。[①] 2021年年底,商务部出台《"十四五"电子商务发展规划》,进一步对跨境电商的社会功能作出定位,充分展现跨境电商在数字经济国际合作和数字领域规则构建方面发挥的主力军作用,对加强数字产业链

---

① 加快推进教育现代化实施方案(2018—2022年)[N].人民日报,2019-02-24.

全球布局,推进跨境交付、个人隐私保护、跨境数据流动等数字领域国际规则构建都有了新的解释。[①] 不难看出,党和国家对跨境电商在经济社会发展中寄予了高度的期望,利用信息技术培养跨境电商人才的实践能力更应当成为跨境电商人才培养的重点内容。因此,跨境电商专业在很大程度上具备"实践性""服务性"的特征,在教学资源的构建上应充分考虑以上因素。

但目前跨境电商教育资源乃至科研建设情况都不理想。一方面,在高职院校中,目前的跨境电商专业教学资源大多是由各院校特定的课程团队进行设计与研发的,使用范围基本上仅限于校内。而且,教学资源多数依靠PPT课件、教案、试题、案例等理论教学资源的整理,这种方式的资源建设和资源使用方式与行业企业的发展结合并不紧密,尤其是缺乏针对实践教学环节的设计,不能很好地匹配实践教学需求,存在"实践性"缺失的现象。另一方面,跨境电商教育资源忽视其在乡村振兴战略、"一带一路"倡议等中的作用。在现行的教育资源中,几乎不能看到与之相关的内容,政策导向不强,这也导致本应肩负社会经济发展任务的跨境电商专业与国家大政方针脱钩的现象,其服务社会的能力有待提升。

从我国跨境电商企业来看,阿里巴巴、京东、唯品会等超大型跨境电商企业主要以国内市场为主,在经营国内市场的基础上,也在进一步扩展国外业务。但是由于这些超大型跨境电商企业发展得相对成熟,企业中人才济济,故能够提供给大学生实习的岗位非常有限,这也成为学生"实践难"的重要原因。

4.3 高职跨境电商产教联盟育人的个性化培养弱化

面对国家、社会、企业对跨境电商个性化人才培养发出的强烈呼唤,目前高职院校的人才培养规格已越来越不能适应数字经济背景下个性化创新人才培养的要求,致使跨境电子商务产业的人才需求缺口巨大且企业在给出月薪数万的情况下仍然招聘不到合适的人才。在全国毕业生数量屡创新高的大背景下,2022年毕业人数创新高,高质量就业问题空前严峻,"招聘难就业难"的问题数量在跨境电商毕业生和跨境企业之间正在以惊人的速度增加。为什么跨境电商人才频频出现红色预警?跨境电商专业的毕业生难就业呢?其根本原因在于院校的人才培养方式出了问题,跨境电商人才培养的最大困境便是缺乏个性与创新。各高职院校陷入"同质化"人才培养的泥潭,各跨

---

① 关于印发《"十四五"电子商务发展规划》的通知[EB/OL].(2021-10-03)[2022-03-17]. http://www.mofcom.gov.cn/article/zcfb/zczh/202110/20211003211545.shtml.

境电商企业被迫进入同质化人才竞争的红海之战。

4.3.1 个性化人才培养理念模糊

个性化人才培养理念是"互联网＋"创新创业跨境电商人才培养的风向标和指挥棒。自工业化时代至今，我国高校人才培养模式千篇一律，跨境电商个性化培养理念缺失。我们调研了某高校，其在现行班级授课制下，服务于跨境电商行业的2022级电子商务专业共有4个班，总共有173人，所有学生接受相同的学习内容、按照相同的学习进度和学习标准，达到相同的学习目标。虽然该校的人才培养目标中有个性化培养的模糊说词，但没有可落地的具体规划，该校绝大多数老师和学生对个性化培养理念都认知不清。世界上没有完全相同的两片树叶，也没有完全相同的两个人。由此可见，个性化教育才是最好的教育，也是人才培养改革的方向。因为高校中每位学生的学习能力、学习进度、学习兴趣等都是不同的，个性化或定制化的人才培养方案才能满足他们快乐学习的需求。而类似某高校这种标准化的、划一性的大众化培养方式，不仅剥夺了学生受教育的选择权，还扼杀了学生的个性。这些学生从学校毕业后就像从一条生产线上生产出来的批量产品，拥用的知识结构雷同，缺乏个性与创新，使得其优劣个性无法展示和扬弃，良好个性无法得到陶铸，优质个性无法生成。在个性化人才培养理念模糊或缺失的情况下，学校培养的只是"人"，而不是"才"。跨境电商企业难在人才市场上招聘到满意的人才，跨境电商的毕业生由于缺少创新性与个性化，无法得到跨境电商企业的青睐是在所难免的。这种"工业化生产"模式的大众化人才培养，不仅不能满足数智时代跨境电商学习者的个性化发展需求，还与我国高职人才培养改革的个性化人才培养理念背道而驰。

4.3.2 个性化课程设置弱化

有些国外课程设置彰显个性化，例如，澳大利亚新南威尔士州的课程设置注重将选择权归还学生，重视发展学生的综合能力，使每个学生的个性、才能、兴趣、特长得到充分发展。我国高校跨境电商课程设置的结构、目标、内容经常忽略学生个性化的需求。其在课程结构的设置上，存在必修课与选修课比例严重失调的问题。必修课程多，选修课程少；理论课程多，实践课程少；陈旧课程多，创新和前沿课程少；知识型课程多，技能型课程少。学生感兴趣的课没机会和时间学，不感兴趣的课被迫学，结果事与愿违，达不到理想的目的。例如，重庆某高职院校电子商务专业的学生需要修满135学分才能毕业，其中必修课程高达117学分，占总学分的86.67%，而选修课程只有18学分，只占总学分的13.33%（如表4-3所示）。通过调研该校2022级179位电子商务专业的学生发现，98%的学生（跨境电商方向）认为必修课太多，选修课太少，社会实践课薄弱,对关联专业和交叉专业知识缺乏最基本的融合。因必修课多,学生没有时间发展自己的兴趣特长。因选修课太少,95%的学生无法选择自己感兴趣的课,不感兴趣的课又被迫选修,不选修学分达不到毕业的标准,对此学生苦不堪言,厌学情绪日益高涨。该校电子商务专业课程设置出现个性化和灵活性的弱化,不利于开阔学生视野,同时也不能培养出满足跨境电商企业需求的个性化复合型人才。因为目前电子商务专业的课程结构没有按照问题解决的规律和学生学习的成长规律,建构起网状化、应用性强的个性化知识结构,更没有让学生形成创新问题解决的能力。

表 4-3 重庆某高职院校电子商务专业的课程结构总表

课程类别		课程学分		课内学时		开课门数
		必修	选修	总学时	实践学时	
必修课	公共必修	40		646	230	12
	专业必修	77		1 548	620	19
选修课	公共必修	18	2	32		1
	专业必修		16	256	120	7
合计		117	18	2 482	970	39

在课程目标的设置上,重共性轻个性、重知识轻能力、重结果轻过程。重视知识、技能的掌握,忽略解决问题的能力培养,不重视如何学习知识和掌握技能的过程要求,导致学生知其然而不知其所以然,出现厌学、逃学、代学等乱象。在班级授课制下,跨境电商的选修课和必修课的课程计划、课程标准、教材的编写与选定,都是课程教师统一制订。学生主动性学习和独立性学习的目标被忽视,个性化和差异化的学习目标被隔离。跨境电商的学生只需按照课程老师设计的统一目标、统一内容、统一时间、统一进度进行被动学习,不可能根据自己的学习目标对学习内容和学习时间进行自由选择,不能满足学生个性化发展的需要。由此可见,在班级授课制下,跨境电子商务的教师考虑的是学生的共性需求,没有考虑不同学生的不同需求,致使高校跨境电商在课程设置目标上共性与个性的矛盾日益突出。

在课程内容的设置上,课程内容过窄过专且陈旧滞后。根据对重庆某高职院校35位教师和179位学生关于电子商务课程内容评价的调研可发现,76%的被调查者认为课程内容严重脱离跨境电商企业的实际需求,不利于培养学生的创新意识和平台实操能力;89%的被调查者认为课程内容未能与时俱进,很少涉及科学前沿、缺乏时代感,许多新观点未能及时编入课程;91%的被调查者认为课程内容枯燥、乏味,满足不了数字化时代学生个性化的新需求,引不起学生求知欲与创新的兴趣;97%被调查者认为课程内容过窄过专,缺乏跨专业和交叉专业的课程内容,不利于培养企业所需要的"双重技能",致使毕业生在跨境电商企业工作中出现知识面窄、视野不宽等问题。因知识结构过度专业化,其发展空间和发展潜力受到极大限制。高职课程设置在内容上缺乏前沿性、应用性和整合性,批量培养出来的学生缺乏个性和创新解决问题的能力,由此看来,跨境电商专业的课程内容设置需要加大革新步伐。

4.3.3 个性化学分制功效失灵

学分制源于美国的哈佛大学,在我国最开始试行于北京大学,现被各国高校全面推行。学分制是一种以学分作为计算学生学习量的单位、以学分绩点作为衡量学生学习质量的教学管理制度,是高校适应社会对教育个性化、人才类型多样化需求所采取的一种课程设置和教学管理模式①。学分制的优势和精髓在于提升学生的自主性,发扬学生的个性,建构因人而异的知识结构,实现差异化发展。也就是说真正意义上的学分制是没有学校的围墙、课堂的边界和学年制的限制的,学生在开放的环境、时空、资源库进行"跨学段、跨专业、跨学校"自主选择或自主建构个性化的学习内容,自主完成学校规定的学分绩点。然而我国有些高校实行的学分制徒有其表,名为学分制,实为学年制,学分制只是学年制的调剂。例如,在我们调研的重庆某高职院校中,其2022级跨境电子商务专业的人才培养方案、选修课、必修课及课程计划均是按照学年制设计和安排的,学分制仅仅是学年制的补充和调剂,学生的专业选修课开课门数极少,且只能在本院、本专业、本年级的教学计划内选修,学生几乎没有选择权,有些课名为专业选修课,实为专业必修课。在这种传统的学年制、专业制、班级制等管理制度下,学生无法基于自己的兴趣自由选修课程,选课制的功效难以发挥,学生的个性发展和创新能力的培养面临巨大挑战,无法为跨境电商企业提供能够创新解决问题的高素质复合型人才。由此可见,学分制的改革势在必行,并且刻不容缓。

4.4 高职跨境电商产教融合的教学过程互动性不足

习近平总书记强调:"要走好人才自主培养之路,谁拥有了一流创新人才、拥有了一流科学家,谁就能在科技创新中占据优势"。②自进入新世纪以来,我国教育事业蓬勃发展,为社会主义现代化建设培养输送了大批高素质的人才,为加快发展壮大现代

---

① 朱雪波.高校实施完全学分制的困境与对策研究[J].高等工程教育研究,2015(1):113.
② 教育部关于印发《职业教育专业目录(2021年)》的通知[EB/OL].(2021-03-17)[2022-04-01].http://www.moe.gov.cn/srcsite/A07/moe_953/202103/t20210319_521135.html.

产业体系做出了重大贡献。2019年,教育部在高职高专的专业目录里增补了一个新的专业——跨境电商,并将该专业列入职业本科试点专业清单,标志着职业本科跨境电商人才培养的试点工作正式开始。在2020年新冠疫情开始之后,全球的"宅经济"不断发展,跨境电商迎来了一波爆炸式增长,越来越多的企业奔向跨境赛道,跨境电商产业链对人才的需求不断增多,导致目前跨境电商人才供不应求的状况日益严重。根据《中国电子商务市场数据监测报告》显示,在2020年上半年的时候我国电子商务交易规模已经高达10.5亿元,同比增长37.6%,而且根据相关的统计数据显示,2020上半年直接参与我国电子商务服务企业的相关从业人员已经超过了285万人。[①] 2021年,我国跨境电商进出口交易额持续增长了1.98万亿元,在跨境贸易上,新冠疫情带来的机遇与挑战并存,这说明作为外贸核心岗位的跨境电商运营处于人才需求快速增加、供给跟不上的阶段。2022年6月20日,由深圳市跨境电子商务协会主办的"2022第五届全球跨境电商节暨第七届深圳国际跨境电商贸易博览会"在深圳会展中心圆满落下帷幕,展会为期三天,以"文化跨境,品牌出海,智量强国"为主题,这充分说明当前出海是大势所趋,中国过去几十年积累的技术、产品、供应链等各种能力都已经达到拐点,产能溢出、人才溢出、资本溢出这三大趋势不会改变。跨境电商依托新技术革命,凭借流通链路短、时效高、直达消费终端的优势,已成为中国制造链接全球消费者的新通路。据《"十四五"电子商务发展规划》的数据显示,至2025年我国电子商务领域相关从业人数将达到7000万,未来三年,预计我国电商人才缺口达985万。由此可见,未来跨境电商行业的人才缺口依然存在,因为跨境电商市场在不断发展,在企业对人才的需求中,电商运营人才约占一半的比例,如图4-5所示。

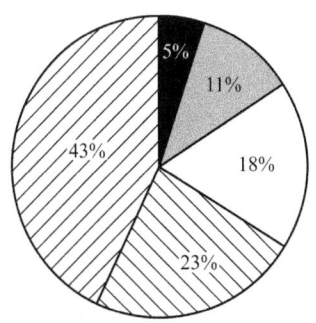

■ 供应链管理人才; ■ 综合性高级人才; □ 技术性人才(IT、美工等); ▨ 推广销售人才; ▨ 电商运营人才

图4-5 企业人才需求占比

---

① 刘洁.高校转型发展背景下电子商务专业产教融合培养模式研究[J].中外企业家,2018(15):179.

受全球新冠疫情影响,"国际线上买卖"逐渐成为国际货物的主要流通渠道。新冠疫情导致的封城、居家隔离带来了全球跨境电商以及相关产业链的蓬勃发展。跨境电子商务行业在带动外贸向新形态转型发展的同时,也造成了人才空前的短缺。据各大互联网招聘网站和阿里研究院数据显示,我国每年需要新增跨境电商从业人员超过400万,超过80%的公司表示人才极度紧缺。① 各大线上平台对跨境电商的人才需求大幅度增加,各个城市在招聘人才时,对电商运营人才的需求量大幅增长,以2021年为例,智联招聘发布了《2021外贸行业人才形势研究报告》,该报告显示,2021年第一季度,跨境电商运营招聘需求规模同比猛增190.9%,其中深圳的人才需求量占全国的36.2%,位居全国首位,业内人士建议,深圳应加快建立跨境电商人才全链条培养体系。近年来,跨境电商凭借其线上交易、非接触式交货和交易链条短等优势逆势上扬,表现出良好发展势头,出口跨境电商占出口比重迅速提高。② 所需人才量不断增加,有数据显示,深圳稳居第一,其次是广州、郑州、杭州、青岛、武汉、厦门、长沙、上海、宁波,如图4-6所示。

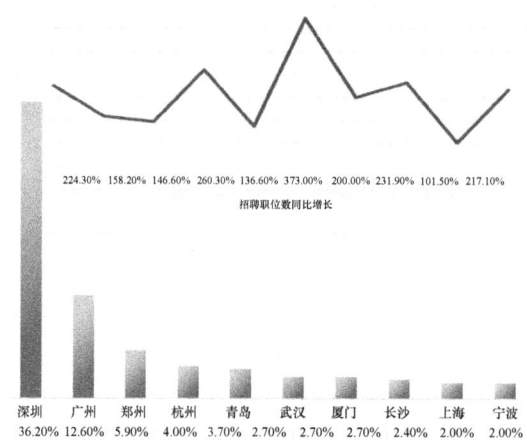

图4-6 跨境电商运营人才需求量前十的城市

跨境电商作为一门兼具理论和实践的专业,把"一网买卖全世界"的理念变成了现实,因此对电商人才在网络中的实际操作能力要求非常高,只有把教学相关系的各个因素联系起来,积极有效地进行教学互动才能培养出适合企业的技术技能人才。然而,在实际教学过程中,却发现互动存在诸多的不足,大致归结为主体、载体、内容、路

---

① 许申."1+X"证书制度下本科跨境电商产教融合人才培养路径[J].中阿科技论坛(中英文),2021(4):146-149.

② 深圳跨境电商人才需求激增 深圳需求量占全国第一[EB/OL].(2021-06-18)[2022-07-18]. http://www.sohu.com/a/472755740_121123830.

径、政策、反馈 6 个方面的原因,如图 4-7 所示。

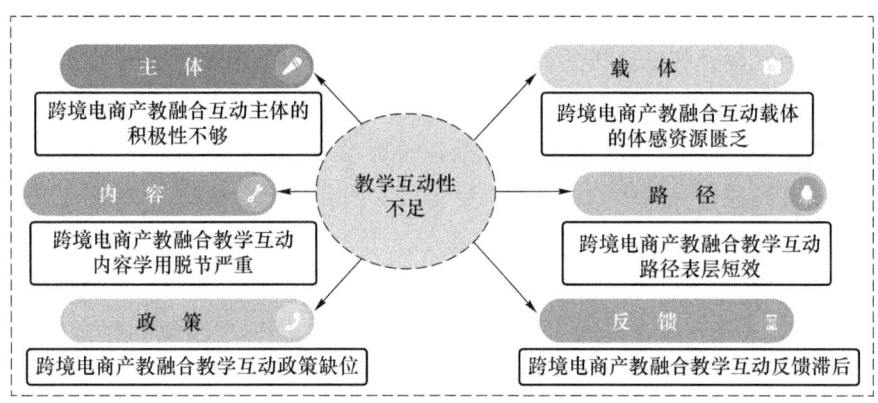

图 4-7 教学互动性不足的因素

4.4.1 跨境电商产教融合教学互动主体的积极性不够

跨境电商产教融合教学互动主体主要指学生、教师和企业间的互动。互动客体主要涵盖学校教学资源、企业数据资源、互动平台使用等。互动主体之间应利用各自互动的优势客体资源,实施教学互动,以提高教学质量,但现实却不尽如人意。

有些高职跨境电商专业的学生在上课期间三心二意,基本不能跟上教师的上课节奏,下课后也没有及时完成教师布置的学习任务,时间久了,因为听不懂而不想听,因为不想听就更听不懂,进入恶性循环后,学生开始选择迟到、早退、逃课、旷课。据调查发现,学生对自己未来的职业定位仅仅停留在直播带货的层面,约 80% 的学生认为课堂上的理论知识对他们以后的工作用处不大,总想着反正到了工作岗位后,都是拼实践操作能力,几乎没有应用理论知识的机会,没有必要浪费时间去学习那些枯燥乏味的理论知识,从而导致这部分的高职跨境电商专业的学生动手能力还不错,可是理论知识却过于薄弱的问题。长此以往,学生对自己所学专业没有进行过深入探知,只是浅表地了解专业最基本的一些内容,学生认为人才培养的目标是基础型电子商务人才,即精通电子商务技术的技能型人才,但是对复合型这个概念并不清楚,没有融合学习复合型人才的思维理念,从而导致学生对所学专业的认同感偏低,在学习过程中主动性不强,对专业知识的学习热情也不高。学生没有了做中学、学中用的体验,学习不到实战技巧,无法建立起专业认同感,最终结果便是学生很难形成"专业梦",很难追寻"职业梦",互动难以形成持久的动力。

对高职跨境电商的专业教师来说,尽管"产教融合"已作为高等教育的一种发展理念或一种发展战略正式进入《中国共产党第十九次全国代表大会报告》和《国家教育事业发展"十三五"规划》等官方重要文件,但是也许有些教师自身对很多概念还处于模糊的认识状态。例如,到底什么是产教融合?如何推进产教融合?产教融合的组织结构是什么?产教融合的发展模式有哪些?产教融合的影响因素都有哪些?高职跨境电商专业产教融合发展的问题有哪些?高职院校跨境电商产教融合相应的管理制度该如何创新?跨境电商产教融合建设成效评价标准有哪些?跨境电商产教融合相应的保障机制有哪些?对于诸如此类的问题若没有找到合理合适的认识,那么教师不能从意识上获得教学的积极性。

另外,从师资的角度来看,跨境电商是2019年才被教育部增补入高职专业目录的新专业,这个业态还显示出模式多、业务新、政策不稳定、标准不统一等诸多问题,这种新业态的高速发展,让高职院校的教师很难快速地适应和接受。教师队伍是高校人才培养的基础,在产教融合出现以前,很多教师们的教学和科研几乎还停留在纯理论的研究,大多数教师授课都是从书本到课堂,原因是他们自身也很少有机会实际参与跨境电商商业活动,使得他们对于跨境电商的教学多数属于纯理论的教学。虽然教师们也能意识到当前信息技术的飞速发展,尤其是跨境电商企业类型复杂、形式多样,纯理论培养的人才不能够适应电商企业生产的实际需求,但是面对跨境电商类教学资源(如教材、教学视频、习题等)供给不足,以及仅有的一些教学资源也不成体系的现状,教师们依然会选择传统的教学方式。最近几年,很多学校为了培养跨境电商的师资,安排了大量电子商务、商务英语、国际贸易、计算机等专业的教师出去培训,这些相关的教师90%都与跨境电商有紧密的联系。教师们虽然在培训后基本能胜任跨境电商专业理论知识的讲授、简单的实训操作和基础的实战教学工作,但要开展中高层次网店运营方面的教学还是非常有难度的。由于教师们的实战经验不足而没能带领并指导学生亲自验证体验,因此学生学习只能停留在理论阶段,他们到企业实习或工作时还需企业师傅从零开始教。时间久了,有些教师又用回最初的模式教学,失去互动的积极性。

根据"1+X"证书制度的要求,应实行校企双主体的"双实训"教学模式。学校可以建立虚拟仿真实训和创新创业中心,为学生创造进行跨境电商实操模拟以及创新创业的环境,为前期的校内理论和实践教学打好基础。教师也应花费大量的时间去企业实践操作,只有在自身理实结合之后才能在课堂上给学生讲得出彩,然而教师课时工作量大、在时间上不允许的现实绊住了教师去企业的脚。据有关统计,目前高职院校教师的周平均工作量高达12~14课时,如此重的教学负担导致教师想去企业实践心有余而"时"不足。这致使跨境电商相关专业的教师在人才培养上面临理论与实践不匹配的尴尬局面,本来学生的操作和实践能力就较弱,缺乏实操能力,难以将理论知识应用于实践,再加之教师在课堂上没有逼真的教学活动,产教融合想要积极互动也只是美好之梦。对跨境电商企业来说,新人进入后需要培训,但是企业作为营利性机构,一般没有专门的新人培养机制,因为这需要付出较大的培养成本,而且企业付出的成本没有得到必要的补偿与回报,所以企业参与教学互动的积极性不高。

4.4.2 跨境电商产教融合教学互动载体的体感资源匮乏

专业建设和实训平台作为跨境电商产教联盟教学互动的载体,自身的体感资源是很匮乏的。对专业建设来说,制订专业建设方案是一个系统的工程,需要考虑诸多的因素,要兼顾教学过程、方案制订过程、课程讲授过程、课程之间的协调过程。职业教育的产教融合是指高职院校和企业间的合作,二者之间有共同的人才培养目标,所以企业实现人才培养目标的关键是要依靠学校跨境电商专业的建设。学校的生存和发展、职业教育人才培养的质量都取决于高职院校跨境电商专业的建设。而且把专业建设搞好了还可以为职业教育的校企合作牵线搭桥。然而现实是,高职院校跨境电商专业的建设现状整体不容乐观,受办学水平的影响,很多高职院校只有少量的特色优势专业,70%~80%的专业都属于供大于求的状态,这样的现状很难适应高速变换的市场,这在一定程度上严重影响职业教育校企合作的有效开展。学校跨境电商专业的设置与企业跨境电商产业结构和产业用人需求之间没有有效的衔接,专业的设置没有前瞻性,不能有效反映技术进步趋势和未来产业变革趋势,想要服务地方经济,为区域产业的发展提供所需人才就变得非常困难。

高职跨境电商产教融合要讲究专业与企业的高度匹配。企业有好的经济效益,才能获得很好的发展,而发展的前提是依靠其生产出来的产品能够畅销全球。只有当学校的跨境电商专业设置与企业的发展需求高度契合,企业才会积极主动地与这种有前景、有前途的高职院校开展校企合作,只有企业主动了,产教融合才会是有效的。可是高职院校的专业建设和产教融合的现状是:高职院校跨境电商专业建设没有以市场需求为导向,这使得产教无法深度融合,所以无法避开产教融合有效性不高的局面,于是才有了专业建设的体感资源匮乏。

对实训平台来说,平台是保证产教融合顺利实施的物质因素,包括科技园、实验室、实训室、研究中心、研发中心、实践基地等。① 从学校出发,学校无法保证学生有足够的模拟仿真实训条件,把希望寄托于参与企业的真实实践,可本身只有少量的企业能够适合跨境电商专业的学生实习。再从企业利益的角度出发,实习学生对企业的实践贡献率非常小,企业也极少提供实训机会。早些年,像淘宝这样的传统电商平台因初期投入少,准入门槛低的优势,曾被一些学校作为电子商务人才培养的主要实践平

---

① 王保宇.新建本科高校产教融合发展的问题与对策研究[D].武汉:华中师范大学,2019:41.

台。在教学过程中,根据老师的指导,学生还进行如下的实践活动:自己注册店铺并对自己的店铺进行"装修",还经常发布商品、运营店铺、进行售后服务等。这样学生可以将实践操作与理论知识有机结合,兴致还极高。然而随着跨境电商产业的高速发展,传统跨境电商面临日趋激烈的竞争。在国内市场,商品的信息高度透明,像学生这样的初创者因缺少产品优势,在淘宝电商平台会逐渐被淘汰,在学习中,学生几乎不能持续取得订单,80%的学生在注册运营后,会出现几个月都没有订单的情况。没有了经营成果的激励,学生对于继续运营店铺也失去了积极性。因此,继续利用淘宝这样的传统电商平台,已经无法解决跨境电商专业教学中理论与实践的结合环节。这就使得跨境电商专业学生缺少了实习机会,实际操作能力会进一步减弱。不能将企业的真实项目引入学校教学和实践中,仅靠学校的有限的资源和教学模式,远不足以达到培养能够满足市场所需的人才目标。[①] 没有实践的机会,就很难达到"学做结合、理实一体"的要求,没有与时俱进的资源数据,实训课程的互动教学就变成纸上谈兵。

4.4.3 跨境电商产教融合教学互动内容学用脱节严重

在高等职业教育理念中,"学术"本就是对接"教产"这两个方向,"学"对接"教"里的知识生产和认识世界,"术"对接"产"里的知识应用和改造世界。然而人们对大学生的理解还停留在传统的认识上,很多学生对自己的认识也不到位,错误地认为高职教育的毕业生也要准备或从事科学研究,而实际上职业院校培养的人才是直接服务经济社会发展的应用型人才和技术技能型人才,这在一定程度上造成高职教育培养的人才种类与经济社会发展所需求的人才类型相脱节。

院校专业设置和培养目标、培养方向跟企业的实际需求有很大的差距。高职教育是以服务社会为办学宗旨,将培养满足社会发展需要的技能型人才作为目标,而企业的目标是追求收益最大化。国家教育行政部门虽然政策制定了相关政策、召开各类职教会议,但从顶层设计来看,国家并没有制定出完善的运作机制去协调产教融合的具体内容,使得实施过程中缺少操作性与约束性,政府、行业、企业、院校各方衔接不流畅,带来的问题就是企业在产教融合中驱动力不足、积极性不够,职业院校也存在急功近利的现象;校企合作工作停留在签订协议书上,校企互动局限于顶岗实习阶段和毕业生招聘阶段。产教融合不等于校企合作,产教融合属于宏观层次,校企合作属于中观层次,工学结合属于微观层次,产教融合活动具有育人性、融合性、多元性、聚变性的特点。

---

① 许申."1+X"证书制度下本科跨境电商产教融合人才培养路径[J].中阿科技论坛(中英文),2021(4):146-149.

就整体的教学模式而言,高职教育体系中,理论教学、实践教学与校外实习构成了传统的教学模式,然而职业教育体系中这3种教学方式表现出明显脱节症状,即理论与实践联系不足,实践与实习联系不足,其中实践教学独立于其他两个教学系统之外运行,使理论与实践、理论与实习不能完全地融合为一体。从学生的角度来看,学生原本以为实践教学比课堂教学更为重要,课堂教学只是帮助自己转化课堂学习的理论知识,企业岗位才能使自己真正兼具理论知识和实操能力,但实际企业提供给学生的是低技术岗位,这等于是在浪费时间,学生从中学不到想要的技术技能,理论知识也得不到真正地实践。而且随着行业的迅速发展,电商平台规则频繁变化,企业用工要求日益提高,企业不敢盲目地把重要岗位需求交付给学生,这让学生的理论学习变成了脱离岗位实训的电子商务教学模式,造成的直接后果就是学归学,教归教,理论独立于实践而存在,表现出来的就是产教融合教学互动内容学用不一致,学用脱节。

4.4.4　跨境电商产教融合教学互动路径表层短效

教学的互动路径包含理论教学、实践教学。然而,现有的校企合作都在不同程度上有着"融入程度浅、合作层次低、合作能力弱"的问题,当前的"产""教"关系并没有达到真正融合,只在表层互动。理论教学的互动性是指学校和企业对学生进行有计划、有组织地培养,校企共同确定教学计划,将学生在理论学习期间参加的专业理论知识的学习纳入学校对学生的专业教学计划中,统一进行安排,共同对学生进行理论教学和指导,共同对其完成的学习成果进行考察。[①] 但现在的情况是:学校和企业在人才培养的类型、层次方面的不统一性导致双方只能进行层次比较低、模式比较简单的合作,确切地说就是彼此间几乎只停留在一纸协议上,合作呈现出单向性、单一性、表层短效性。

在企业层面,因没法估计投入职业教育的产出到底有多少,所以企业很少参与教学活动,即便是在发展过程中碰到了难题,也很少与学校的科研课题人员互动协调,这样就很难产出具有创新的科技成果。在学校层面,教师只根据学校的安排,单方面进行效率低的互动教学活动。实践教学的互动性应是多方参与,优势互补,互利互惠,协调发展,合作教育,一起为学生和企业服务。首先学生按照学校的教学要求,在规定的时间参加企业的顶岗实践,通过实际参与,熟悉了解生产的全过程;企业根据实际情况,把满足教学要求的工作岗位提供给学生实践,从而参与教学过程;学校及其以外的科研部门,则是通过课题的研究,将企业和生产实际结合起来。但实际情况确是:企业里的员工虽然都具有非常强大的实操能力,对于跨境电商的各个软件都能运用自如,

---

① 蒋笑天."校企一体化"模式下高职实践教学互动机制的构建[J].中国校外教育,2013(10):140.

但是对于传统贸易中的信用证、银行保函等方面的知识则是只有浅表的了解,没有一个完全系统的认知。另外,校企没有共赢机制,企业和学校的一些诉求得不到应有的保障,企业因为追求利益的最大化,所以很看重市场,对新入职员工的教育与培训、技术创新研发方面的费用都是要考虑成本的,希望以最小的成本投入获得最大的利益收获;然而学校属于非营利性单位,在产教融合里,更倾向于得到企业提供的资金、场地、平台、实践机会的支持,希望通过企业提供的真实场景的实践锻炼培养学生的职业技术技能素质,所以从这方面来看学校和企业双方在利益诉求上有一定的冲突,于是在互动中,各自都独立地进行选择,根据眼前的短效获得,要么不参与教学互动活动,要么应付式互动。

从意识形态来看,产教融合教学互动不足主要表现为互动程度浅、合作层次低、合作能力弱等。

(1) 互动程度浅

高职院校对"产教"的理解就是企业出"项目"、学校出"学生",然后粗糙地将学生送进项目中简单实践,这种生搬硬凑、衔接不当的对接使得教学和企业生产都得不到预期的优质效果,因为这可能就只是对教材、课程的简单修改与删改,增加企业项目实训课的学习时间等简单操作,并不能触及地方经济发展、产业结构升级领域,使企业与学校的融合程度不够深入,融合的载体不够突出,产教相互融合的实体基础不够凸显,所以只能得到粗浅的改革成果。与高等教育相比,高职教育在课程体系建设中,需要密切关注经济发展动态,以社会需求为导向开设相应专业和课程,应更加突显技能培养。但是大部分高职院校在构建跨境电商专业课程体系时,并未充分调研跨境电商从业企业岗位特征及岗位所需的核心技能,甚至部分高职院校仅在原先相近专业的课程体系基础上添加几门跨境电商相关课程来构建新的课程体系,致使课程设置与企业实际需求偏离以及学生实操能力偏弱,造成的后果是跨境电商专业培养的人才不具备开发先进技术的能力,企业也缺乏对高职院校课程体系的了解和参与,人才培养与企业需求断层,课程设置与实际岗位脱节,"公共课+专业课+选修课"三段式课程体系无法体现岗位特色,课程内容的设计缺少职业道德、职业操守和基本职业规范等元素,产教融合的程度自然就浅表了。

(2) 合作层次低

合作层次低主要体现在实际进行的合作项目都不是高层次、紧密型的合作,更谈不上提供区域产业转型升级必需的技术技能人才、为满足地方经济的可持续发展提供应用技术支持。高职院校与企业的合作倾向于低层次的岗位实习,一般是上手快、见效快的流水线工作,紧缺技能人才的长效培养没得到体现。正因为合作层次不高,高职院校与企业合作的随意性较大,双方往往有合适的项目了就短期合作一次,没有了合适的项目就不合作,这种随意性对于人才的培养反而是不利的。另外,也不难发现大多数高职院校尽管进行了多年的校企合作,但是在这领域并没有产生高区分度的教育教学成果。与高校合作的企业经常一年换一批,一直都处于较为松散的合作层面,相应的合作层次也就无法深入,无法达到协同育人、再促进产业发展的良性循环这一个根本目的。高职院校先要准确定位社会需要什么样的跨境电商人才,再根据自身的实际情况(包括生源、师资资源、院校特色等)确定跨境电商专业人才的培养目标,即要培养什么样的人才,培养的人才能从事什么样的工作。从表面来看,各个高职院校开设的跨境电商专业似乎都有自己明确的定位,如培养管理型人才、商务型人才、技术型人才、复合型人才等。但从教学实施情况来看,这只是强化了自己的优势,并没有突出自己的特色,或者提出的所谓培养目标太过于广泛,没有针对性,无法满足岗位群的"即用型"人才的需求。这样盲目培养的结果就是使电子商务专业"看上去很美",可适岗性却极低,不符合中国企业目前对跨境电商人才专业化、实用性的要求,导致许多学生毕业后因为缺乏系统的理论基础和动手实践能力而找不到合适的工作。

(3) 合作能力弱

高职院校的技术服务能力和成果转化能力普遍不强,无力为企业解决生产经营等难题,又加之稳定的人力资源供给也得不到保障,企业只能自己解决原计划能让高职学院解决的生产中的各种问题,而这些恰恰是校企合作的初衷。企业的合作热情被浇灭,其也就无暇顾及人才的长效培养工作,企业的合作动力随之逐渐消退,产教融合的持续发展无法得到有效的保障,造成实践教学互动路径表层短效的局面。

4.4.5 跨境电商产教融合教学互动政策缺位

在经历了一个漫长的职业教育管理体制的变迁过程中,我国已取得了一些成效,但是与改善民生、促进就业、创造财富的中国职教梦的目标相比,还有一定的差距。其中产教融合教学互动政策的缺位是其中一方面的原因,主要表现为:校企合作正式制度不完善;校企合作非正式制度缺乏。校企合作正式制度的不完善主要体现在如下 3 个方面。第一,现有的法律法规体系不健全,主要表现为:校企合作主体法缺位;各种法律法规之间缺少协同;学生权益保障法规缺失。第二,现有法律法规条款模糊且涵盖内容不完整,主要表现为:相关法律条款对校企合作内容的规定模糊不清,应然性、倡导性法条多,实然性、程序性法条少;缺乏对职业教育校企合作目标、性质、形式的明确界定;缺乏对职业教育校企合作行为主体及质量监管的规定;缺乏对职业教育校企合作经费投入、行为激励与处罚、权益保护的规定。第三,职业教育校企合作政策体系不完善,主要表现为:政策系统性不足、跨领域政策协同性不足;政策内容缺少操作性;对企业的激励性政策存在缺陷。校企合作非正式制度的缺乏主要表现为:大部分企业缺乏责任意识与育人意识；部分地方政府对于职业教育校企合作的态度模糊；职业教育校企合作育人文化尚未形成。

职业教育的健康发展离不开政府的支持和保障，政府在推进教育公平、促进教育立法、培育第三方组织、沟通并协调教育与政治、经济、文化等社会子系统及其组织间的合作等方面负有不可推卸的责任；然而，由于理念、制度和利益上的分歧和冲突，政府往往倾向于在扩大自己权力和权益的同时，逃避或转嫁其教育管理责任。以高职跨境电商产教融合为例，政府是产教合作的桥梁，政府的优惠政策可以激励跨境电商企业积极参与校企合作，遗憾的是，一些地方政府对校企合作的提倡仅停留在政策层面，政府在出面统筹校企合作、联合办学、制订区域人才发展规划等方面的"缺位"，致使校企合作的运行机制、体制和模式未能真正建立，多数校企合作关系的建立与维系主要还是靠人脉和信誉。[①] 同样，多数地方政府鼓励和推动产教融合的奖励拨款制度和财政拨付机制还没有落实到位，这直接制约了产教融合的深入。[②]

我国职业教育总体上还是符合政府主导、职责明确、部门合作的性质。我国职业院校中的主体来源主要是以前的中等专业学校或技工学校，而这两类学校一般是用人部门根据自己在行业中的发展或大企业根据现实需要直接办学的，因此他们的人才培养是能够与用人单位紧密结合的，业务部门也能够在教学指导及经费投入上给予权力的支持。20世纪80年代至20世纪90年代，我国启动了大规模的教育体制改革工作，主要是满足经济社会发展对技术技能型人才的需求，其间逐步形成了多元化的职业教育办学体制和"职责明确"的职教管理体制。

在我国教育体制适应经济体制改革的浪潮中，多元化的职业教育办学体制和"职责明确"的职教管理体制是必然的产物，这是由历史注定的。但自20世纪90年代后期开始，随着我国经济体制与企业经营模式的进一步深入改革、国企改革的逐渐深入，企业办学的社会职能被分离，政府机构进行规模庞大的调整和转制，多元化的职业教育办学体制和"职责明确"的职业教育管理体制有所改变，在办学上逐步形成了以地方政府办学（教育部门与非教育部门）为主、依靠企业和其他社会力量积极参与的办学局面，在管理体制上形成了教育部与人力资源和社会保障部各管一方、互相独立的管理格局，其中职业高中、中等专业学校、成人中专、高职院校由教育部统一综合管理；而技工院校则由人力资源和社会保障部统一综合管理。相应地，地方职业教育也分别由地方的教育部门与劳动部门分别管理。

在这种体制下，职业教育资源不仅短缺，而且分散并存，职教政策因为分散所以效力不高。可以说，多元化的职业教育办学体制、"职责明确"的职教管理体制以及独立

---

① 陈星. 应用型高校产教融合动力研究[D]. 重庆：西南大学，2017.
② 贺耀敏，丁建石. 职业教育十大热点问题[M]. 北京：中国人民大学出版社，2015.

并行的校企两个系统,增强了职业教育校企合作治理的跨界性质,加大了其治理难度。在行政管理体制上,2008年国务院常务会议上审议通过的部分国务院组成部门、直属机构和部委管理的国家局出台的《主要职责、内设机构和人员编制规定》,曾对部门职能分工作出明确要求,其总的指导原则是"一件事情由一个部门负责",但对确实需多个部门办理的事项,则要求明确牵头部门,分清主次责任,建立健全协调配合机制。可以说,这一规定对于建设服务型政府、正确履行政府职能具有重要意义。但对职业教育产教融合来说,其跨界属性强,其治理需要明确牵头部门,分清主次责任,建立健全协调配合机制,但由于行政管理体制长期形成的惯性,建立协调配合机制还面临一系列阻碍,教学互动的政策还在缺位中。

4.4.6 跨境电商产教融合教学互动反馈滞后

高职人才培养质量跟踪反馈是涉及人才培养各环节的系统工程,该项工作应成为高校闭环式质量保障体系建设的一个重要环节,但从目前我国高职院校人才培养质量跟踪反馈现状来看,教学互动反馈滞后情况严重。[①] 在实践教学中,跨境电商产教融合教学过程中老师和学生、学校和企业之间的互动反馈,成为教师与学生、学校与企业之间有效沟通与交流的工具。当下的跨境电商教学的教师与学生、学校与企业之间的信息交互其实是不对等的,存在整体的滞后与内在的不平衡,互动反馈更多地成了单向接受。教师和学生互动反馈是要让师生"近距离让问题清零",学校和企业互动是要让学校和社会"近距离适应"。反馈就其本质而言是根据过去的运行情况来调整未来的行为,使之符合客观规律,以求获得最佳运行效果。教师的职责是引领学生学习,引领比接受、适应具有更高层次的要求。接受仅强调学生指导,适应则是强调学生对所学知识的顺应或对相关知识与技能作出改变以适合客观需要和条件。然而引领意为在前面引导、引路。教师通过引领学生更好地学习新的知识和技能,让其在传承的基础上继续创新创造。作为时代"良心工作者"的教师,一面通过"高深学问"和新思想引领学生的职业发展和学习进步,一面通过培养具有创新精神的人引领社会的发展。随着社会的不断进步和发展,终身学习的理念已经深入人心,学校和企业之间应该形成一种相互包含的关系,即"学校里有企业的影子,企业里有学校的跟随",在这样的大环境下,整个社会都变成了学习场域,作为社会核心成员的企业更理应成为教育活动的主场地。要进行这样的交叉教育,互动后的反馈定当成为其交叉发展的信息中转场,其地位不言而喻。

从师生互动反馈来看,师生的及时反馈可以激发学生学习跨境电商相关理论知识与

[①] 胡庆喜,陆雅莉,王洋.多元评价主体参与的人才培养质量跟踪反馈机制构建[J].大学:研究,2019(4):11.

进行实践操作的兴趣,获得即时的成就感,老师根据互动反馈信息,可以精准准备教学内容、确定教学起点、定位教学目标,合理协调教与学,突出重点,突破难点,有效提高课堂教学质量。从校企的互动反馈来看,跨境电商企业对跨境电商用人需求的及时反馈可以促进学校与时俱进地调整跨境电商人才培养目标和类型,根据跨境电商企业生产的需要,及时培养跨境电商企业所需要的人才。可是,从老师与学生关系来看,在大部分情况下,老师只是向学生输送了一些过期的知识点,其实用性弱,学生接收到知识后向老师输送回来的反馈信息也很滞后,因为上课环境和反馈渠道局限等原因,学生也没有办法把他们的一些疑惑和困难点及时反馈给老师,时间拖久了,时间和空间上的观察与判断早已远离了现实的发生。从学校和企业关系来看,在大部分情况下,跨境电商企业会花很多的时间和精力在社会上寻求"复合型"人才和"招之即用"的人,而极少向学校反馈自身对跨境电商学生的要求,没有企业的及时反馈,学校只能在陈旧的教学模式和教学经验里摸索,导致培养的人才企业无法用。甚至跨境电商企业可能在已经多年出现"用人荒"问题后才微弱地向学校反馈一些弱小的需求,学校此时再根据企业的需求调整人才培养方案,此后培养出来人才那可能已经是3年后的事情了。

从反馈的渠道来看,社会对人才的满意度、单位对人才的满意度、校友对工作岗位的满意度及适应度等均缺少专门收集并反馈信息给人才培养环节中相应部门的部门,没有将反馈信息切实应用到人才培养模式调整,这就导致高职院校的人才培养与社会需求脱节,人才质量不高,用人单位难招到满意的人才。从意识层面来看,大部分的高职院校都非常重视就业工作,将就业率、就业情况等作为学校宣传的主要参数,但就业工作与人才培养质量仍然存在不吻合的情况,招生、教务、学生工作等部门没有参与到人才培养反馈机制中,反馈信息不准确、不全面、不及时,导致人才培养与社会需求脱节,培养出来的人才不能满足社会需求,此外,由于毕业生、用人单位等不配合,信息反馈经常不及时。①

4.5　高职跨境电商产教联盟协同育人的"三化"问题

高等教育与社会生产相结合是教育实践的重要部分,也是马克思主义教育思想的重要特征。在多种教育形式中,职业教育联系最为紧密、密切的就是社会生产劳动。自新中国成立以来,党和国家高度重视职业教育中的产教融合,即使在不同时期产教

---

① 韩凤英,彭圣文.高职院校人才培养质量多元立体化反馈机制研究[J].哈尔滨职业技术学报,2019(6):11.

融合的形式、内容不全相同,但总体上呈现出产教融合向前发展的大趋势。跨境电商专业由于是伴随互联网和社会经济消费形式的变化而诞生的,所以相对于其他的产业发展较晚,但也因此在产教融合过程中有较大的发展前景,随之也面临着一些新问题、新困境、新挑战。高职院校跨境电商产教联盟是产教融合发展过程中的产物,近些年涌现出像长三角内陆城市跨境电商产教联盟、广东省跨境电商产教联盟等大型组织,这些组织为所在地区的跨境电商产业、跨境电商教育提供了不少的平台。但我们也必须清楚地看到,跨境电商产教联盟毕竟才兴起于近两三年,实践过程中也存在着诸如协同育人"表层化""碎片化""利益化"等问题。

4.5.1 高职院校跨境电商产教联盟协同育人"表层化"问题

"表层化"一词多用于法治、社会参与等人文社科领域,指仅触碰到事物的表面,不去深入挖掘其中的内生规律,与成语"浅尝辄止"有相似的意思。在这里我们所说的"表层化"指的是跨境电商产教联盟协同育人中校企合作深度不够,校企合作没有可持续性,或协同育人质量不高的现象。由于客观和主观的原因,这种"表层化"现象主要由发展缺陷的伴生造成。我国高职院校产教融合低质量发展是诸多因素与效应共同作用的产物,既有高职院校产教融合发展过程中的制度缺陷,也有机制错位。[①] 从产教融合大趋势来看,其中主要因素应归因于政府的融合动力和地方现实需求存在的层级矛盾。

政府的产教融合推动力随着行政层级的下降而降低。基于经济动因,上层政府拟定一项新的政策或制度时需经过反复论证,一般会对预期收益做出研判,当预期受益大于预期成本时,政策才会按照正规程序下发。中央政府及其教育管理部门花大力气推动高校与企业深化产教融合,正是基于高职院校深化产教融合的预期收益大于预期成本的判断。事实上,高职院校产教融合对于中小企业稳步发展、就业率稳定回升有着重要意义,这对于中央政府对宏观经济把控起着重要作用。

产教融合的现实需求随着层级的下降而增强,如图4-8所示。市级政府应是对区域内优势主导产业或特色产业集群最熟悉的行政力量。但高职院校由省级政府或省级教育行政部门主管,市级政府没有管理当地高职院校的权力,自然没有推动高职院校深化产教融合的动力。

动力与需求的错位导致高职院校产教联盟的构建在实施过程中遇到阻碍。省级政府有推动产教融合的意愿,但掌握行业、企业资源的市级政府和主管高职院校的省级教育部门推动产教融合的意愿相对较小。而企业、高职院校作为最直接的合作主

---

① 孙云志.多元共治视域下我国高职院校产教融合发展研究[D].南京:南京师范大学,2021.

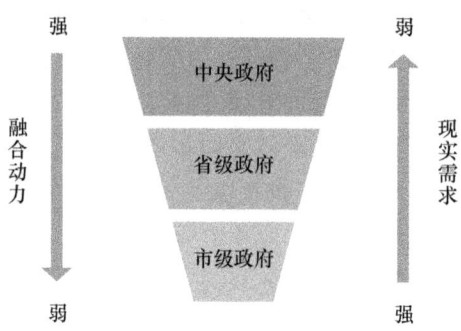

图 4-8 政府产教融合动力与现实需求的强弱关系

体,按照自己所管部门的要求开展了相应的合作,但大部分合作也最终只停留在了"表层"。聚焦在跨境电商产教联盟协同育人上,我们也就较多看到产教融合"表层化"现象。如图 4-9 所示,基于现实需求考量,企业有较大的人才、资金、政策利益等现实诉求,而高职院校作为教育事业单位,在资金、政策利益等方面没有较大需求;基于融合动力考量,受上级教育主管部门的执行要求,高职院校行政政策导向更强,而企业在产教融合中承担的行政职责并不强。这种错位导致产教联盟中相对灵活性较高的学校、企业两个主体出现了不同意见,总体上也就加剧了跨境电商产教联盟"表层化"的问题。

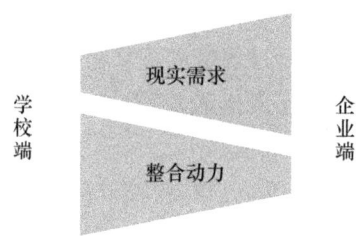

图 4-9 学校与企业产教融合的需求与动力模型图

4.5.2 高职院校跨境电商产教联盟协同育人"碎片化"问题

事物的发展总在曲折中前进。从时间轴来看,高职院校跨境电商产教联盟正处在发展的初期阶段,面临许多发展过程中的问题。但纵观产教融合发展的历史,"碎片化"合作问题似乎一直存在,尚且未能有效解决。学者佩里·希克斯认为,在行政治理语境下,"碎片化"就是职能部门在应对共同的公共问题时,其权力和资源在数量上表现得碎片化,其在地域和功能上彼此交叉重叠,组织间缺乏协调。① 所谓产教联盟的

---

① 简世德.地方高校校企合作碎片化困境及整体性治理[J].教书育人(高教论坛),2020(4):29.

"碎片化"合作指的是时间线上的"断链式"合作和领域面上的"单点式"合作,造成校企之间不同步的现象。这种"碎片化"主要体现在3个方面。

1. 行政制度碎片化

行政制度碎片化是指政府制定的校企合作政策不稳定、不完善,或者规范性制度滞后等,导致产教融合的法律依据不足,难以形成制度合力。在推进产教融合的问题上,国家层面虽然已经出台了一些法律法规和宏观性的文件,在职业教育法中也有少量涉及,但还没有相对配套的产教融合的政策制度。例如,2022年《中华人民共和国职业教育法》提到"对深度参与产教融合、校企合作,在提升技术技能人才培养质量、促进就业中发挥重要主体作用的企业,按照规定给予奖励;对符合条件认定为产教融合型企业,按照规定给予金融、财政、土地等支持,落实教育费附加、地方教育附加减免及其他税费优惠"。① 基于新版《中华人民共和国职业教育法》,高校与企业在合作上,选择的对象往往有随机性、偶然性,所以在确定合作关系后,双方一般只是按照经验签订合作协议。在合作领域上,双方会依据以往制订的有关合作事项等零散的文件或出于某个特殊问题制订一些暂时性办法。因此,无论是相关政策还是相应制度,都略过了产教融合的整体性与系统性特性,在下层存在政策缺失或重叠冲突、制度粗糙等问题,缺乏针对性较强的具体措施,系统性不强,严重影响产教联盟协同育人效果。

2. 组织架构碎片化

组织架构碎片化是指产教联盟中的高职院校与相关企业没有形成统一部署的权威机构,或者空有机构之形,却无机构之实,导致产教融合的机构不完善,具体表现为:行政政策上没有针对产教融合的实际单独建立一个核心的管理机构来统筹规划并推进校企合作。同时在推进合作中也缺乏协调、监督与评估产教融合中的各项事宜。高职院校几乎没有成立相应的专门部门,有的在科研处设置一个成果转化办公室,配置少许人进行日常事务协调。甚至有些高职院校的产教融合机构起初大致是为了某个突发性大项目的开展而设立的。加入产教联盟相关的企业更是没有为产教融合设置专门机构,一旦有这方面的合作也大都由企业办公室临时负责,其专业性程度不高。因此,校企之间尽管有了产教联盟的平台支撑,但是缺乏一个相对权威的组织机构,进而导致合作难以取得实质性进展。

3. 合作时间碎片化

近年来,各地各高职院校相继牵头成立了跨境电商产教联盟,为跨境电商专业的发展提供了充足的动力。但在产教联盟成立后,针对跨境电商的课程合作建设、交流

---

① 中华人民共和国职业教育法.[EB/OL].(2022-05-09)[2022-05-09]http://www.moe.gov.cn/jyb_sjzl/sjzl_zcfg/zcfg_jyfl/202204/t20220421_620064.html.

项目建设等存在"走过场"现象。部分依靠省内高职院校自主搭建的跨境电商产教联盟几乎每年开展活动项目的时间都不足一个月,有的甚至不足一周。没有长久性机制和经常性校企互动导致产教融合合作时间碎片化。此外,新冠疫情冲击下的跨境电商产教联盟也降低了合作的连贯性。

4.5.3 高职院校跨境电商产教联盟协同育人"利益化"问题

利益是校企合作不可跨过的一个必然词汇,恩格斯认为每一个社会的经济关系首先是作为利益表现出来的。产教融合中的高校与企业可能因为双方的利益导向、价值观念不完全一致,或者有差异甚至相互冲突,致使双方合作的基石土崩瓦解,从而大幅阻碍校企双方的合作。合作双方因为属于社会架构中的不同领域,其社会功能属性都有所不同,在合作过程中必然存在结果性差异。单就企业而言,它们往往以管理便利、成本最小化为出发点,而不是以培养社会人才为目标,这就造成其与高校的目标出现差异化。由于跨境电商专业属于新兴领域,培养跨境电商人才的成本相对较高,即便是政府部门在高校与企业间"牵线搭桥",企业依旧考虑的第一要素是短期利益最大化。

从表4-4中看出,某跨境电商企业的人才岗位需求及其能力要求主要倾向于具有实战经验和操作能力的实践型人才,这类人才也是所有紧缺人才中缺口相对较大的一类。而现目前的人才培养能力尚不能达到产教联盟中跨境电商企业所想要的水平。跨境电商企业在协同育人过程中可能需要支付人力、物力等成本,基于"利益最大化",企业对校企合作类项目不太关注。

表4-4 某跨境电商企业的人才岗位需求及其能力要求

岗位	能力要求
运营管理岗位	熟悉Amazon、Wish、Lazada、eBay、AliExpress等主要跨境电商平台规则、操作流程,能根据规则进行选品、上架;了解各大平台的注册规则、禁醉售规则、违规与处罚规则、卖家等级规则;能提供相应的跨境客户服务,熟悉客户服务原则、工作流程,提升客户满意度,也能熟练用外语将客户需求信息及时答复清楚;能运用平台或第三方的相关数据,熟悉数据分析的定位和目标,掌握数据分析的专业名词,了解各大平台数据分析要点
营销推广岗位	能够根据企业的市场定位与经营方针,掌握各大平台的营销策划思路,熟悉平台组织的特有的大型促销活动,如"AliExpress Global Double 11""Amazon Prime Day"等。能够利用各大搜索引擎进行推广和引流。能够根据国际市场消费趋势和产品发展动向制定合适的推广方案,确定推广目标,设置优惠政策,策划推广渠道。在条件允许情况下能够通过社交媒体与"网红"合作

续表

岗位	能力要求
视觉设计岗位	明确视觉设计的目的，理解跨境电商设计的原则，掌握海报促销、短视频促销的方法。熟练运用设计工具，如 Photoshop、Corel-draw、Frontpage、Dreamweaver 等，可以设计及制作各种交互界面、LOGO、按钮等设计元素，也可以设计公司形象、品牌形象、产品包装等产业文化类作品；掌握商品的摄影技巧，可以拍摄符合需求的产品图片（主图和辅图）等。熟悉店铺装修的规则，掌握设计美感
物流管理岗位	熟悉国际物流的类别，了解各个国家的标准类物流、商业快递、专线物流等情况。掌握国际运费计算方式。了解海关的清关要求，了解国家的关税政策，能够熟练应对海关扣关等特殊情况。能够合理分析产品的采购成本、物流成本、营销成本等基础性数据，依托数据制订较为合理的产品定价方案；能够制订和优化符合市场情况的产品定价策略；熟练掌握评估、选择、管理供应商相关工作，可操作采购成本和货品周转，熟练国际物流供应链管理等

4.6　高职跨境电商产教联盟创新创业育人质量不高

2022年10月16日，中国共产党第二十次全国代表大会顺利召开。在党的二十大报告中指出："必须坚持科技是第一生产力、人才是第一资源、创新是第一动力，深入实施科教兴国战略，开辟发展新领域新赛道，不断发展新动能新优势。"目前，我国全面进入建设社会主义现代化国家，踏上了第二个百年奋斗目标的新征程，此刻，我们比历史上的任何时期都更需要具备创新创业能力的人才。早在2010年5月4日，教育部也曾颁发《关于大力推进高等学校创新创业教育和大学生自主创业工作的意见》。其提到"大学生是最具创新、创业潜力的群体之一。在高等学校开展创新创业教育，积极鼓励高校学生自主创业，是教育系统深入学习实践科学发展观，服务于创新型国家建设的重大战略举措；是深化高等教育教学改革，培养学生创新精神和实践能力的重要途径；是落实以创业带动就业，促进高校毕业生充分就业的重要措施"。[①] 双创教育是建设现代化强国的重要举措，创新创业教育的发展战略与近年来高职跨境电商产业的迅速崛起非常吻合，是一种能够推动国家和社会发展的一种教学模式。双创教育有很好的育人效果，然而，在教学过程中却显示出诸多的不足，主要表现为如下3个方面：高职跨境电商双创教育的创意培养不足；双创教育的资源建设不足；双创教育的项目

---

① 教育部关于大力推进高等学校创新创业教育和大学生自主创业工作的意见[EB/OL].(2010-05-13)
[2022-05-03]. http://www.moe.gov.cn/srcsite/A08/s5672/201005/t20100513_120174.html.

孵化不足。

4.6.1 高职跨境电商双创教育的创意培养不足

2022年,政府工作报告提到"促进创业投资发展。深入开展大众创业万众创新,增强双创平台服务能力,增强创业带动就业作用";2021年,政府工作报告提到"完善创业投资监管体制和发展政策,纵深推进大众创业万众创新";2020年,政府工作报告提到"深入推进大众创业万众创新。发展创业投资和股权投资,增加创业担保贷款。深化新一轮全面创新改革试验,新建一批双创示范基地,鼓励大企业和科研院所、高校设立专业化众创空间"。①

创意是要超越常识界限,跳离现存框架,重新演绎事物与事物之间的关系,打破既有元素,将事物拆解、增删后重新组合,呈现新的功能、理念和风貌。② 创意是创新活动的起点和源头,创新是创造的延伸。早在2015年的政府工作报告中李克强总理就提出了"大众创业、万众创新"的国家战略。③ 创新是由诸多的创意、创造形成的一种求新局面,是一个民族,一个国家依靠全民的创造力才得以实现的事情,随着国际贸易的高速发展,全球化格局已基本形成。对跨境电商产业而言,创新更多地体现在创意上,创意是电商产业创意的关键,也是国家创新背景下的必然要求。在跨境电商的未来就业路上,而要实现学生"万众创业"的目标,首先需要做的就是推进"万生创新",即提高电商专业学生的创意能力,整体催生全体创业者的创意。传统的跨境电商创意训练以参与实体电商创意训练营的模式来提升创意能力,存在时间、空间和参与人数的限制,无法满足海量创意生成的需求。另外,跨境电商专业教师在双创教育过程中,可能会按照已有的经验,片面地给学生传授创意的理念,没有先进的教学模式、创新的教学方法会限制学生未来创业过程中的创意想法,让学生无法创新。例如,在电商平台上,产品是吸引流量的重要因素,若产品没有好的创意,就无法增加流量,更无法留住顾客,因此,在创意教学中,可能更要专注于如何让客户更有体验感、新鲜感等方面。

4.6.2 高职跨境电商双创教育的资源建设不足

双创教育的资源会因为双创活动的特性而与一般企业或组织积累的资源有明显的区别。双创教育的理念对目前的跨境电商教育来说具有普遍分散性,加之其与其他

---

① 李克强总理在政府工作报告中强调办好公平优质教育[EB/OL].(2017-03-06)[2022-05-12].http://www.moe.gov.cn/jyb_xwfb/s6052/moe_838/201703/t20170306_298303.html.
② 潘红.艺术概论[M].昆明:云南大学出版社,2002.
③ 企业经济编辑部评论员.大众创业、万众创新:开启中国未来新纪元[J].企业经济,2015(4):1.

资源的不同特性,导致自身资源的建设不足,管理不系统、不科学,具体表现为课程授课内容针对性不强,模仿的成分居多,没有结合高职跨境电商学生的特点进行特别选择,教学内容的选择没有与时俱进,导致学生对授课内容并不感兴趣,这使得创新创业课程成为形式上的创新,缺少落实到实际的动力。学校活动建设特征不明显或缺少活动搭建条件,所以没法开办大型赛事,学生的积极性和创新意识得不到调动。有关教师队伍建设,很多跨境电商专业的教师自身也没有企业经验和创业经验,即使有少数双创教育教师,那也是外聘的,所以专业教师很少接触双创教育方面的内容,使得学校创新创业活动的开办进程缓慢。

4.6.3 高职跨境电商双创教育的项目孵化不足

孵化概念最早来自美国,是指提供一种受控制的工作环境,创造一些条件来训练、支持小企业盈利,从而培育出新生企业。企业初创阶段由于资金缺乏、经验不足等各种原因很容易就生存困难,这个时候非常需要其他机构提供各种支持,帮助它们度过企业的幼小期,在市场上站稳脚跟。[①] 然而相对于社会上的创业人员而言,高校的教师有授课任务重、学生有年龄小的问题,因此即使政府、学校、企业会给一些孵化的项目,但是由于市场化观念淡漠、服务意识低、缺乏经验、缺乏资金等问题,项目结果达不到预期也在情理之中。由于项目没有得到预期的效果,所以所得到的孵化项目也会越来越少,导致后面对市场潜力的调查失去积极性,对融资的开发缺少创意,对市场所需产品等缺少迭代改进,最后失去创意能力,其后果更是进入恶性循环,孵化的项目越来越少,数量严重不足。

---

① 王云,黄晓璇,张伟江.大学生创新创业项目孵化问题探析[J].高等教育,2021(32):164.

第 5 章　高职跨境电商产教联盟协同育人的影响因素分析

5.1　高职跨境电商人才输出"人岗不适"的影响因素

5.1.1　高职跨境电商毕业生就业价值取向功利化

就业价值取向是每个主体的核心价值以及自己认定价值在就业过程中的优先性或倾向性排序,价值排序则是每个道德主体的核心价值以其所认定的价值排序表。[①] 受全球新冠疫情多点暴发、职业教育招生规模扩大、社会经济结构、科技发展、就业形势、家庭环境和个人就业能力等因素的影响,跨境电商专业群的毕业生在工作地域、薪酬待遇、政策环境、发展空间等不同情境下作出不同的就业价值排序,进而影响其价值取向。就业价值取向在"奉献国家和社会"选项上的大学生数量,远少于就业价值取向在"事业发展""薪资待遇""兴趣爱好""地域行业"等选项上的大学生数量,这也说明产业经济的发展对跨境电商学生的就业价值取向产生了影响。在当今劳动力供求的结构性失衡问题日益凸显,人力资本与产业结构不匹配矛盾日益突出的情况下,部分跨境电商学生的职业理想缺失,择业观念扭曲。中介机构虚构求职信息,诚信意识缺失。在功利化职业价值取向的笼罩下,跨境电商专业的毕业生就业时,出现专业、特长与择业的岗位工作性质不挂钩的问题,入职后职业奋斗精神匮乏,责任感弱化。针对院校跨境电商专业的学生在择业、就业阶段价值取向过于功利化、社会责任淡薄、对自身价值定位偏颇等问题,院校的就业管理者、专业教师及辅导员应帮助学生树立"教育不仅要近利于现在,还要长远于未来"的理念,引导跨境电商学生勇于担起相应的社会责任和民族责任,树立正确的人生观、价值观、世界观。在就业导向的指挥棒下,学生可能

---

① 李小琼."互联网+"视域下大学生就业价值取向引导路径研究[J].教育理论与实践,2017,37(12):33.

被异化为提升就业率的工具。对学生的技能教育成为职业教育的起点,也成为职业教育的终点。用专业知识教育人是不够的,通过专业教育,学生可以成为一种有用的机器,但是不能成为一个和谐发展的人。[①] 只有提升学生的综合素质,把学生培养成完整的人、全面的人,才能够为学生提供更好的就业前景,才能为经济社会发展提供更好的人才。

5.1.2 高职跨境电商学生持续学习能力不足,岗位适应能力低

岗位适应能力是高职院校毕业生就业的核心能力,岗位适应能力越强,就业质量越高,用人单位和毕业生的就业满意度就越高。[②] 跨境电商专业群需要培养什么样的复合型技能人才,才能适应跨境电商不同类型企业岗位的需求?应该如何培养跨境电商发展所需的人才,才能形成并保持高职跨境电商人才培养的竞争力以及实现跨境电商专业与产业发展的同向同行和同频共振呢?要破解这些难题,我们认为应围绕跨境电商产业企业岗位所需,实施"课与岗""学与岗""赛与岗"一体化教学模式,这样才能培养出"首岗能顶上、多岗可迁移、发展可持续"的高素质复合型技术技能人才,满足跨境电商产业企业发展所需,进而提高跨境电商毕业生的持续学习能力和岗位适应能力。

跨境电商企业追求的是经济效益,所用的知识和技术是最前沿的。跨境电商专业的学生要提高未来岗位适应能力,需要不断更新自身的知识结构、体验和应用新技术和新技能、思考新的工作方法。岗位适应的过程也是方法选择的过程。在知识和技能保底的基础上,新的方法决定着新岗位的适应力。但有些刚入职的跨境电商毕业生缺少实践经验和吃苦耐劳精神,不能将之前学到的知识与技能运用在工作岗位上,高估了自身岗位适应能力,一入职就面临巨大的岗位压力。部分毕业生逃避就业压力,选择延迟就业。不少毕业生一想到要离开学校走向工作岗位就紧张和恐惧。还有的毕业生害怕竞争抗不住压力,消极逃避。这些行为和表现体现高职院校跨境电商学生持续学习能力不足,岗位适应能力差。

5.1.3 人才培养目标多元性弱化,人才输出"同质化"

中国特色高水平高职院校建设内涵发展的实质要义是基于国家战略、地方实际、学校基础,强化专业集群发展的理念,坚持专业群对接产业群、产业链的办学思路,不

---

① 爱因斯坦文集(第3卷)[M].许良英,译.北京:商务印书馆,1979.
② 陈江,查良松.岗位适应:高职院校实践教学的逻辑路向和基本路径[J].中国职业技术教育,2016(8):10.

断扩大专业发展面,激发专业发展活力,形成人才链、教育链、产业链的有机衔接。[①] 面对跨境电商企业对多样化复合型技能人才的呼唤,我国跨境电商专业群"批量生产"的人才培养规格,已越来越不能满足数字化智能化时代下产业发展对多元化人才的需求,致使跨境电子商务产业的人才需求缺口巨大且企业在给出月薪数万的情况下仍然招聘不到合适的人才。为什么跨境电商人才频频出现红色预警?院校毕业生难就业呢?其根本原因在于职业院校的人才培养的目标出了问题,尤其是跨境电商人才培养的最大困境便是人才培养目标多样性弱化,各院校跨境电商人才培养陷入"同质化"的泥潭,跨境电商企业被迫进入同质化人才竞争的红海之战。

自工业化时代至今,很多职业教育跨境电商的人才培养方式千篇一律,个性化培养理念缺失。我们调研了某职业院校,其在现行班级授课制下,服务于跨境电商行业的2021级跨境电商专业共有4个班,总共173人,所有学生接受相同的学习内容,按照相同学习进度和学习标准,达到相同的学习目标。虽然该校的人才培养目标中有差异化培养的模糊说词,但该校没有可落地的具体规划,该校大多数老师和学生对差异化培养的认识较肤浅。在采用这种标准化的、划一性的大众化人才培养方式后,最终的人才输出就像从一条生产线上生产出来的批量产品,学生的知识结构雷同,学生缺乏个性与创新,优劣个性无法展示和扬弃,良好个性无法得到陶铸,优质个性无法生成。高等职业教育不应该仅仅成为一个传授知识的场所,它应该引导学生探索人生的奥秘,知道人为什么而活,明确自己人生的价值,让每个学生都活出最有激情的自己[②]。在标准、整齐划一的人才培养目标影响下,学校培养的是"人",不是"才",输出的人才缺少创新性与个性化,无法满足跨境电商企业的用人要求。这种"工业化生产"模式的大众化人才培养不仅不能满足数字化时代跨境电商学生的个性化发展,还与我国职业教育人才培养改革的创新人才理念背道而驰。

5.1.4 教师产业实践经验不足,创新人才培养的个性化课程设置弱化

岗位适应能力是高职院校毕业生就业的核心能力,岗位适应能力越强,就业质量越高,用人单位和毕业生的就业满意度就越高。[③] 岗位适应能力主要体现在学生对知识的理解与更新、技术技能的体验与应用、工作方法的思考与反思等方面,这些都可以通过实践教学来不断培养与提高。跨境电商企业追求经济效益,需要最为前沿的知识和技术赋能。跨境电商专业群在设计实践教学时,要将最能体现跨境电商岗位需求的

---

① 梁克东,成军.中国特色高水平高职院校建设的逻辑、特征与行动方略[J].教育与职业,2019(13):10.
② 雅斯贝尔斯.大学之理念[M].邱立波,译.上海:上海人民出版社,2007.
③ 陈江,查良松.岗位适应:高职院校实践教学的逻辑路向和基本路径[J].中国职业技术教育,2016(8):11.

知识和新技术嵌入课程教学内容中,能在跨境电商的专业课堂教学中找到跨境电商企业真实岗位的影子,才能提高学生在未来岗位上的适应能力。但在实践教学中有些教师仍只注重跨境电商理论的学习,不重视实际操作能力的培养,深追其根本原因在于教师缺乏跨境电商企业的实战经验,对企业所需的最近技术和最新岗位不了解,无法在专业实践教学过程中植入岗位真实需求对应的知识与技能,因此教学中涉及企业实际应用点的实践教学的深度和广度受到极大的限制,教师有时难免有纸上谈兵的倾向,无法提高学生未来岗位适应能力。个性化培养是提高创新人才培养输出质量的有效途径,例如,澳大利亚新南威尔士州的课程设置注重将选择权归还学生,重视发展学生的综合能力,使每个学生的个性、才能、兴趣、特长得到充分发展。

5.1.5 专业与创业未深度融合,协同育人的共赢机制未建立

随着跨境电商产教联盟的快速发展,参与跨境电商专业与创业融合,形成多元主体协同育人主体不再仅限于政-行-企-校"四驾马车",还有与高职跨境电商专业与创业发展密切相关的其他利益相关者。但在高职跨境电商产教融合的多元主体协同育人中,有的联盟成员只是参与跨境电商产教融合会议,并没有在多元主体协同育人的生态位上履行应有义务,有的联盟成员在协同育人的过程中越位。因顶层设计的协同育人共赢机制未建立,导致企业参与激情不够,院校自身的吸引力不足。在大众创新、万众创业的背景下,高职跨境电商产教联盟协同育人机制为跨境电商专业人才培养指明方向。但多元主体协同育人的过程受到很多因素的影响,特别是在专业与创业的协同育人方面,政-行-企-校等多元主体的利益诉求不同,未能满足跨境电商产业对人才的新需求。跨境电商产教联盟协同育人的多元主体存在"就事论事""利益至上""墨守成规"等问题,其深层原因在于跨境电商产教联盟协同育人的共赢机制未建立。

在高职跨境电商产教联盟协同育人的多元主体中,有的联盟成员仅凭原有认知,在缺乏实践验证的情况下,仅凭"第一线"经验,缺乏经验总结、理性及直观感受,从未梳理产教联盟协同育人的未来发展脉络。深陷"就事论事"的"第一线"经验误区中,致使跨境电商产教联盟多元协同育人的体制机制偏离高质量发展轨道。协同育人的少部分联盟成员将个人观点当真知灼见,认为其他联盟成员的异议是歪理,在这种"举世皆浊我独清"的态度下培育出来的跨境电商人才很难跟上日新月异的跨境电商行业发展的步伐,更不能沉下心来解决多元协同育人中的机制障碍。在专业与创业融合发展的新阶段,跨境电商产教联盟协同育人的制度供给研究还处在初级阶段,研究构建跨境产教联盟协同育人的专业发展与创业发展共赢机制是高等职业教育高质量发展的关键一环。但我国双创跨境电商产教联盟育人共赢机制的顶层设计还存在供需双向平衡的制度缺陷,亟须破解此难题,才能提高跨境电商专业群创新人才的输出质量,

才能提高院校服务创新创业国家战略和地方产业经济高质量发展的能力。

5.2 高职跨境电商教育资源建设不理想的影响因素

中国跨境电商经历了20余年的发展，我们见证了速卖通的诞生与发展，我们也目睹了亚马逊在电商领域的蓬勃发展。2020年，教育部公布《普通高等学校本科专业目录（2020年版）》，跨境电子商务成为新设的51个专业之一。我们迎接了跨境电商从一个教学方向升级为高校一个独立专业的历史性时刻，更有新闻报道说新的一年已有170多所高校申报此专业，该专业是这一轮新设专业中申报数量最多的专业，这意味着跨境电商已经被社会和高校认可为一个将长期存在且大量缺少人才的上升行业。电子商务的诞生源于互联网的高速发展及普及，而跨境电商的诞生象征着我国市场的进一步开放。跨境电商教育资源与其他专业资源有天然的差异性。或许在短短的几年时间里，物流方式会发生变化，收款方式也会大为不同，交易平台层出不穷。这些都应成为高职院校跨境电商教育资源建设的参考。但不可否认，高职院校跨境电商教育资源目前正处在探索发展阶段，各方面都面临着不成熟的问题。

5.2.1 内容体系与平台发展脱节，主体教育资源"单一化"

跨境电商主体教育资源主要指的是理论性较强、实用性较高的必修课程资源。目前跨境电商资源的内容体系相对不固定，各高职院校在主题资源的设定上并不统一，这在一定程度上是因为跨境电商技术更新换代较快，对资源的时效性要求较高。在重庆高校在线开放课程平台中，重庆城市职业管理学院开设的"跨境电商实务"作为一门理实一体化的专业核心课程，在其培养目标中提到，"要培养具有较强职业能力、专业知识和良好职业素质的跨境电商专员，应以跨境电子商务理论及相关政策为基础，涵盖跨境电商产品信息化与速卖通平台操作演示两个实作教学模块。学生能理解跨境贸易电子商务的基本概念，了解基本政策，熟悉跨境第三方操作平台规则，掌握跨境电商操作的基本工作流程，具备跨境店铺运营管理、客服服务和电商操作技术等业务能力"。其中，该课程将较大部分的学时放在速卖通（AliExpress）平台的实训操作上，与大部分高职院校的设定是一致的。

事实上，从我国电商企业来看，主要形成了以国内市场为主体的阿里巴巴、京东、唯品会等超大型企业，为进一步扩展业务，它们开辟了国际市场从而设立跨境电商业务。这些平台在走出国门的时候具有先天优势，例如，速卖通等国内跨境电商平台在政策上享有很大的支持力度。另外，我们看到各个地区和国家跨境电商平台的选用情况不尽相同。例如,作为全球商品品种非常多多的网上零售商和美国电商龙头企业,亚马逊的主要市场集中在北美、欧洲;而虾皮(Shopee)、拉扎达(Lazada)几乎主要为东南亚地区的市场服务。国际电商平台及零售市场领域如表 5-1 所示。

表 5-1 国际电商平台及零售市场领域

市场领域	市场特征	主要平台
北美	起步早、成熟度高;充满活力、购买力强;注重商品的质量和包装;注重文化潮流	Amazon、AliExpress、eBay、Wish
欧洲	英国人喜爱网上购物;法国人青睐高品质的时装、箱包、配饰、香水;德国人对商品品质和包装的要求高	Cdiscount、Otto、Amazon、Fnac、Zalando
东南亚	发展潜力较大;消费群体年轻化程度高、互联网使用率逐年上升;与中国市场距离较近	Lazada、Shopee、Carousell、Tokopedia
拉丁美洲	物流效率低、丢包率较高;当地电商政策相对较差	AliExpress、Mercadolibre
俄罗斯	当地需求较大(轻工业产品);青睐社交平台购物;喜爱网上购物	Yendex、Mymall、Umka、Joom

平台的多样化使跨境电商有了更多的选择,也对跨境电商教育资源的建设有了更高的要求。2015 年,跨境电商作为一门新兴课程,陆续有了相应的高职配套教材,近两年各跨境电商平台的操作规则变化很大,有些教材中的内容已经滞后了。需要指出的是,随着国家外贸政策的倾斜,"一带一路"沿线国成为跨境电商的重要发展点。此外,2022 年 1 月《区域全面经济伙伴关系协定》(RCEP)的实施生效将逐步使区域内 90% 以上的货物贸易实现零关税,并有利于区域产业链供应链的融合发展和一体化大市场的建设,进一步夯实了跨境电商的政策基础。在此大背景下,跨境电商内容体系如果仍然依托旧经验、旧知识,将与销售的社会发展需求脱节,进而降低跨境交易的成功率。

5.2.2 培养综合能力导向不强,配套教育资源缺位

配套教育资源主要指的是与跨境电商专业相关的选修课程资源,带有个性化特征和工具性特点。跨境电商是数智时代发展的产物,具有很强的跨专业的特点,其中涉及国际贸易、电子商务、网络营销、语言文化、民俗文化等综合知识和技能。学生对综

合类知识的需求很迫切,但配套资源相对匮乏,如跨境电商在语言配套资源上的缺位。跨境电商带领中小企业走出国门,使中国品牌走向世界,在促进中国与"一带一路"周边国家的贸易交流中发挥着重要作用。语言作为沟通交流的工具是推进这一事业的保障。"一带一路"沿线国家的翻译业务量有显著增加,其中,阿拉伯语、俄语、德语、英语和白俄罗斯语为市场急需的5个语种。[①] 在中小企业拓展国际市场的过程中,语言障碍是阻碍交互信息传递和企业发展的瓶颈。由此可见,跨境电商语言人才的需求缺口巨大。其中2021年语言服务需求中排名前10的语种如表5-2所示。

表5-2 2021年语言服务需求中排行榜前10的语种

语种	需求率
阿拉伯语	34.1%
俄语	30.7%
德语	26.1%
英语	25.3%
白俄罗斯语	24.1%
法语	21.6%
日语	13.1%
泰语	12.2%
菲律宾语	11.6%
马来语	10.8%

高职院校的语言配套资源建设主要以英语为主,并存在诸多问题。一方面,传统高职院校商务英语、应用英语等语言类课程的培养目标不明确,注重听、说、读、写、译等语言技能的培养,忽视实际应用能力、跨文化交际能力与职业能力的培养,职业化不够,专业性不强,不能适应跨境电商岗位的需求;另一方面,教师的跨境电商实战经验欠缺,很少有教师接受过系统的跨境电商专业学习,教师更缺乏与境外客户直接交流的经验。此外,高职院校基于跨境电商的校内实训和校外实践条件有限,校外实训的基地建设不足,缺乏企业真实的项目支撑,对跨境电商学生而言更像是"学了一身本领,却没有用武之地"。配套资源的缺位使跨境电商专业学生的创新创业意识相对薄弱,缺少良好的平台和机遇,创业成功率不高。

---

① 2022中国翻译及语言服务行业发展报告[EB/OL].[2022-04-01]. http://www.taconline.org.cn/index.php?m=content&c=index&a=show&catid=395&id=4164.

5.2.3 重"理"轻"实"现象突出,资源创新力度不强

在现有的课程教学资源中,绝大部分围绕跨境电商的概念、法规政策、出口通关、物流介绍等设置理论课,在学期末学生通过平台模拟实训完成学业,这种课程设置几乎千篇一律,压抑了学生自主学习的能力。同时,在跨境电商课程结构的设置中,存在必修课与选修课比例严重失调。必修课程多,选修课程少;理论课程多,实践课程少;陈旧课程多,创新和前沿课程少;知识型课程多,技能型课程少。[①] 枯燥乏味、一成不变的课程资源极易让学生产生抵触情绪,学生对于感兴趣的课没机会和时间学,对于不感兴趣的课被迫学,结果事与愿违,课程达不到理想的目的。

从建构主义学习理论的视角出发,各高职院校利用互联网知识平台获取了知识元,初步建立了电子商务与支付领域的知识图谱,满足了电子商务、信息技术、法律等不同领域的知识需求。建立知识图谱的一个显著优点是可以根据教学需要对教学资源进行灵活的组织和重构。例如,在岗位技能的实践教学中,可以将教学资源按照不同的岗位要求进行组织,如运营、美工、营销、数据分析等。但目前,院校跨境电商专业的教学资源多集中在理论方面,其欠缺实践资源,尤其缺乏产品、渠道、平台等方面的资源。而产教融合型跨境电商企业着力构建真实场景、真实教育空间,可利用相关资源的研究,开发实习标准,及时更新课堂教学的实习实训内容。

5.2.4 "单打独斗"现象突出,资源建设力量薄弱

国外职业教育的发展经验告诉我们,脱离企业发展职业教育如同无本之木、无源之水。总体来说,国外职业教育校企合作按照关系划分基本有两大特征:一是以企业为主的校企合作,二是以学校为主的校企合作。实行以企业为主的校企合作的国家主要有德国和日本,实行以学校为主的校企合作的因家主要有英国和澳大利亚等。无论是哪一种模式,都强调校企合作的基本链接。

有学者指出,"跨界、融合"是在基于职业素养教育的高职课程中,力争打破原有的分散与割裂,在课程目标、课程内容、课程方式等方面进行学校教育与企业的跨界融合。[②] 这种观点显然是非常贴合实际的。高职院校跨境电商资源建设要突出职业性,也就是要根据生产建设管理和服务一线的实际需要,培养具有较强实践能力的实用型高等技术人才,这既符合教学要求又满足企业要求,可使学生在工作岗位发挥重要作用。企业的优势在于它们能够在第一时间内了解到市场发展和企业岗位变化情况。

---

① 向红梅.基于"互联网+双创"跨境电商个性化人才培养模式研究[J].社会科学家,2017(11):128-133.
② 聂强.跨界与融合:基于职业素养教育的高职课程建构研究[D].重庆:西南大学,2017.

为此,有效的职业教育校企合作有利于职业院校和企业共同做好专业建设。

在现有教育资源中,我们很难看到"资源建设共同体",甚至在校内都存在跨境电商专业"闭门造车"的现象。首先,课程的主讲老师基本上是本校内的教师,即便是有外校教师,也仅占课程资源中的很小一部分。其次,课程建设过程中很难看到电商企业工作人员的身影,几乎仅靠学校教师凭空打造,这在很大程度上导致课程的实效性缺失。最后,高职院校的跨境电商资源与本科院校几乎没有联系,导致课程的理论深度不高,高职院校也无法运用本科院校的产学研优势。

5.3 影响高职跨境电商产教融合的教学过程互动性不足的原因分析

产教融合是我国职业教育现代化建设的必然选择,也是职业教育高质量发展的类型特征。2017年12月,国务院办公厅印发了《国务院办公厅关于深化产教融合的若干意见》(以下简称《意见》),将"校企协同,合作育人"作为产教融合的基本原则,并明确指出"深化产教融合的主要目标是,逐步提高行业企业参与职业教育的办学程度,健全多元化办学体制,全面推行校企协同育人"。但在深化职业教育产教融合的教学过程中,却存在诸多阻碍因素,其主要原因是同质化的教学理念阻碍了跨境电商产教联盟互动的积极性,短缺的资源配置牵制了跨境电商产教联盟体感资源互动的充裕性,不对等的利益共同体限制了跨境电商产教联盟学用互助的一致协作性,游离的人才培养目标遏制了跨境电商产教联盟互动路径的丰富性,柔性的政策导致了跨境电商产教联盟的教学互动落地方案的缺乏,混沌的责权影响了跨境电商产教联盟互动反馈的时效性,如图5-1所示。

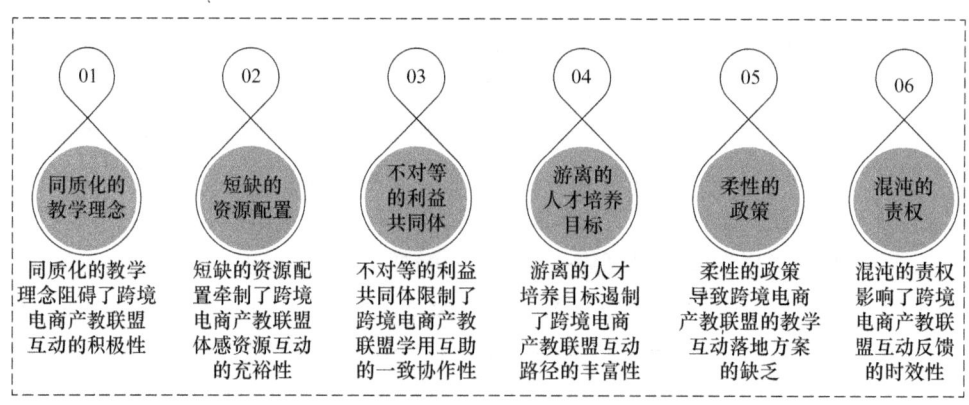

图 5-1 产教联盟的教学过程互动性不足的原因

5.3.1 同质化的教学理念阻碍跨境电商产教联盟互动的积极性

跨境电商产教联盟协同育人时，应以培养高质量的技术大师为出发点，以输送引领跨境电商产业发展的紧缺技术技能人才为目标。高职院校的跨境电商专业建设应以追求和发展自身的特色为起点，在就业市场形成"百家争鸣，百花齐放"的差异化人才。但很多职业教育在发展中却盲目追求"高、大、全"，发展同质化现象严重。高职跨境电商产教联盟协同育人的管理体制、运作机制、专业结构、专科分布、课程体系等方面，都有雷同。[1] 走"万校同路"的发展方向，培养出的自然是"千篇一律"的人。该专业的人才可以分为两类：一类是做产品选取、平台推广搭建、客服、物流等工作，即直接对接客户的专业型人才；另一类是做语言沟通、跨国文化交流、跨境电商平台运营等工作，即进行后台保障服务的综合性人才。"职教改革20条"明确提出，职业教育与普通教育是不同类型的教育。职业教育主要是培养多样化人才、传承技术技能、促进就业创业，专门培养应用技术和管理方面的人才，普通教育主要以升学为目标。职业教育若采用普通教育的专业设置模式和理念，则在无形中给职业教育的学生传递了一个错误信息：通过接受这种教育，自己的身份提高了，自己将来所要从事的就是各种规格较高的工作，从而造成了学生职业价值观的扭曲。从人才招聘会上就可以看出，参加招聘会的几乎都是大学生，而不同学校毕业的大学生区别不大；很多用人单位都表示想招到理论与实践或知识与能力兼具的人才很难，大多数毕业生各方面的素质相差无几。[2] 最后用人单位空手而回，毕业学生失落而归。在这种情况下，学生在毕业后宁愿失业也不愿意从事那些规格较低的工作，而这一现象与结构性失业交织在一起，直接导致"学生毕业即失业"现象的发生。面对既定的结果，学与不学，工作之后都要从头来过，无论是教师、学生还是企业，都很难有互动的积极性。

为适应经济结构深刻调整、产业升级加快的社会需求，解决高等教育结构性矛盾及同质化的问题，政府提出"引导部分地方本科高校向应用型转变"，2015年，教育部、国家发展和改革委员会、财政部提出应用型转变的指导意见，为转型指明了方向，产教融合是转型的一条出路，但落实到执行层面时，由于受到现行教育体制的制约，产教联盟面临着人事、经费、校企合作等实质性问题，阻碍着产教联盟的进一步深入合作。[3] 认清自己的办学类型、人才培养目标，不简单地效仿他校的发展模式，进行科学合理的定位，坚守自己的办学特色，才能得到持久的发展。可是，为了追求表面的光鲜，模仿

---

[1] 陈星.应用型高校产教融合动力研究[D].重庆：西南大学，2017.
[2] 王俊恒.从同质化到多样化：高等教育发展的应然走向[J].内蒙古师范大学学报，2012(9):1.
[3] 马永红，曹洪奎，李光林.普通高校同质化历史成因与个性化发展的机制探索[J].高教学刊，2019(22):10.

和抄袭普通大学的办学理念,导致浪费了资源,也影响了社会经济的发展。刘茂松在《结构型教育过度与高校毕业生就业难》一文中,在对我国社会经济发展和教育现状进行分析的基础上,指出我国目前在一定程度上存在结构型教育过度,而原因则是:社会主义市场经济所需要的人才是多样的和多层次的,既需要具有"高深学问"的高级研究型人才,也需要掌握扎实技能技术的专业人才,社会对不同层次的人才需求有一定的相对比例,但是涌入市场的却是大量专业、知识结构、技能相似的大学毕业生,这在找工作的过程中,势必会造成一个岗位百人甚至千人竞争的局面,而有些岗位因找不到合适的人才只能"空缺"。专业建设同质化发展,培养出"同质生",很难满足社会对多样化人才的需求,还会影响整个国民经济的和谐、可持续发展,甚至关系到国家核心竞争力的增强。① 社会是不断发展的,行业也在不断延伸,尤其是伴随着知识经济的出现,很多新的岗位和专业不断涌现。② 像跨境电商这样的新专业也在不断涌现,本来新生力量应该有自身的活力,校企互动应该是很积极的,然而受同质化理念的影响,供需不协调,让产教联盟的互动积极性备受影响。

5.3.2　短缺的资源配置牵制跨境电商产教联盟体感资源互动的充裕性

在知识经济时代,产教联盟越来越成为一个国家增加国际竞争力、影响力的手段,因此支持经济创新、学校与企业合作让学术界和商业界紧密联系,这样的现代竞争性体系成为社会发展的重要引领力量。时代的变革、社会的发展迫使大学摆脱象牙塔中的隔绝状态,并通过对自身结构进行改变来满足社会经济、政治等各项需求。在此过程中,学校与企业之间的关联愈发密切,学校通过生产高新技术、培养高素质人才为企业输送活力;企业凭借良好的岗位优势、完善的生产设施、雄厚的经济实力给予学校源源不断的物质资源支撑。从历史的角度来看,产教联盟不是一种偶然现象,二者的互动具有内在必然性。③ 然而,短缺的资源配置却牵制了跨境电商产教联盟体感资源互动的充裕性。

面对新业态、新工艺、新技术,拥有一支高水平、高素质的应用型师资队伍,是推进产教融合、校企合作教育教学改革的基本保障。所以高等职业院校的教师除了具备丰富的专业理论知识外,还必须具备实践经验和技能。但根据全国各省市对职业院校教师队伍的调查显示,从事跨境电商专业教学的师资力量严重不足。首先,教师的专业能力、实践经验和经历准备不足。担任跨境电商教学的专业教师主要是英语教育、商

---

① 程娓娓,周元宽.我国高校同质化相关研究综述[J].扬州大学学报(高教研究版),2013(2):16.
② 刘茂松,刘果.结构型教育过度与高校毕业生就业难[J].湖南商学院学报,2004(2):2.
③ 曹冬瑞.新美国大学与城市的资源互动研究[D].西安:陕西师范大学,2021.

务英语、电子商务和国际贸易专业的毕业生,缺乏跨境电商企业的工作经验,只有不到10%的专业教师有过行业工作经历,不足30%的专业教师有企业实践经验,但参加企业实践的平均时间在1个月。尽管近年来职业院校通过国家骨干教师培训活动、省市教师继续教育活动、各类社会培训和企业实践活动等,让教师学习新知识新技能,获得相关的职业资格证书。但是跨境电商行业的变化发展日新月异,专业教师通过短期培训很难跟上行业技术的发展,这种短期培训和学习也无法满足实际教学的需要。并且,师资数量也严重不足。跨境电商教学强调实践能力的培养,以模拟或真实的项目教学为主,需要教师带领学生团队紧跟行业与市场的发展,开展店铺运营,做产品分析、店铺装修、产品营销,这么做的工作量非常大,而学校对项目运营教师的配备严重不足。这使得教师因为缺乏企业的实践经验而导致教育内容滞后。近年来,在立足于现代职业教育核心理念中,高职院校在产教融合的研究中、在工学结合的实践中、在半工半读的实施中,出台了很多关于产教融合的办学机制,只为不断丰富产教融合人才的培养模式。其中引进企业导师算是一种很好的实施模式,然而由于未做到深层融合互通,加之企业和高校的薪酬待遇落差大,优秀行业企业师资引进难(企业优秀专业技术人才工作较忙,与高校相比,企业的薪酬待遇更高)。因此先要解决企业教师"愿意来"的问题,解决"愿意来"的问题后,企业兼职教师来到学校后虽具备相应的技术,但又要面临"下不下得去"的问题,因为有些企业兼职教师缺乏基本的教育教学能力,对学生学情不了解,对教育学不了解,在教学时喜欢"一刀切",这让教学效果无法得到保障。长此以往,在产教融合互动过程中,学校教师缺乏实践能力与精力,而企业兼职教师则缺乏教学能力,难以满足深化产教融合改革的需要。

企业获取资源和对资源的再配置是对市场价值的评估后做出的回应,资源是企业发展的核心要素,把获取的新资源进行重新地整合,以适应不断变化的环境。加入产教联盟的跨境电商企业在与学校互动的过程中,是能够从学校获取用于自身发展的资源的,可是在实践教学资源建设中,存在学校"独享专业、独享课程、独享师资",企业"独享技术、独享设备、独享资源"的现象。其实在现行网络如此发达的现状下,利用网络连接企业的实践教学环境和学校的资源建设也是丰富教学模式与促进教学改革的一种途径。网络的加入能从一定程度上让整个跨境电商专业的教学模式、教学方法得以改革,它能让传统远程教育中以文字教材为中心转变为优化组合各种媒体。网络教学资源的建设由两部分组成:一是提供基本教学资源,也就是传统远程教育中所说的主教材内容,它不能替代文字教材,但它是文字教材的系统讲解,这个功能具体体现在网络课程的建设上;二是导学,即对学生实践教学过程中的自主学习进行指导和帮助。因此,建设网上实践教学资源的宗旨应当以为学生提供及时、完备、有效的学习支持服务为目标,让学生在网上可以得到能指导其学习的各类文本和视频的教学材料,能够通过发帖、电子邮箱等形式与教师进行交流,而且能够实现同学彼此间的互动,从而使学生可以有更多的机会参与小组讨论等形式的合作学习,为学生学习营造一个自由的、互动的、体现专业特色的网上学习环境。① 由于优质资源很稀缺,因此对稀缺的优质资源进行重新配置的源动力就急剧下降,从而进入恶性循环,互动资源的丰富性很难得到充足的保障。

5.3.3 不对等的利益共同体限制跨境电商产教联盟学用互动的一致协作性

产教联盟协同互动是多个主体共同参与的系统工程,在实际过程中,不同类型的主体有不同的价值追求和利益诉求。与职业教育密切相关的院校和企业是不同的组织,两者之间存在着清晰的边界,各有不同的组织目标与利益追求,在开展职业教育的过程中它们存在着冲突。从政府层面来看,落实校企合作缺乏有力措施,未形成有效机制。虽然我国出台了《关于大力加快发展现代职业教育的决定》等法律法规,开展了大规模的试点、试验,积极引导职业院校与企业开展校企合作,但效果不好。从企业层面来看,企业参与性不高,没有得到必要的成本补偿,与院校缺乏有效沟通。从跨境电商专业的人才培养来看,按照目前的教育标准,培养的人才质量难以达到企业的用人要求,教师资源严重匮乏,企业与学校对接困难等问题突出。总而言之,当前存在着大量的符号化和流于形式的校企合作,大多合作停留在企业接受院校顶岗实习的层面上,项目、设备和人员等研发资源共享的程度低,校企双方还未建立起合作的利益共赢机制,校企合作动力不足。② 税收优惠政策本是促进企业参与产教融合行之有效的激励手段。财政部和国家税务总局联合先后下发了《关于企业支付学生实习报酬有关所得税政策问题的通知》和《关于公益救济性捐赠税前扣除政策及相关管理问题的通知》等文件,尽管文件规定了参与产教融合的企业用于教学和提高技能训练活动的资金或设备所产生的费用,实行企业所得税税前扣除,但这些文件并没有规定如何落实和细化"优惠政策",参与企业实质上也没有从产教融合、校企合作中获得政府的利益补偿。③

校企合作互利共赢从不同角度有不同诉求。从企业角度来看,产教融合协同育人将产生一系列的培养成本,同时合作企业通过培训学生技能、提高边际产出来获取未来收益,如果合作培养质量、合作"牵手"时间均没有达到预期效果,那么合作企业就无法实现预期收益。对高职院校、接受协同培养的学生群体而言,他们更关注合作企业主导培育学生的全过程,产教融合协同育人一定不是企业获取学生廉价劳动、"投机"

---

① 钱焕新.对构建开放教育实践教学资源共建共享机制的思考[J].湖南人文科技学院学报,2005(4):135.
② 潘建华.我国职业教育校企合作的有效性研究[D].上海:上海师范大学,2017.
③ 王保宇.新建本科高校产教融合发展的问题与对策研究[D].上海:华东师范大学,2019.

的过程,应该把它构建成一个阶段性、具有联动性的育人运行机制。① 一方面,企业家的教育情怀、企业的社会责任与企业在知识储备与人才战略等方面的组织利益是企业投入校企合作中的动力来源,其中,"利益"是企业行为的根本出发点,是企业合作持续性与深入性的根本动力,如果企业在校企合作中无利可图,自然无法产生源源不断的内生动力,"责任共同体"更无从谈起;另一方面,职业院校产教融合是有着长期利益价值追求的,这样在产教融合过程中就会逐渐体现诸多新的利益矛盾,如学生拉低了企业的生产经营效率、在生产过程中增加了安全隐患,学生整体纪律性不强带来额外的管理成本等。经过一段时间的发展,企业若发现其付出并没有相应的收益得以补偿,或者得到的收益与当初合作的预期收益相去甚远,就会逐渐失去合作动力。② 另外,跨境电商产教联盟学用的互动也是一个利益交换(或输送)的过程。从社会比较理论的角度来看,企业的管理者会自觉地同其他企业进行比较,来评价自己行为的意义,如果企业付出的劳动得不到一定的价值认同,就会急剧减少电商企业的公平感,因此缺乏参与共享活动的原动力;从经济利益保障来看,电商企业得到的可能是与学校签订的协作空白协议,学校从企业得到的抑或如此,从而导致校企都难以衡量产教融合之后所带来的经济价值或风险,而不愿意参与互动。③ 因此不对等的利益难以造就利益共同体,限制了跨境电商产教联盟学用互动的一致协作性。

5.3.4 游离的人才培养目标遏制跨境电商产教联盟互动路径的丰富性

跨境电商作为新专业之前,大多被挂靠在高职电子商务、国际贸易、商务英语等专业下。因为没有顶层设计和具体人才培养标准,所以各校在专业课程设置、实践实训模式等方面的差异也较大。2019年9月,跨境电商被新编入高职专业目录,由此,各院校纷纷启动了跨境电商专业的人才培养体系探索。由于"1+X"证书制度试点和高职跨境电商人才培养体系都处于探索初期,校企合作产教联盟的人才培养目标目前仍然存在许多急需解决的问题。第一,未能够充分考虑市场和岗位与学生专业知识的匹配度,以致人才培养的定位不明确,毕业生不能胜任企业岗位。第二,在高职院校培养跨境电商高素质技术技能人才过程中,若要开展实战教学,需要教师教学生寻找真实的货源,在入驻的跨境电商平台的真实网店上架产品,吸引真实的买家购买,并用真实的跨境物流让订单妥投,顺利把产品送到买家手里。而对于由真网店、真货源、真产品、真市场、真买家、真订单、真物流构筑的真实教学平台,学校单方面无法构建。而高

---

① 童丽,陈镇杰.产教融合协同育人何以见成效?——基于组织承诺框架的分析[J].中国职业技术教育,2019(6):58.
② 刘桓,陈福明,程艳红.深化产教融合协同育人的机制探索[J].中国职业技术教育,2018(25):52.
③ 杨晶.开放大学数字化课程资源共享促进机制研究[J].中国成人教育,2016(7):70.

职院校要培养跨境电商人才,就需要让学生充当企业卖家的某个岗位的角色,引导他们在真实平台环境中验证所学知识,从而提升其跨境电商技术技能。行业内的跨境电商平台主要为国外买家和入驻的企业提供服务,企业入驻跨境电商平台开网店需要企业拥有资质和资源、缴纳入驻费或保证金、拥有自有品牌或品牌授权、跨境物流渠道等,而跨境电商平台的政策和规则也会随市场的改变而调整和更新。学校作为国家的育人场所,为培养跨境电商人才开展实战教学而投资入驻某个或几个跨境电商平台,需要相对成熟的投资方案且学校进行投资的话需开会讨论,不能像企业一样随时调整以适应环境的变化。由于高职院校缺乏真实的跨境电商教学实践平台,能单方面为培养跨境电商高技能人才提供的条件有限,需要企业的参与。可是地方大中型企业更愿意与研究型重点大学合作,职业院校很难与地方大中型企业合作;地方小微型企业虽然希望与职业院校合作,但因其实力不足难与高职院校合作;地方企业数量少,难以满足高职院校各专业合作育人的需要;高职院校和地方企业信息不对称、不通畅,很难找到各自的合作伙伴;高职院校在产教融合的质量上面临人才难、技术难、资金难、资源难等具体的现实问题。

跨境电商产业离不开职业教育,这是产教融合的本质属性。但是目前跨境电商产业与教育要素之间还没有达到深度对接,无法完成融合,致使教学过程中互动性不足,这主要源于跨境电商产业系统与教育系统自身有着特性上的冲突。

从图5-2可知:跨境电商产业以市场为主导,以盈利为目标,以效率为优先,以企业为主体;教育系统以政府为主导,以育人为目标,以公平为主导,以学校为主体。跨境电商产业的资源配置和各种经济活动长期以来一直被市场这只"看不见的手"控制着,市场具有"优胜劣汰"的本能,遵循成本最低和收益最高原则,推动产业系统的结构调整、转型升级和布局配置。逐利是保持市场经济活力的基本动能,唯有不断输出利润才能有产业的可持续发展。因为有了利润,产业的扩大再生产、转型升级才有了可能。利润的出处是风向标,控制着市场劳动力、市场资金、新兴技术等生产要素的走向。盈利是产业系统所追逐的目标,也是产业系统持续发展的动力来源。

产业系统的盈利目标导向决定了产业系统内部的经济活动必须坚持以效率优先。为了提升效率,产业系统内部资源配置方式、核心技术、人员配置方式等都需不断优化升级,效率决定了整个产业系统的生死存亡。产业系统通过企业这一载体实现以市场为主导、以盈利为目标、以效率优先。企业的使命是为社会创造价值,通过将各种资源转变成具有使用价值的有形或无形产品,实现社会财富总量的增加。在激烈的市场竞争环境中,企业具有灵活的准入与退出机制。所有这些因素都使得跨境电商产教联盟的互动育人目标不明确,严重影响产教联盟互动路径的拓宽与畅通。

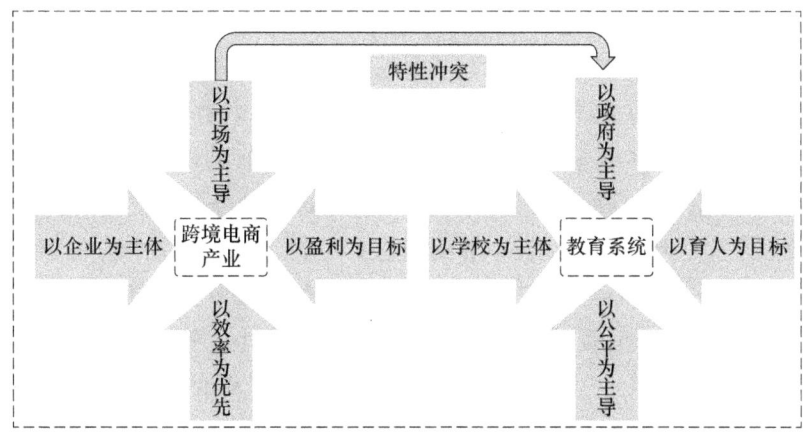

图 5-2　跨境电商产业与教育系统自身的特性冲突

5.3.5　柔性的政策导致跨境电商产教联盟的教学互动落地方案的缺乏

柔性的政策有时候是为了照顾一些具有特殊情况的产教联盟主体。从政策上来说,100%的高职院校都特别希望得到政府在政策上给予的支持,让自身在产教融合的发展中有据可循,有立足之本,甚至是把这样的政策支持当作推动产教融合的动力。然而,我国的政府和有关部门在文件中对产教联盟的支持并不聚焦,当有些政策真正落实到学校和企业的时候,可能会发现这些文件并无多大用处,只有宏观的规定,并无实质性的保障措施和方案。发达国家长达 100 年的产教融合的实践已经充分证明了这一点。例如:20 世纪初,美国辛辛那提大学就提出了合作教育计划;19 世纪 60 年代,美国联邦政府在高等教育法中提出了允许高校利用相关款项进行合作计划的发展,在此之后的 3 年全美合作教育的学校数量及学生数量都翻了一番,事后美国在对高等教育法的不断修正当中一再提高了对于合作教育的财力和制度支持;澳大利亚从 20 世纪 80 年代起相继颁布并实施了澳大利亚国家高等教育与培训框架体系(Vocationall Education Training,VET),其中的国家培训框架(National Training Framework,NTF)、国家资格框架(Australia Qualifications Framework,AQF)、澳大利亚认证框架(Australia Recognition Framework,ARF)以及培训包(Training Package,TP)对 VET 的改革和发展起到了重要作用,由此澳大利亚建立了一个以公立职业技术教育学院(Technical and Further Education,TAFE)为主要办学基地的全国职业技术教育与培训体系。相较于发达国家我国还未形成法律上的硬性规定以及完整的培训体系制度,产教融合的教育在制度上存在着政策不够完善和力度不够的问题。[1]

---

[1] 彭梦娇.应用型本科高校产教融合的研究[D].重庆:重庆师范大学,2015.

一些跨境电商企业在参与产教融合的过程中，可能也会结合自身企业对人才的需求，与学校一起制订人才培养方案、参与一些热门且紧俏的课程开发、参与课程标准的制订、参与学生实习的规划，表现得更积极的企业可能还与学校建立产业学院，但是因为没有刚性法律保障、协调机制、管理制度等，校企都不会有长远的规划和宽广的视野。校企更多的可能还是出于自身的发展考虑，背离当初的产教融合初衷。学校拿着一纸空文的政策，企业也无法从政策的解读中看到利益点，两者教学的互动渐渐地就减少了。

在经贸全球化的大环境下，跨境电商产业作为国际经贸升级转型的重要形式，深度融合"大众创业、万众创新"与"互联网+"理念，已成为突破时空局限，实现区域共同发展机遇的重要纽带。将跨境电商人才所需的能力理解为国际贸易、国际物流、网络营销、电子商务、商务英语等专业所需的相关技能。这种发展重点是将跨境电商视为各个相关外向型专业的集合，忽略了各个专业所涵盖能力存在的交叉重合。其实跨境电商是综合国际商务推广、大数据分析、数字营销、物流管理等专业的交叉点，而非单纯的某一项技能的拓展或外延，对文件、专业的解读模糊不清、认识不明，自然造成产教融合教学互动方案的偏离。以岗位需求为发展重点则是强调个体完成跨境电商岗位任务所需具备的不同素质要素组合，认为跨境电商人才能力主要由外文能力、国际贸易能力、电子商务能力、市场营销能力、综合职业素养5个维度(含13个素质特征)构成。阿里巴巴集团作为业界的代表，根据人才需求岗位结构将跨境电商人才分为3个层级，初级是操作型、工具型人才，中级是分析型、商务型人才，高级是战略型、管理型人才。不难看出，初级人才是被动应对岗位需求的技能型人才，中高级人才是主动解决问题的创新型人才，这已成为业界的基本认知。至今为止，无论是从哪个方面的发展趋势都只关注人才的技能操作层面，忽视了人才的创新层面，而且都没有将人才能力需求置于具体情境中进行实证分析，忽略了特定情境下新机遇与新挑战影响人才需求的可能。由于政策柔性，因此在产教融合方案的制订上就连基本的创新层面也会限制教学的互动性。

当前，人们已经进入5G时代，未来随着互联网技术的迭代进步，将会有更多的企业加入跨境电商模式。跨境电商作为电商的一种，对于减少跨境商务企业成本、增加跨境商务企业利润至关重要。由于信息技术已经改变了传统的商业经营模式，尤其是在当前智能化、数字化加速发展的今天，跨境商务企业随着信息技术的迭代更新将会发挥更为重要的作用。整体而言，政府在跨境电商产教联盟中的投入还有待于提高。各地政府在人才培养计划实施、培训咨询等人才保障及专项经费的支持方面力度偏小。另外，各地优惠政策存在短期性现象，导致当某一地方优惠政策到期后，往往出现跨境电商人才频繁流动到政策优惠的异地去创业的现象，因而原先创业所在地政府、企业的前期投入无法得到回报，人才的流失导致当地的企业也面临用工难问题。企业经历这样的变故后,在后续产教融合的互动上的积极性更是直线下降,觉得产教融合失去了原本的合作意义,产教联盟有些名存实亡的意味了。

5.3.6 混沌的责权影响跨境电商产教联盟互动反馈的时效性

产教联盟主体间及时的互动反馈能让教学从差异的问题开始,各方都组织互动、讨论、探究、主动参与教学过程。然而,目前政府、行业、学校、企业、学生反馈不及时,导致其步调不一致的问题,经常出现"企业冷,学校热"、"企业热,学校冷"的矛盾,这具体是由管理和责任混沌造成的。[①] 第一,相关法律法规缺失、政府提供的产学研等纵向科研经费较少导致政府主导的权力互动反馈迟缓。第二,行业协会自身的职能定位模糊,转型失败,行业协会自身参与高校产教融合的能力受限导致行业协会作用缺失,从而使得行业的指导互动反馈滞后。第三,跨境电商专业是自2019年才被公开承认的专业,具有专业历史短、开展产教融合的资金短缺、实力不足等问题,即便是快速找到了产教融合的合作企业,也会存在因与合作方的认识不清楚而导致反馈信息得不到及时跟进的问题。第四,跨境电商企业有一定的发展史,对人才的要求有自己的定位,所以习惯在各大人才市场猎获满足自己要求的人,而不会花很多成本去单一的学校培养少量的人才,这充分说明跨境电商的企业还没有在产教融合的发展中意识到自己的责任与义务,有些企业为了"名"而参与产教联盟,但是参与后责任意识相当淡薄,没有将"产教融合、校企合作"作为自身发展的责任和义务,所以即使学校有反馈,也不会及时配合加以解决,导致信息滞后严重。第五,学生的内心是矛盾的,其总以为"外面的世界更精彩",在学习中,只当自己是路人甲,看了、听了就完了,没有尽到自己学生的责任,即便发现问题,也懒于反馈,这让老师、学校、企业都无法得到第一时间的修正信息。此外,反馈主体单一、反馈内容单一、反馈渠道不畅通、反馈意识不强等都造成了跨境电商产教联盟互动反馈的延迟。

要提高互动反馈的时效性,首先要进行制度上的保障,建立具有跨界与融合观念的新型制度,即在宏观上制订建设一系列保障制度。针对跨境电商目前的反馈现状,其中很重要的一个方面便是在于要从学校、企业和政府三方入手进行相应的制度建设。在学校方面,要提供好的条件,要敢于打破壁垒,使得制度体系具有"跨界"的可能,只有学校在制度上初步放开,企业和其他方才能够进入反馈系统中。其次,企业也要能够跨越原有设定,学习借鉴"学徒制"等观念,"跨界"到新的领域;而政府作为制度保障的重要方,则需要能够横跨多领域从顶层制订相应制度,如在《中华人民共和国职

[①] 周利红,周利群.高职院校产教融合教学模式现状分析[J].现代商贸工业,2017(33):156.

业教育法》《中华人民共和国高等教育法》中明晰各方权责和利好,达到多向联动、多方共赢的"融合"效果。只有政府、学校、企业等多方参与,才能够建立起具有"跨界与融合"意义的制度保障反馈体系,而只有在这样的保障体系下,才可以进行真正意义上的实效互动反馈。"跨界与融合"的整体性观念为改变以往企业与学校的双向困境提供了新的可能,在这样的观念之上建立起来的制度是对于原有制度的完善和突破性延展,是全新的制度模式。原有的制度无法保障互动及时的要求,也无法适应日益改变的新的形势发展,因而产生了对于新制度模式的需求,也就使得"跨界与融合"观念下的模式成为新诉求下的全新解决模式。①

另外,产教联盟协同育人的创新人才培养未形成常态化、联动机制,跟踪反馈主体和方式单一,指标体系不够科学合理、缺乏持续跟踪,信息反馈及利用不足都是让互动反馈延迟的重要因素。比如,人才培养质量跟踪反馈机制的构建应以持续改进为目标,但是,目前高校开展的在校生调查、毕业生跟踪反馈调查往往都属于终结性片段调查,而非动态性实时调查,信息一旦结束收集即进入数据完成时,对同一届学生的周期性、发展性调查欠缺,缺少纵向发展性的对比分析,对同一届在校生或毕业生的持续发展状态缺乏跟踪,因而缺乏信息反馈的纵向研究。目前的跟踪调查尤其是对毕业生的跟踪调查更像是对不同年份毕业学生对于人才培养反馈数据的持续收集和信息累积,数据的关联性和发展性不强,深入研究受限。但这种现象也与毕业生工作变换、地域变更导致信息获取变得极为困难有关。在当前信息化技术迅猛发展的背景下,如何实现对毕业生的持续跟踪,获取持续性人才培养反馈信息,从而促进专业建设和人才培养各环节的持续改进,是一个关键点和难点。此外,用人单位分布广而分散、数量庞大,加上现实中一些用人单位配合不积极,也会导致反馈信息收集困难或收集滞后。②

5.4 高职跨境电商产教联盟协同育人的资源、制度、利益分析

产教联盟作为多方联合体,联合着多方的利益诉求,在其教育性、逐利性、管理性都有所体现。由于跨境电商自带综合性,需要培养的是综合性人才,因此跨境电商产教联盟牵扯的主体更多元、更复杂。针对跨境电商产教联盟协同育人"表层化""碎片化""利益化"的问题,联盟应从资源、制度、利益等现实因素为切入点,剖析出问题的深

---

① 聂强.跨界与融合:基于职业素养教育的高职课程建构研究[D].重庆:西南大学,2017.
② 胡庆喜,陆雅莉,王洋.多元评价主体参与的人才培养质量跟踪反馈机制构建[J].大学:研究,2019(4):14.

层次原因。具体而言,从资源角度分析产教联盟的动力基础,进一步厘清资源在人类及其组织生存、发展和合作间的重要关系;从制度角度分析产教联盟的动力关键,进一步探明制度如何规范组织行为,如何在实践中进行创新;从利益角度分析产教联盟的动力根源,进一步厘清利益激励下的行为根本动因。

5.4.1 高职跨境电商产教联盟协同育人的资源分析

资源是人类社会组织架构存在和发展的基础,同时资源也是社会组织建立、运行和发展的核心钥匙。在人类社会发展过程中,我们皆能看到资源的价值,如石器资源、海洋资源、电力资源、石油资源、技术资源等。随着全球化的深入发展、通信技术的日渐革新、物流行业的快速发展,各类资源间的互动、交易更加便利,也更为频繁。此时,我们不妨引入1978年由杰弗瑞·菲佛和杰拉尔德·萨兰基科提出的资源依赖理论(Resource Dependence Theory,RDT)。其核心观点是社会中的各个组织要通过获取环境中的资源来维持生存,没有组织是资源自给的,任何组织获取资源都要通过与环境进行交换。该理论早期运用于公司管理,根据RDT,公司与外部利益相关者合作,以管理其对关键资源的依赖。[①] 1984年,戴维·尤里奇和杰恩·巴尼提出,缺乏某些资源的组织应与其他组织建立关系,以获得所需资源。由RDT可以进一步理解,组织关系的变化取决于其对资源的依赖程度,组织可凭借对系统内部和外部环境(经济政策规划、产业结构更新、管理结构调整等)的策略改变,使自己能够主动选择并适应环境,最终建立起组织间资源互动、利用的关系网格。[②] RDT对高职院校跨境电商协同育人的资源条件分析提供较好的理论基础,且产教联盟的各个主体(政府、高校、企业)相互依赖的程度较高,利用价值也较高。

从资金资源角度来看,高职院校每年都会收到产教融合相关政府的拨款,也会收到部分企业的资金捐赠,但相对较少。2017年,《国务院办公厅关于深化产教融合的若干意见》(国办发〔2017〕95号)下发,各省市相继出台了结合本地区特色的相关文件,在资金资源上给予了学校大力的支持。以重庆市为例,2018年,重庆市人民政府办公厅下发《重庆市人民政府办公厅关于深化产教融合的实施意见》(渝府办发〔2018〕162号),其中对产教融合给予相关政策支持,如表5-3所示。例如,在税收上,企业通过公益性社会组织或者区县级以上政府及其工作部门,用于符合条件的教育事业的捐赠支出,在年度利润总额12%以内的部分准予在计算应纳税所得额时扣除。超过年度利润总额12%的部分,准予结转后3年内在计算应纳税所得额时扣除。而单就跨

[①] de Camargo Fiorini P. Management theory and big data literature:from a review to a research agenda[J]. International Journal of Information Management,2018(7):112.
[②] 王屹. 地方"双高职校"转型探讨——资源依赖理论与区域建设的良序共生[J]. 中国高校科技,2021(5):76.

境电商的资金资源,目前针对性较强的资金资源在省市层面尚未查到,更多地是以电子商务大类为基础。例如,重庆市商务委员会、财政局发布了第二批重庆市商务发展的专项资金项目的申报结果,其中涉及跨境电商的企业。

表 5-3 重庆市产教融合相关政策

主要任务	核心内容
财税政策体系	完善职业学校、应用型高等院校的拨款机制;落实深化产教融合的财税政策
土地政策	企业投资或企业与政府合作建设的职业学校、高等院校的建设用地按科教用地管理。符合划拨用地目录的可通过划拨方式供地
金融政策	在风险可控、商业可持续原则下优先贷款支持;发展资金安排于职业教育;开发多元融资品种;购买学生实习责任保险和人身意外伤害保险
产教融合发展工程	支持一批职业学校开展校企合作,共建共享技术技能实训设施,建成一批校企协同育人的"双基地"和产教深度融合的实训基地、产业急需(骨干特色)专业(点)

注:本表根据《重庆市人民政府办公厅关于深化产教融合的实施意见》(渝府办发〔2018〕162号)整理。

从实体资源角度来看,产教联盟的相互依赖更多体现在实习实训上。企业与高职院校在产教融合过程中为共生公利的关系。企业为高职院校建立实训基地,可以享受土地政策上的红利;学生到企业实习可以为企业的发展带来政策上的红利,同时企业可以利用院校优秀的科研团队,实现自身竞争力的提升。[1] 但目前跨境电商类实训基地面临诸多问题。现阶段企业对重庆市内的高职院校跨境电商投入建设的实训基地数量相对不多,仅在部分学校投入建设。

当前,我国高校资源配置的发展趋势逐渐以政府为主体的"政策性"单一资源配置转向以市场为主体的"竞争性"多元资源配置。[2] 在现行条件下,政府对高校的资源投入仍然是公办高职院校主要的资源来源途径,其中,投入方向上以人员和硬件的建设费支出为主;政府对企业的投入主要放在财税政策上。或许,依靠高职院校和企业在资源上能够有效互补,企业和高职院校都能互促发展。特别是"双高"院校在政府财政拨款上有着天然的优势,在资金资源上相对更加充足,更应当探索院校与地方产业与企业的组织合作方式,形成其办学特色。

5.4.2 高职跨境电商产教联盟协同育人的制度分析

制度是社会组织良性发展的关键。设计较好的制度可以有效激励组织中的个体或群体凸显出"人性善",帮助组织进行合理分工与合作,提高资源配置效率,增强组织

---

[1] 王屹.地方"双高职校"转型探讨——资源依赖理论与区域建设的良序共生[J].中国高校科技,2021(5):77.

[2] 韩嵩.高等教育普及化阶段我国高校资源配置的优化策略[J].高教探索,2021(12):14.

内的协调性。不完善的制度会纵容"人性恶",导致组织内的不协调,进而促使整体倒退或停滞。建立好的制度是增强高职院校跨境电商协同育人动力的关键。放在跨境电商产教联盟的研究视角下,高校内部主要涉及的制度有人事制度、薪酬制度、教学制度、科研制度等,产教联盟内部主要涉及的制度有合作制度、激励制度等。

(1) 高职院校跨境电商产教联盟制度分析

人事制度作为院校治理体系的核心,其完善和改革工作必然成为"双高计划"建设院校内涵建设的重要管理支撑。[①] 而在"双高"建设中,引进行业企业的优秀师资是高职院校深化产教融合的重要内容和支撑。但在外聘教师中,其他职业院校的教师人数相对较多,但从事跨境电商业务的企业老师极为缺乏。这部分由于跨境电商专业目前正处在建设期,但核心问题仍是人事制度配套考量较少。在薪酬制度上,高职院校的薪酬制度对学校管理人员寻求行业企业合作的影响很小,跨境电商教师到企业去实习实训的要求也相对较低。涉及跨境电商产教融合的教学制度和科研制度在其他章节有所分析,此处就不再赘述。

(2) 企业跨境电商产教联盟相关制度分析

企业内关于跨境电商产教联盟的相关制度几乎找不到现实案例。现实中,高职院校似乎需要相关制度的搭建,有助于企业行业参与到学校建设发展的治理中。高职院校通过产教融合服务地方经济社会发展,理应借助和吸收行业企业的资源、力量和智慧。在跨境电商领域,绝大部分企业参与跨境电商产教联盟仅仅是提供一些实训场地,对企业内部负责合作的工作人员并没有相应的激励制度。但坦诚地讲,这部分的设置单单依靠高职院校本身并不太现实,更多地需要商务委员会、教委等部门的行政支持。

总体来说,由于客观和主观原因,高职跨境电商产教联盟协同育人在制度上亟须填补"空白"。客观地讲,高职院校和跨境电商企业目前没有较多的合作经验,在人事制度、薪酬制度上不可能单就这一领域进行大刀阔斧的改进;企业也没有行政强制命令,更多的是享受激励政策参与进来。主观地讲,跨境电商专业仍然需要夯实基础,依托教师主体发挥主管创造性,将专业课程搭建好,这样才能得到校内相关部门以及校外行政管理部门的重视。此外,从校企合作总体上的法律法规来看,虽然形成了以《中华人民共和国职业教育法》为主体、以《中华人民共和国教育法》《中华人民共和国高等教育法》《中华人民共和国劳动法》《中华人民共和国就业促进法》为补充的职业教育校企合作法律法规框架,但其更多是倡导性的、应然性的,缺少规制性、强制性、明确

---

① 羌毅."双高"建设背景下的高职院校人事制度改革研究[J].教育与职业,2021(16):55.

性,①进而导致产教联盟似乎"空有其名",对于新兴的跨境电商专业产教联盟更是不利。

5.4.3 高职跨境电商产教联盟协同育人各主体的利益分析

针对高职院校跨境电商产教联盟协同育人存在"利益化"的问题,我们已经认识到其产生的原因主要是联盟中的多方主体追求"短期利益最大化"。但要指出的是,利益是人们一切活动的出发点和归宿,是人们各种行为和行动的内在推动力,必须看到产教联盟中各方合理的利益诉求。对跨境电商企业而言,更是如此。利益是影响人类行为动力的核心因素,充足的利益激励和和谐的利益关系是人类进行合作的关键。② 基于此,如何正确将"利益化"转化为"利益驱动力",为产教联盟各主体提供足够的利益激励,在很大程度上决定了高职院校跨境电商产教联盟协同育人的推动力。需要指出的是,"利益"不仅仅是指物质、金钱利益,如政府部门也存在政治利益,高校可能存在发展利益,等等。

(1) 政府利益

一是发展跨境电商是我国对外贸易的重要支撑点之一。2020年,我们提出以国内大循环为主体、国内国外双循环相互促进的新发展格局,尽管强调"国内大循环"的主旋律,但也不能将国内和国外割裂开来。二是发展电子商务是我国稳就业、稳经济的重要渠道。电子商务成为创新创业、灵活就业、普惠就业的新渠道,电子商务相关从业人数超过6 000万,比2015年增加2 700余万,年均增长13%。2020年,电子商务在防疫保供、复工复产、消费回补等方面发挥了重要作用,显著提升了广大人民群众的获得感和幸福感。③ 2015—2022年电商指数数据如表5-4所示。

表5-4 2015—2022年电商指数数据

时间	总指数/%	企业成长指数/%	渗透指数/%	消费者参与指数/%	环境指数/%
2022第一季度	1.5	−0.1	−2.2	9.3	2.2
2021第四季度	0.6	0.1	−1.7	4.8	2.4
2021第三季度	2.5	0.7	2.1	4.9	2.7
2021第二季度	3.5	1.2	4	5.1	2.9
2021第一季度	7.5	2.5	11.9	7.3	3.6

---

① 周晶.中国职业教育校企合作制度建设研究[D].长春:东北师范大学,2015.
② 陈星.应用型高校产教融合动力研究[D].重庆:西南大学,2017.
③ 关于印发《"十四五"电子商务发展规划》的通知[EB/OL].(2021-10-03)[2022-09-20]. http://www.mofcom.gov.cn/article/zcfb/zczh/202110/20211003211545.shtml.

续 表

时间	总指数/%	企业成长指数/%	渗透指数/%	消费者参与指数/%	环境指数/%
2020第四季度	8.8	1.6	17.7	4.1	2.6
2020第三季度	10.1	1.7	21.6	4.3	2.2
2020第二季度	10.2	1.8	24.2	0.1	2
2020第一季度	5.1	0.4	13.1	−0.7	1.7
2019第四季度	2.6	1.4	3.8	2.1	2.5
2019第三季度	1	1.1	0.8	−0.1	3.1
2019第二季度	2.2	1.5	3.8	−0.1	3.5
2019第一季度	2.3	1.4	4.6	−0.4	3.2
2018第四季度	3.8	1.5	7.1	2.1	3.5
2018第三季度	6.3	2	12.4	4.6	3.9
2018第二季度	6.6	1.8	13.1	4.7	4.5
2018第一季度	7.1	2	14.9	4.5	4.9
2017第四季度	6.2	2.3	13.1	2.5	5
2017第三季度	5.2	1.9	9.4	3.4	5.5
2017第二季度	6.3	2	10.6	6.2	5.5
2017第一季度	8.5	2.4	17.1	7.4	5.8
2016第四季度	9.3	2.4	12.9	11.7	10.5
2016第三季度	8.1	2	8.4	13.5	9.9
2016第二季度	9.5	2.1	10.8	15.9	10
2016第一季度	8.5	1.9	7.6	17	9.1
2015第四季度	4.6	2	4.4	7.8	4.4
2015第三季度	6.9	2.5	9	11.5	4.1
2015第二季度	6.3	3	15.4	2.2	3.2
2015第一季度	7.6	3.3	21.2	2.5	2.9

注：企业成长指数反映网络零售企业自身成长进步情况，由网络零售企业数量、销售规模、营业收入、资产规模、从业人员等细分指标构成；渗透指数反映线上线下融合水平提升情况，由网络零售企业的数量、销售额、营业收入、固定资产、从业人员等在零售行业中的占比等细分指标构成；消费者参与指数反映居民消费渠道变化情况，由网购活跃用户比例、人均消费额、用户在线情况等细分指标构成；环境指数反映网络零售发展外部支撑环境改善情况，由固定互联网宽带使用情况、移动互联网使用情况、全国居民人均可支配收入、快递业务量等细分指标构成。

(2) 行业企业利益

对于企业本质的认知，现存在两种视角的主流观点，即科斯主义的资本主义自由市场的视角与马克思主义的人类社会发展的视角。从马克思的人类社会发展的过程来看,企业契约与市场契约是互补关系而不是替代关系,企业契约的目的在于减少企业内部的机会主义行为并最终减少内生交易成本,市场契约的目的在于构筑市场理性并最终减少外生交易成本。① 也就是说,企业的确存在逐利的性质,但也必须在劳动剩余分配(用于发放工资)和自我福利(用于个人享受)间进行合理性分配,才能使得企业得到良性发展。企业在追逐物质利益过程中必须考量发展利益,跨境电商企业作为近年来刚兴起的新秀,为占领市场,势必需要将发展利益放在优先考量地位。这也客观地增加了企业对高校的人才需求,甚至使企业进行人才抢夺。这也成为连接校企的关键要素。

行业作为企业的集群,在某种意义上是半官方的身份。根据商务部链接显示,截至 2022 年,全国在北京、上海等地共有 21 家行业协会单位。② 以重庆市电子商务协会为例,其近段时间转发了《2022 年重庆市商务发展专项资金项目(第二批)申报指南》的通知,更多的是起到连接官方行政部门与企业的信息渠道作用。由于行业协会是与电子商务有关的单位和个人自愿结成的地方性、非营利性的社会组织,因此其核心利益是增加本行业的企业数量和质量,带有较强的服务性质。

(3) 学校利益

高职院校与社会经济联系紧密,与行业企业更是联系紧密。在高职院校,对跨境电商专业发展影响最大的利益群体便是跨境电商专业教师、跨境电商(或相关专业)学生。从教师端考量,跨境电商专业的前景是很广阔的,该专业的预期受益是很可观的。据统计,担任跨境电商教学的专业教师主要是英语教育、商务英语、电子商务和国际贸易专业的毕业生,缺乏跨境电商企业的工作经验,其只有 7% 的专业教师有过行业工作经历,不足 30% 的专业教师有企业实践经验,其参加企业实践平均时间也只有 1 个月。③ 教师资源的匮乏也反映出进步的空间较大,如果在短期内完善跨境电商专业教学,将会产生较大的影响力。从学生端考量,基于自身知识获取利益,不少学生对专业课程发展持有悲观态度。根据前期问卷调查显示,76% 的被调查者认为课程内容严重脱离跨境电商企业的实际需求,不利于培养学生的创新意识和平台实操能力。89% 的被调查者认为课程内容未能与时俱进,很少涉及科学前沿、缺乏时代感,许多新观点未能及时编入课程。④ 课程资源更新受到大部分同学的诟病,事实上反映出学生对专业

---

① 曾祥炎.合作剩余与企业本质——基于"个体-组织"对立统一方法论[J].当代财经,2014(1):84.
② 全国电子商务公共服务网[EB/OL].[2022-09-20].https://dzswgf.mofcom.gov.cn/hyxh.html.
③ 陈咏.职业院校培养跨境电商人才的现状与对策[J].职业技术教育,2016(20):26.
④ 向红梅.基于"互联网+双创"跨境电商个性化人才培养模式研究[J].社会科学家,2017(11):130.

和个人发展非常看重,因为其就业和课程资源的更新、充实有间接的联系。

5.5 高职跨境电商产教联盟双创教育互动不足的原因分析

人才培养应以满足社会经济和国家发展战略需要为宗旨,十八大报告提出要"鼓励创业""促进创业带动就业""支持青年创业"。[①] 高职跨境电商的双创教育也要紧跟时代的步伐,然而,各高职院校虽然开展了一些关于跨境电商的创新创业活动,但是感觉还是没有相对成熟的理论体系和架构。各高职院校的创新绝大多数可能还只是停留在探究创新和理论创新阶段,没有在教育互动方面有所体现。这主要体现在:高职院校跨境电商的创意限于概念、流于形式;高职院校跨境电商的资源建设开放性不足、使用效率低;高职院校跨境电商的项目孵化高概率入、低概率出。

5.5.1 高职院校跨境电商的创意限于概念、流于形式

高等职业教育不同于普通本科教育,但也占据着高等教育的"半壁江山"。职业教育属于应用性教育,高职跨境电商的创新创业在新冠疫情后对高素质复合型技能人才有着迫切需求。然而,现阶段的高职院校跨境电商阶段的创意教育从课程设计、课堂讲授到实践实习都没有从本质上走向创新创业。比如,有不少院校虽然专门设置了电商创意教育课程,但有名无实,存在缺乏专职教师、运行资金、制度规范等问题,因为单纯的创意不受知识产权保护,所以跨境电商教学的创意不能光靠抄写或模仿,要推出更多具有创意的内容才是王道。再比如,有些院校虽开设了相关创新创业课程,针对跨境电商的学生也设计了少量实践型的课时,但真正在实际授课过程中课堂教育占据大部分授课时数,甚至有些落后地区的学生是在宿舍内完成所谓的创意课程与作业的,导致创意教育限于概念、流于形式,无法真正发挥创意在实践教育中的关键作用。

5.5.2 高职跨境电商产教联盟的资源建设开放性不足、使用效率低

在"十二五"期间,教育部为了满足专业教学应用的需求,建立了"国家教育资源公共服务平台",在该平台的引导下,多地建立了各自的教育资源平台,各学校根据自身

---

① 邵学军,于杨.社会主义核心价值观引领下的大学生创新创业研究——以沈阳师范大学为例[J].沈阳工程学院学报,2017,13(1):136.

的实际情况也建立了自己的教育资源库。尤其是针对最近几年才流行起来的跨境电商教育,各校各学院都建设了部分自己的小资源库,然而,各个平台引入的软件平台不一样,也缺乏统一的规划,因此彼此之间很难进行关联和互通,不能很好地实现大范围的优质教育资源共享。无法共享就很难满足学校在教与学方面进一步的创新需要,这些问题存在的同时也意味着资源建设的闭塞与开放性不足的问题会造成学校在人力、物力和财力上的浪费。另外,建设好的资源的使用率较低,其中的原因有两个:一是大多跨境电商授课教师自身的信息素养不够,使用平台提供的教学资源需要教师具备较高的信息素养以及改革教学方式的决心,但是教师大多疲于工作压力而放弃进行教学改革和创新;二是资源的推广度不高,尽管目前已经拥有了很多资源服务平台,但是知道这些平台的用户并不多,这就造成了大量的资源被忽略。[①] 在跨境电商资源建设过程中,将平台优势与实际教学需求与市场需求相结合,能够通过收集教育者施教数据与学习者的学习数据,为教育者与学习者提供精准化服务。

5.5.3 高职跨境电商产教联盟的项目孵化高概率入、低概率出

跨境电商人才缺口逐渐加大,近年来各高职院校跨境电商专业在人才培养、课程体系、创新创业大赛等方面均做了大量工作,受到鼓励的跨境电商专业的大学生们也在各级各类大赛中表现优异,开展了很多好的创业项目,可遗憾的是,很多项目未能孵化成功,走向市场,成为典型的高概率入低概率出的项目。这其中的具体原因如下。

① 高校对电商学生创业教育的重视度不够,缺乏顶层设计:部分高校对当前的跨境电商创新创业形势不够敏感,意识不到位,缺少前瞻性,或者对创业活动重视不足,仅流于表象,未能从人才培养、组织架构等高层建设上开展创业工作。

② 课程体系尚未健全,师资水平有限:创业课程大多包含在就业指导里,没有形成独立的体系,再加上部分高校会压缩创业课程学时,使创业知识不能完整呈现。另外,专业与创业教育融合不足,没有专业作为支撑,创业活动缺少核心竞争力,从事创业教育的队伍缺乏创业实践经验,创业教师没有专职队伍,大多数为学校其他系统的兼职人员,这在很大程度上影响了教育教学质量。

③ 学生创业能力不足,创业热情容易消退:项目孵化不仅需要人、财、物这些硬性要素,还需要学生具有良好的管理、协调、沟通、决策能力,以及对市场的敏感度和丰富的实战经验等。未经系统学习和训练的大学生在创业过程中解决各种问题时,显得力

---

① 蔡锦贤.数字教育资源在智慧校园建设中存在的问题与策略[J].广州广播电视大学学报,2019(6):14.

不从心,随着项目的逐渐发展,遇到的问题越来越多,难度越来越大,大学生疲于应对,进而心理崩溃,热情减退,萌生退意,而创业活动又是自由自愿的,没有其他条件限制,可以自由选择进入或退出,因此能克服各种困难,坚持到最后获取成功的学生非常少。

④ 孵化园定位不准确,创业服务体系不健全:目前,很多高校都有自己的孵化园,一般硬件实施都比较齐全,可是在其他方面,还存在诸多问题。孵化园建设大多停留在场地建设,孵化园职能管理比较混乱,大部分是由就业、团委等部门兼职管理,管理人员不专业,精力有限,故孵化园的发展速度慢。有的学校把孵化园定位成学生社团,有的学校将其作为就业的一个分支,园区内多数项目都注册了公司,但公司实际进行运营的不多。同时,孵化园没有健全学生创业服务体系,服务意识不强,服务力度不够,一般仅能提供部分项目的场地以及水、电等基础设施,在财务、法律等软性服务上还很欠缺。

⑤ 创业资金缺乏、社会资源缺乏:资金是创业要素之一,对大学生来说,更是创业时的重中之重。学生作为消费群体,本身没有任何经济来源,上学所需费用还要依靠家里支持,更不用说拥有创业资金了,这直接导致创业启动资金成为大学生创业过程中最先面对的和最大的困难。虽然国家和地方均有对大学生创业有资金扶持,但大多数是减免工商税务,对学生创业来讲,这不能解决根本问题,当大学生试图从社会上寻求帮助时,学校没有有效对接,导致学生拥有的资源匮乏,闭门造车、很难成功。[①]

---

① 李悦.大学生创业项目孵化路径的对策研究[J].中国管理信息化,2020(5):227.

第6章 高职跨境电商产教联盟协同育人创新人才培养的机制研究

6.1 建立跨境电商"人岗适配"的产教协同育人新机制

高职跨境电商产教联盟协同育人机制是高职院校基于政府政策,引入行业、企业最新资源,创新育人机制、激活办学活力,全面提高跨境电商人才输出质量的战略举措。基于企业效益和人才需求,创新产教联盟等多元协同育人机制,满足新时代技能型社会建设的新需求、跨境电商企业对新型数字技术人才的需求以及学生职业生涯全生命周期发展的需求,形成供需匹配的多元协同育人机制,激发企业参与人才培养的内生动力,提高学生创新解决企业实际问题的能力和创新服务跨境电商产业经济高质量发展的能力。

6.1.1 去功利化的就业观,树"岗位导向"的择业观

针对跨境电商毕业生就业价值取向功利化、就业渠道关系化的问题,院校要全面科学地引导学生认识"业"。跨境电商的学生在择业时,要去功利化的择业观,以及"非事业单位不进,非公务员不考"的非理性选择。"业"好不好,并非单指"业"本身,与自身的努力和自身的贡献有很大关系。平凡的职业和岗位,只要脚踏实地,实干、苦干、巧干,同样能成就精彩的人生。跨境电商专业群应通过开展就业专题知识培训让学生学会择业,帮助毕业生分析跨境电商岗位群的用人要求,为学生科学择业提供导向。"钱学森之问"已经给我国跨境电商创新人才的培养敲响了警钟,职业院校在关照就业需求的同时,要用超越代替适应,要眼光高远,淡泊名利,站在社会发展的前沿,加强科学研究和技术创新,成为高新技术的引领者。培养一个具有独立精神、创新思维和可

持续发展能力的人,才是高等职业教育的目标所在。[1]

跨境电商的专业老师、辅导员、就业管理者应加强学生职业规划指导,以岗位为导向,帮助学生树立科学理性的择业观。聚焦跨境电商行业标准和数字职业新标准,将职业规划和创业指导贯穿学生职业生涯的全生命周期,形成渐进式、螺旋式的职业指导与矫正过程,不断创新和深化职业规划和创业指导内容和方法。结合学生自身的兴趣特长,引导学生正确选择适合自己的工作岗位。通过开展跨境电商职业规划大赛、创业规划大赛、模拟面试大赛、挑战职场大赛等,帮助学生进行科学理性的职业定位,寻找可持续发展的职业目标和职业路径,为学生实现高质量就业的目标确定正确的行动方向,让学生在科学理性职业观的指引下,不断提升综合素质,进而实现自身职业理想。

6.1.2 基于共生共度全价值链,搭建"人岗适配"的协同育人平台

过去的高职跨境电商产教联盟的成立出于"设计",而非"内生"。联盟成员在参与高职院校跨境电商协同育人时,行业企业院校的联盟成员有各自的"算盘",各成员均"预设了"自己的利益,各成员间并没有"内生"出相互需求和共同利益。这种"逐利行为"成为跨境电商产教联盟协同育人"人岗不适"的推手,因联盟成员间各自的价值取向和目标存在差异,形成了今天"合而不强""融而不深"的乱象。要提升高职跨境电商产教联盟协同育人水平,应引入市场机制,吸引跨境电商产业链上有相同利益和共同需求的行业企业、院校等相关利益者,让其构成价值共生、相互需求的产教联盟利益共同体。打破产教场域界限,构建产教融合共同体,实现双方优势资源的互补,真正将校企的命运绑定在一起,建立共生关系,形成产教融合的拉动立和推动力。[2] 打造"1"个跨境电商品牌专业联盟、"1"个跨境电商龙头企业联盟,深入跨境电商产业上下游的设计企业、电商企业、外贸企业、物流企业等,对接企业工作领域的岗位需求和用人标准,设计网店设计、跨境电商运营、国际贸易实务、国际货运代理等专业课程,扎实推进跨境电商产业与教育业需求的深度融合,进而构建共生共度全价值链的高职跨境电商产教联盟,实现跨境电商教育链、人才链和产业链、创新链的深度融合,解决跨境电商专业群人才输出的"人岗不适"问题,激发校企协同育人的内生动力,形成产教融合协同育人平台(如图6-1所示)。

---

[1] 李雪梅.高等职业教育就业导向的异化与矫正[J].高等教育研究,2013(10):56.
[2] 魏春艳,方益权,等.基于知识形态的新工科产教融合机理探究[J].中国高教研究,2022(2):91.

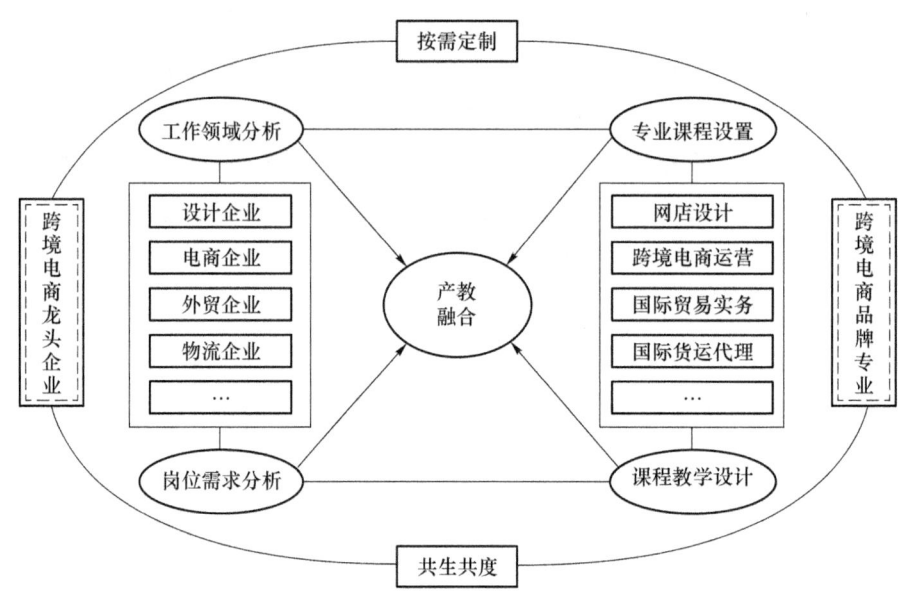

图 6-1 "人岗适配"的产教联盟协同育人平台

6.1.3 建立学生学习能力提升的竞争机制,提高学生未来岗位适应能力

竞争机制是提高学生学习质量,提升未来岗位适应能力的有力杠杆。近年来,高职跨境电商专业的学生的学习热情锐减,学习质量滑坡,岗位适应能力低,已成有目共睹的事实。适应新时代经济社会发展,进一步深化人才体制机制改革,壮大跨境电商专业技术技能人才队伍,面对多元化的职业要求,要在学生踏上工作岗位之前提升学生的协作能力、独立解决职业岗位中问题的能力、适应岗位的创新能力、可持续发展能力,应建立提升学生学习能力的竞争机制,增强学生适应未来工作环境、生活环境、复杂人际关系的适应能力。敢于竞争、乐于竞争、善于竞争是现代中国人的重要品质。秉持"竞合"理念倡导公平适度的竞争,让具备竞争优势的团队在不过分挤压其他团队生存空间的前提下获得更多资源,充分挖掘潜在的新知识、新增长点。[1] 因此,高职跨境电商产教联盟协同育人时,应在竞争的实践中培养学生的竞争意识、竞争能力和正确的竞争观。在实践教学过程中,应嵌入产教联盟企业成员的真实项目,增加学生的竞争机会,提高学生学习能力提升的竞争意识。在企业真实项目的过程管理中,应建

---

① 刘源,赵庆年.产学研融合的创新人才培养机制构建——美国实时功能成像科技中心的案例剖析[J].高等工程教育研究,2020(5):162.

立跨境电商企业项目团队淘汰制和项目绩效分配制,激发学生学习并完成企业真实项目的激情,进而提升学生的岗位适应能力。

6.1.4 建立个性化创新人才培养机制,提高跨境电商毕业生岗位创新服务能力

为了适应全球电商发展新形势,满足跨境电商企业对创新型复合人才的需求,高职跨境电商产教联盟协同育人在摆脱工业时代人才培养理念的束缚外,还需将创新创业与跨境电商进行深度融合,以及将个性化培养理念贯穿于人才培养的全过程。在培养创业精神方面,注重跨境电商人才的互联网思维和企业家精神的培养,使其善于用企业家的眼光和互联网的思维去分析问题和解决问题。与此同时,其还要为跨境电商人才成长提供个性化发展空间,将创新创业精神贯穿于学生的个性化成长、个性化学习、个性化培养的过程中,促进其全面发展。

要实施创新驱动发展战略,人才是基础和关键,创新驱动实质上是人才驱动。[①] 为了落实创新驱动发展战略,国家迫切需要的人才是既具有创新意识、创新精神和创新劳动能力,又能够创造社会财富,推动数字经济创新发展的高技术技能复合人才。高职跨境电商产教联盟可通过动态调整联盟成员之间的师资,将更多一线的跨境电商教师、管理者、企业家引入课堂分享显性知识,让学生及校内跨境电商专业教师全方位和接触他们以探索隐性知识,帮助电子商务专业的学生吸收新知识,提高跨境电商学生创新解决企业真实问题的能力,进而提高毕业生创新服务跨境电商企业的能力。

6.1.5 建立可持续发展运行机制,推动跨境电商毕业生高质量就业

以共生、协同、创新理论作为支撑,以产教联盟各个利益相关者互惠共赢为契合点,借助于智能化学习需求下创新创业人才培养的特点和优势,依据产业需求和就业需求,创新高职跨境电商产教联盟协同育人可持续发展的运行机制(如图6-2所示),为高职跨境电商学生、高职跨境电商品牌专业建设、高职教育、跨境电商产业、重庆区域经济可持续发展提供体制机制保障,持续提升高职教育对跨境电商产业和区域经济的社会服务能力。

[①] 盛楠,孟凡祥,姜滨,等.创新驱动战略下科技人才评价体系建设研究[J].科研管理,2016,37(S1):602.

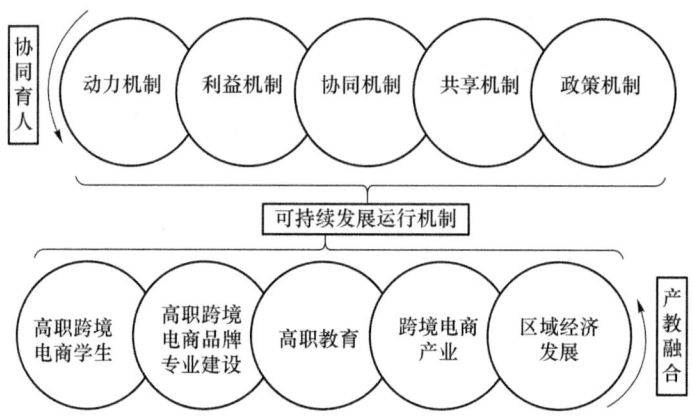

图 6-2　高职跨境电商产教联盟协同育人可持续发展运行机制

1. 跨境电商产教联盟协同育人的动力机制

产教联盟协同育人的内生动力在于校企间的相互需求。构建产教协同育人的机制既是高职跨境电商专业教育主动适应跨境电商产业的主动作为,也是跨境电商产业快速发展倒逼跨境电商人才培养机制改革的应然选择。跨境电商产教联盟协同育人的动力机制包含内部动力机制和外部动力机制。内部动力机制来源于产教联盟协同育人的多元主体对产业人才培养的共同需求。跨境电商产教联盟协同育人的外部动力机制受国家宏观政策、产业发展等外部需求动力的影响。在产教联盟协同育人的动力机制构建上,政府要加强宏观引导,深化体制机制的改革,通过政策指引优化校企资源配置,引导行业、企业等联盟成员主动承担产教协同育人的主体责任,协同高职院校共同培养跨境电商产业所亟须的高技能复合型人才。高职院校应充分利用自身的智力资源,帮助企业解决生产与运营等环节中的实际问题,提升企业的核心竞争力。

2. 跨境电商产教联盟协同育人的利益机制

对于当前高职院校跨境电商产教联盟协同育人的多元主体合作,各主体盘算的是各自的经济效益,且各主体均秉承经济利益至上,导致协同育人的联盟成员以生意人身份参与到跨境电商人才培养中来。但跨境电商产教联盟并不是经济联合体,肩负着协同院校培养高技能复合型跨境电商人才的社会责任,经济效益只是人才培养目标中的一个考核指标。鉴于我国产教联盟协同育人出现的经济依赖,应改革人才培养模式和办学水平的评价指标来打破过多依赖经济考核指标,从而构建多元主体价值共生的市场化利益机制,实施"金融＋财政＋场地＋责任"的组合式协同育人措施,全面贯彻落实新《中华人民共和国职业教育法》中指引跨境电商行业企业等社会力量参与人才培养的优惠政策,形成利益共生关系,将利益机制嵌入深化高职跨境电商产教融合发展中,实施市场化运作,让联盟成员在市场竞争中能够"八仙过海各显神通",进而实现多元协同育人主体的错位发展,形成优势互补。政府可通过授权或给予政策支持,构建市场化运作、行业企业主动参与产教联盟协同育人的长效利益机制,根除"雨露均沾"与"无利不起早"利益分配不公的乱想,按照联盟成员在协同育人中的投入与产出比,给予财政支持,实现高职跨境电商的专业技能型人才高质量服务跨境电商产业经济发展的目标。

3. 跨境电商产教联盟协同育人的协同机制

建立跨境电商产教联盟成员主动参与专业与创业融合教育的协同育人机制,对提高跨境电商专业育人水平、整合行业企业优势资源尤为重要。受工业文化的影响,行业企业主动参与院校协同育人的积极性一直不高,这不仅延缓了跨境电商专业教育市场化的进程,也制约了跨境电商人才输出质量的提高,降低了高职跨境电商学生适应未来岗位的能力。以高职跨境电商产教联盟共同体为突破口,构建多元主体协同育人机制,利用跨境电商企业的优势,填补高职院校一元育人的"短板"。为此,我们要以新《中华人民共和国职业教育法》为行动指南,健全跨境电商产教联盟协同育人的双主体管理制度,以及跨境电商产业链上下游企业深度参与校企协同育人的对话机制。政府实施"放管服"策略,激励行业企业履行协同院校共同育人的社会职责。携手跨境电商龙头企业,搭建多元主体协同育人的沟通交流平台,引导跨境电商的名优企业率先履行育人职责,加大政府、院校、行企之间的常态对话指导力度,完善多元主体协同育人的对话制度。

4. 跨境电商产教联盟协同育人的共享机制

资源共享是实现跨境电商产教联盟多元协同育人的关键一环,只有校企优势资源开放共享,资源利用率最大化,才能扎实推进产教联盟协同育人的高质量发展。职业院校有行业企业所需要的人才资源,行业企业有职业院校所需要的基础设施设备与技术等资源,而职业院校与行业企业之间的资源共享与利用不足。[①] 鉴于此,建立跨境电商产教联盟利益共同体共投、共建、共享机制至关重要。凭借学校、行业组织、企业、科研院所等多元主体的联合,产教联盟足以汇聚和调动某一区域内与职业教育相关的社会资源来进行职业教育人才培养,从而积累起巨大的教育势能。减少校企协同育人的行政干预,矫正资源错配的顶层设计,需要遵循"政府引导、校企协同、行业参与、市

---

① 肖化移,胡希.职业教育产教融合政策:特点、不足与优化建议[J].中国职业技术教育,2022(4):66.

场运作"的原则,拓宽专业教育与创业教育的资源来源渠道,优化支持协同育人机制建设的发展环境,实现跨境电商龙头企业群与高职跨境电商专业群的高质量发展。

5. 跨境电商产教联盟协同育人的政策机制

应发挥跨境电商产教联盟行业企业成员的主体作用,引导多元主体协同育人,促进跨境电商人力供给侧和产业发展需求侧的全要素融合,培养引领我国跨境电商产业经济高质量发展的高技能拔尖创新人才。构建高职跨境电商产教联盟融合发展与协同创新成为必然趋势。产教联盟协同育人的政策机制作为高水平专业群高质量发展的嵌入性变量,在新《中华人民共和国职业教育法》明晰了多元主体间的权利与责任的背景下,逐渐成为高职跨境电商深化产教融合体制的主流。因此高职院校应建立产教联盟协同育人的政策机制,从政策上引导联盟成员间的多元主体既是相互合作的命运共同体关系,又是相互竞争的关系,这种竞合关系是高职跨境电商产教联盟多元协同育人的"主旋律"。淡化传统产教融合制度的"行政味",多元协同与共治的政策联动机制将成为提高高等职业教育的适应性和吸引力的未来改革新动力。

6.1.6 创新跨境电商教师顶岗实践激励制度,提高教师人才培养的创新能力

跨境电商产教联盟的教授应面向国家重大需求,面向经济主战场,聚焦园区发展新需求,合作共建创新平台,落地重点项目,研究未来产业发展新趋势、攻克园区技术研发难题,合力把产学研做实做深做活,实现理论与实践研究跟跑产业发展和引领产业发展的目标。跨境电商产教联盟的专业群主任应深度调研园区产业链上的人才需求状况,分析园区"领军型"企业和专精特新"小巨人"企业岗位群的真实需求以及急需的资源要素,动态调整专业群结构,提升专业群服务产业的能力,增强专业群的适应性和吸引力。跨境电商产教联盟的专业带头人应以项目为牵引,聚焦新需求,探索校企共建新专业,引领产业发展。应调研园区产业发展需要的核心技术及核心技术应用领域的特点,动态调整专业布局。把专业带头人在园区历练出行业气质,实现其举手投足间充溢着对行业的责任和担当。跨境电商产教联盟的课程模组主任应研究园区技能模组所涉及的"职业域""工作场""工种",分析岗位工作任务所需的能力框架,融合校企双方的需求,进行园区项目制课程设计,建立多元主体的"共教共学"运作机制,确保学生凭借所学课程掌握一技之长,能在未来的社会上谋生、立业和发展。跨境电商产教联盟的专业教师应引入市场竞争机制,实施双工资制。教师撰写其所授课程对应岗位的求职简历,园区领军企业根据简历进行面试,确定所需跟岗或顶岗的教师名单,企业依据产业教师岗的贡献发薪酬。学校根据企业考核制订年度绩效及职称评聘规

则。跨境电商产教联盟的学生进校以后,以园区的项目在园区企业里跟岗实践,进行"做中学、学中做",打造教育链、人才链与产业链、创新链"四链"接通的技术技能人才培养新高地。

6.1.7 基于创新创业全价值链,构建"人岗适配"产教协同育人新模式

在五大协同育人机制的运行下,以产教联盟相关利益为契合点,以联盟成员内在需求为导向,以院校为主阵地,以企业为主战场,着力构建全价值链高职跨境电商产教联盟协同育人新模式,即由1个跨境电商品牌专业＋1个跨境电商龙头企业＋N门课程和N个企业构成的产教联盟协同育人新模式,如图6-3所示。在跨界和价值共生理论的指导下,高职跨境电商专业对跨境电商产业所需人才进行按需定制,跨境电商产业对跨境电商人才培养方案进行动态指导和调整,合力推进跨境电商企业的经济效益和高职跨境电商人才效益的共享共赢。通过"企业定制课程、岗位个性课程、学校通用课程"三课程、"学历证书、职业资格证书、岗位等级证书"三证书等全要素的融合,校企全方位协同,产教真融真合,进而为跨境电商产业培养"人岗适配"的双创技能型复合人才,扎实推进技能强国、人才强市战略,为技能型社会构建提供智力支撑。

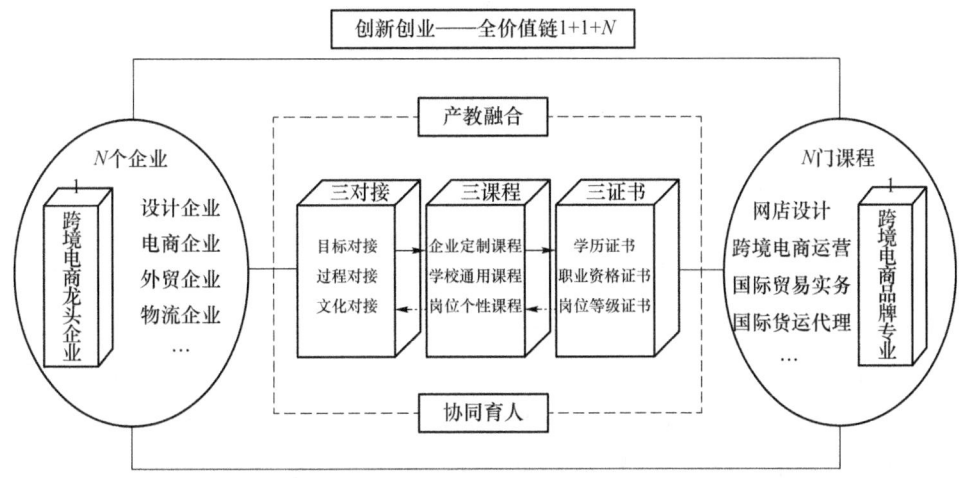

图6-3 基于创新创业全价值链的"人岗适配"产教协同育人新模式

围绕产业链、技术核、岗位群,建设N门课程对接N个企业的跨境电商品牌专业,促进专业资源整合和结构优化,激发高职院校的办学活力,为产教协同育人的改革发展提供内生动力,实现人才培养供给侧和跨境电商产业需求侧结构要素的全方位融合。通过产教"三对接""三课程""三证书"的协同融合,创新将专业设在产业上、将课

堂放在生产线上。因为最优质的教育资源、成长环境在企业的岗位和企业的生产线上,只有把课堂放在生产线上,才能让高职跨境电商专业的学生切身感受到最新技术,只有在真实的职场中真刀真枪地实干真做,才能让学生有可能变道超车,才能真正做到以学生为中心,才能真正将企业生产资源转变为课堂教学资源,将课堂教学资源转变为人力资源,将人力资源转变为企业生产资源。只有跨境电商产教联盟的各成员群策群力,相互协作,紧跟产业转型新趋势,紧随高职跨境电商的改革步伐,迎难而上育新机,勇于担当开新局,凝心聚力谋发展,创新人才培养新模式,营造跨境电商新生态,才能实现跨境电商产教联盟协同育人的新发展。

6.2 建立跨境电商数字化的产教协同育人新机制

在我国多年的深入研究和大力探索下,现代教育数字资源的宏观建设和拓展运用已初步具备一定的规模。随着教育部持续多年推进教育信息化资源项目,"名师课堂""微课""一师一优课"等多项教育数字资源屡见不鲜,在国家教育数字资源建设方面开创了共建共享、合作共进的大好局面。随着第四次工业革命(智业革命)进程的加速,AI时代终将来临,国家发布了人工智能发展战略规划,数字化与智能化要素在国家未来发展过程中有着关键重要的战略意义。信息技术的飞速发展,大数据、人工智能、区块链、物联网、云计算在社会生产生活中的广泛应用和深度发展,一方面促进科学与技术发展进步,另一方面推动教育信息化从"互联网+教育"成功迈向"人工智能+教育"的新进程,为智慧教育新发展阶段构建坚实的基础。[1]

放眼当下,合作式教学、互动式教学、探究式教学在数字化教育中的运行已成常态;基于OBE教育理念的学生中心体系和非正式互动学习社区逐步构成;跨越时空的移动终端学习应用已成为教育领域令人瞩目的"新星";智业时代共建共享的教育活动也在各大院校开展得如火如荼;……目前,教育方式的变革、学生教学需求的多元化、网络技术的日益革新等诸多要素为数字化教育资源的建设创造了较好的平台,极大地指明了我国数字化教育资源建设的新目标,这也对探究跨境电商数字化的产教协同育人新机制具有新的现实意义。

---

[1] 黄太进.教育数字资源众筹众创供给与服务模式研究[D].武汉:华中师范大学,2021(3):47.

6.2.1 创建多轨动力机制,提升跨境电商课程资源建设驱动力

跨境电商数字化教育资源建设的主体成员包括政府职能部门、高职院校、行业企业等。其中,政府作为非营利的行政组织,出台、解读、实施相关电商政策,把握着跨境电商资源建设的总体方向,是主体资源建设的指南针。高职院校是响应跨境电商人才培养政策、实现应用研究的核心成员之一。电商企业是市场经济下利益追逐的活跃团体。电商企业具有多重属性,它们作为数字化资源建设的贡献者、受益者,在为系统资源提供动力的同时也得到系统发展中所产生的反哺力量。

在跨境电商课程资源合作建设过程中,只有形成有效知识共享和交流的合力,才有可能达到知识耦合、协同育人的目的。信息和知识在多方力量之间的无障碍流通是协同育人成功的关键。资源建设要有不同背景人员进行切实的合作和交流,更要改变以往"政府说、高校卖、企业买"的模式,才能达到教育资源的有效性目的。高校的资源建设更应注重知识的实用性,以解决实践问题为导向。电商企业也不能再以利润作为唯一的目的,应更注重提高自身的科学文化素质和应用能力,产学异质性知识耦合才能推动经济更加快速的发展。政府、高职院校、企业应形成资源建设的多轨动力,如图 6-4 所示。

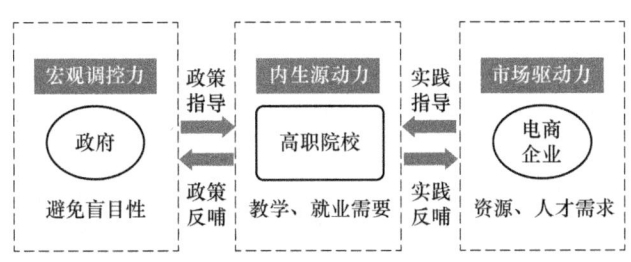

图 6-4 跨境电商协同育人数字化资源建设多轨动力

① 市场驱动力。跨境电商专业知识来源于市场,理论知识的价值也需要在市场中体现出来。电商企业、电商平台为了应对越发激烈的竞争,拓展自己的发展空间,对高职院校有资源、人才等需求。高职院校和企业的优势资源有着较强的互补性,在市场的作用下,双方之间可以发生多种形式的合作,实现双赢。

② 宏观调控力。单单依靠电商市场驱动的产教协同常常缺乏战略性和持续性,也会存在市场失灵的情况,引入政府的调控可在很大程度上纠正市场的盲目性。政府可以站在战略性和系统性的角度,有计划地合理配置资源。政府可以通过行政手段、法律手段和经济手段等对产教协同进行调控,促进电商知识的有效耦合。

③ 内生源动力。高职院校旨在培养技能技术型人才,因需要实践平台而与企业

联系更加紧密。跨境电商专业的人才培养同样契合上述目标与要求,在教学资源的搭建上应注重实习、就业需求。而实践亦可"反哺"企业的经营发展规划。

6.2.2 建立数字化资源更新机制,确保跨境电商课程资源时效性

由于各个国家贸易政策以及电商平台规则变化很快,跨境电商教育资源的时效性非常强,资源的建设应当是"因时而进,因势而变"。目前,核心概念理论知识更新速度相对较慢,政策、实践资源类知识更新速度相对较快。

① 对外贸易政策资源类更新。由于客观原因,高职院校跨境电商对政策类资源的建设相对较弱。但是,政策类资源的时效性建设或许比平台规则更新建设更为重要,因为它从某种意义上反映出国家对跨境电商的重视程度和支持力度。例如,2021年的下半年,《"十四五"电子商务发展规划》对电子商务 2025 年的发展目标定位为经济社会数字化转型的重要引擎、就业创业的重要渠道、居民收入增长的重要来源,[①]同时,对跨境电商的发展设立了指标性的目标。从《"十四五"电子商务发展规划》的具体内容中,我们能够清晰看到跨境电商未来几年的发展方向,主要核心词有"线下设施与线上平台两手抓""商品品牌化与服务国际化共进""依托'一带一路'倡议拓展销路"。这些核心词对高校开发课程具有指导性意义,详见表 6-1。

表6-1 《"十四五"电子商务发展规划》专栏——电子商务促进国际合作

主要行动	任务内容	核心关键词
跨境电商创新发展行动	扎实推进跨境电商综试区建设,完善政策体系,优化发展环境,创新产业公共服务。推动企业融合直播电商、社交电商、产品众筹、大数据营销等多种方式,建立线上线下融合、境内境外联动的跨境电商营销体系,利用数字化手段提升品牌价值。推进新型外贸基础设施建设,支持外贸领域的互联网平台、线上综合服务平台等建设。建成一批要素聚集、主体多元、服务专业的跨境电商线下产业园区。加强国际邮件互换局和国际快件处理中心建设,从而满足跨境电商物流发展需要。巩固壮大一批具有国际竞争力的跨境电商龙头企业和产业集群	线下设施与线上平台两手抓
电子商务企业"走出去"行动	支持电子商务企业在海外注册商标、申请专利、建立自主品牌,提升品牌国际影响力和竞争力;支持电子商务企业加强研发设计,提高文创价值,将中国传统文化或海外文化融入产品设计中,打造一批拥有 IP(知识产权)的高附加值品牌。支持电子商务跨境交易服务平台企业的全球布局,培育一批跨境电子商务独立站,大力发展面向全球市场的电子商务营销、支付、物流及技术服务,形成国际化程度较高的国际电子商务服务业	商品品牌化与服务国际化共进

---

① 一图读懂"十四五"电子商务发展规划[EB/OL].(2021-10-03)[2022-07-20][EB/OL]. http://www.mofcom.gov.cn/article/tj/tjzc/202110/20211003211902.shtml.

续表

主要行动	任务内容	核心关键词
"丝路电商"拓展行动	进一步扩大"丝路电商"合作范围,与"一带一路"共建国家共同提升电子商务合作发展水平。进一步推动"丝路电商"合作伙伴之间的政策法规衔接,保障各方企业的合法权益,建立规则相通的电子商务合作环境。进一步推动电子商务企业加强海外营销网络建设,支持地方合作品牌打造,深化电子商务产业对接和地方合作	依托"一带一路"倡议拓展销路

② 跨境电商平台类更新。跨进电商平台是商品交易的主要支撑环节,平台规则也时有更新。以 Lazada 平台为例,自成立以来该平台发生了较大的变化。Lazada 平台成立于 2012 年,在创建初期以自营为主,一年后逐渐向第三方卖家开放,转型成为电商平台,2014 年 5 月在新加坡设立总部。2016 年,阿里巴巴集团投资 Lazada 平台,成为该平台的控股股东,Lazada 平台快速发展为东南亚地区最大的零售电商平台之一,业务覆盖印度尼西亚、马来西亚、菲律宾、新加坡、泰国和越南。2021 年,Lazada 平台年度活跃消费者达到 1.3 亿、网站的成交金额(Gross Merch-andise Volume,GMV)突破 210 亿美元,80%+的福布斯 Top100 品牌已入驻 LazMall 品牌商城。Lazada 平台可以说是东南亚电商发展迅猛的佼佼者。在阿里巴巴的投资控股后,Lazada 平台在很大程度上为中国跨境电商提供了不小的平台。例如,2020 年 7 月,海关总署正式实施跨境出口 B2B 新政之后,Lazada 平台的海外仓 LGF 模式的发展速度再加快,通过简化申报、便利通关国内中小企业商品发往海外仓(印尼、马来西亚)的通关时间缩短了非常多,出口物流有了大大的提高。① 在阿里巴巴的投资后,Lazada 平台也有了国内淘宝的活动日历,在很大程度上创新了原有的销售方式。

③ 跨境电商法律法规类更新。电子商务出口在交易方式、货物运输、支付结算等方面与传统贸易有着很大差异,法律法规与政策、平台等同等重要。目前法律法规和现有环境条件并不能满足跨境电商的发展需求,主要问题还是集中在税收、检验检疫、跨境支付和知识产权等方面。教育资源应及时跟进海关、工商、商检等部门相关条例,也应涉及其他国家出台和完善跨境电商法律政策的相关情况。

6.2.3 建立"网众互动"生成机制,形成资源创新创造融合力量

所谓"网众互动"指的是互联网销售者依托互联网工具汇聚集体智慧共同创建、使用、分享资源,是网络时代"草根"文化的一种表现。② "草根"一词源于 19 世纪,后来

---

① 农详亮.中国-东盟跨境电商海外仓模式选择研究——以 Lazada 海外仓为例[J].营销界,2021(28):44.
② 祝智庭.数字化教育资源建设新动向与动力机制分析[J].中国电化教育.2012(2):4.

被引入社会学领域,被我国学者赋予了"基层民众"等内涵。喻"不起眼的群体所拥有的强大潜力"。时至今日,"网众互动"已经成为各大平台的基本特征之一。例如,Wiki、微博、微信、抖音、知乎、哔哩哔哩等平台参与的每一个互联网主体都是"微"个体,但是其合力却构造了一个"一切正在生成"的资源共享空间。互联网的"草根"力量采用自底向上的发展模式,对政府和市场力量进行了补充和平衡,为数字化教育资源的建设提供了接连不断的新力量。

"网众互动"的概念给予了我们新的思考。以互联网新兴技术促进优质教育资源的研发与推广,进而推进我国教育信息化的进程,是我国教育发展规划中的重要命题之一。数字化学习资源的建设是数字化学习的重要支撑,也是教育信息化建设的重要内容。正如《中国教育现代化2035》指出,要利用现代技术加快推动人才培养模式改革,实现规模化教育与个性化培养的有机结合,"网众互动"在很大程度上给予了跨境电商教育资源的广阔空间。

当前,各大跨境电商平台都有相关人士进行实际操作,他们的理论知识可能并不系统、全面,但他们拥有相对丰富的实践经历,可作为建设教育资源的参考。例如:哔哩哔哩视频创作网站某相关博主围绕亚马逊平台详细分析了注册、选品、广告等操作细节;知乎平台上也有较多人分享与亚马逊、Shopee等国际平台有关的经验。在教育资源的打造过程中,可部分考虑具有经验的博主观点,将其作为对主体教育资源的补充。此外,教育资源也要根据买家所属国家和地区的人文调查结果,以真实反映地方消费的特征。为保证教育资源的全面性,通过销售商品的网络评论,对当地的销售观念进行分析,并将其进一步推行到教育资源当中。可用于购物热点观察的国外社交媒体如表6-2所示。

表6-2 可用于购物热点观察的国外社交媒体[①]

平台名称	平台使用群体	平台特征
Instagram	以18~29岁年轻群体为主	具有很多年轻时尚元素,易探索流行产品
Pinterest	以图片设计师、潮流设计师为主	适合卖家做创意商品
Facebook(现改名为Meta)	以25~35岁中青年用户为主,美国用户较多	适合选品和线上营销
Snapchat	以18~34岁用户为主,美国用户较多	适合制作图片类创意广告
Reddit	以喜爱新鲜产品用户为主	适合线上选品寻找灵感
VK	以俄语系用户为主	适合运用广告推广
Itao	以俄罗斯用户为主	适合用于商品分享

---

① 易传识网络科技.跨境电商多平台运营:实战基础[M].北京:电子工业出版社,2020.

6.2.4 建立多方力量联动机制，打造共建共享资源共同体

《中国教育现代化2035》对互联网教育资源指明了建设方向，要建立"数字教育资源共建共享机制"。高职院校跨境电商教育资源正处在初步探索阶段，更应聚集多方力量，联动打造有价值的资源共同体。因此，本书所提及的多方力量联动机制指的是各资源建设主体秉承多赢理念，联手合作，进行优势互补，构建共建共享数字化资源共同体。

从校内建设主体来看，其可分为跨境电商专业核心必修课教师、跨境电商相关选修课教师、思政课教师。为什么要融入思政课教师？一方面，"思政课程"在很大程度上可以对外贸政策进行解读，对学生加强政策理解有很大帮助；另一方面，"思政课程"和"产教融合"在育人目标上都强调价值观的引领和职业素养的提炼，重视人才的可持续发展能力，这已成为职业教育的时代新使命，并不断得到赋能与强化。[①]

从校外建设主体来看，其可囊括的建设主体更加多元。首先，有在政府组织下联动的社会力量。社会力量也可以称为社会资源，包含了各类电商企业。作为一种能动性的社会资源，社会力量在很大程度上弥补了跨境电商数字化教育资源建设过程在技术、资金以及专业服务等方面的不足，可以在推进教育信息化的快速发展中发挥重要的作用。其次，有学校之间联动的跨校力量。资源的共建共享离不开多个院校的积极作用，包括本科院校、高职院校、中职院校、技校等各个层面。一般而言，各个院校之间的联动带有整体性和自发性，其合作主体可以是同领域或跨领域成员。值得注意的是多方力量联动机制并非单一的机制，更多地表现出依赖其他机制而发挥出自身价值，既可以存在于其他机制内部，也可以是其他几种机制共同作用的概括。

6.3 强化高职跨境电商"互联网+双创"的个性化培养

提升跨境电商人才输出质量，需要帮助每个学生"扬长补短"，实施扬长教育。要达到跨境电商企业需要的人才培养规格，提高学生创新创业能力，满足学生的个性化需求，需要强化个性化的人才培养理念、实施个性化的课程设置、完善个性化的学分制度，构建基于"互联网+双创"的跨境电商个性化人才培养模式，这样培养出的人才才能适应当今高度数字化、智能化、个性化的时代。

---

① 梅鲁海."课程思政"+"产教融合"协同育人主体的交互共生和价值耦合[J].中国职业教育，2021(29)：18.

6.3.1 强化创新创业跨境电商个性化人才培养理念

高职跨境电商应努力让学生拥有自由而舒展的学习体验,理应强化个性化的人才培养理念,以激发和唤醒学生独特的巨大潜能。目前学生的培养目标正在从"追求成绩、追求统一、强调苦学、强调服从"向"追求质量、追求个性、强调幸福、强调尊重"转型升级,更加强调"以学生为中心"的个性化培养理念。[①] 因此,跨境电商人才培养应以解放学生、鼓励学生发现自我为突破口,彻底给学生"松绑",把自主、自由还给学生,彻底根除被学习、被教育、被考勤的现象,改变"千校一面、千人一面"的人才培养格局,形成人才培养"参差百态"的新格局,追求教育生态的多样化,实现个性化培养,为每个跨境电商的学生提供合适的教育,激发他们内在的无限潜能,这才是强化个性化人才培养理念的目的和意义所在。

为了适应全球电商发展新形势,满足跨境电商企业对创新型复合人才的需求,高校跨境电商除了摆脱工业时代人才培养理念的束缚外,还需将创新创业与跨境电商进行深度融合,将个性化培养理念贯穿于人才培养的全过程。在培养创业精神方面,应注重跨境电商人才的互联网思维和企业家精神的培养,使其善于用企业家的眼光和互联网的思维去分析问题和解决问题。与此同时,还要为跨境电商人才成长提供个性化发展空间,将创新创业精神贯穿于学生的个性化成长、个性化学习、个性化培养的过程中,促进其全面发展。

6.3.2 构建创新创业跨境电商个性化课程体系

自"互联网+"植入校园以来,学科边界逐渐模糊,学科壁垒正在消失。跨境电商的课程目标、课程结构、课程内容更加个性化、移动化、智能化。为了满足"互联网+双创"跨境电商个性化学习的新需求和为跨境电商行业培养跨学科的复合型高技能人才,需从以下 3 个维度构建创新创业跨境电商个性化课程体系。

1. 智能生成创新创业跨境电商个性化课程目标

应尊重学生之间的个体差异,感知学习情境,准确定位个性化学习需求,提升学生的学习体验,减轻学生的认知负荷,提高个性化人才培养质量,利用大数据技术和人机交互技术为高职跨境电商的每位学生提供智能动态课程目标。根据高校跨境电商学生的个体特征、基础水平和学习偏好、喜好的学习情境、擅长的跨境电商创业项目,对学生的心态、思维、学习能力、创造力、现有知识技能水平等进行综合分析,为跨境电商

---

① 余胜泉,汪晓凤."互联网+"时代的教育供给转型与变革[J].开放教育研究,2017(1):30.

学生智能生成一对一的满足个性化学习需求的个人课程目标。

跨境电商传统课程的学习目标以专业课程为中心(如表 6-3 所示),围绕划一的具体学习标准开展,无视学习者的兴趣特长和跨境电商企业个性化的复合型人才需求。学生的课程学习外在动力太过于功利化,自身学习的内在追求又存在盲目性,加之课程学习与实际应用分离,无法满足跨境电商企业对人才质量的要求。而智能生成的跨境电商个性化课程的学习目标以学生兴趣为中心,融入具体的创业项目或真实的跨境电商营运问题,从而实现学生的个性化创新技能培养与解决跨境电商企业真实问题能力培养的无缝对接,迎合互联网新技术变化引发的课程教育变化,在一定程度上提高了跨境电商的人才培养质量,也满足了数字化时代背景下跨境电商企业对人才的新需求。

表 6-3 跨境电商传统课程学习目标与跨境电商个性化课程学习目标的差异对比

目标分类	设置方式	目标依托	目标追求	学习与应用
传统目标	教师定制	以专业课程为中心 划一的具体学习标准	盲目的、功利化的课程学习	先学后用 从高职院校毕业后从事电商工作
个性化目标	智能生成	以学生兴趣为中心 问题融入、技能获取	有意义的、有使命的课程学习	学用一体化 拓展全球影响力平台

2. 自主选择创新创业跨境电商个性化智能课程平台

兴趣是最好的老师,没有兴趣就没有学习。当今的教育应把选择权还给学生,让年轻一代发声。[①] 如今"千校一面、千人一面"的课程设置的优势正在退化,其劣势则在"互联网+"创新创业背景下越发凸显。例如,重庆某高职院校跨境电商专业中具有不同兴趣爱好的学生被迫接受相同课程、相同课程结构,无法满足跨境电子商务学生个性化、多样化的学习需求。由此可见,"规模化"课程设置与"个性化"课程设置的矛盾越来越激化。在学校边界、专业边界、学科边界越来越模糊的今天,跨学校、跨学科、跨学段的个性化、智能化、弹性化课程结构设置的呼声越来越高。

在产业数字化的时代背景下,人的个性化特征隐匿于复杂关联的大数据之中[②],大数据时代为跨境电商个性化人才培养提供了发展契机,人工智能技术的突破为跨境电商个性化人才培养提供了实现路径,国家大力提倡"大众创新、万众创业"为"互联网+"

---

① 顾明远,圣吉.未来的教育:我们如何迈向新的时代——顾明远与彼得·圣吉凝聚东西方智慧的跨界对话[J].比较教育研究,2016(1):2.
② 周进.大数据时代的高校个性化教育:一种过程支持框架[J].高教探索,2016(5):12.

创新创业个性化培养提供了政策支持。某高校跨境电商市级骨干专业建设项目团队将跨境电商课程群项目化、问题化,利用大数据挖掘技术和人工智能应用技术,开发创新创业跨境电商个性化智能课程平台。学生根据自身兴趣和真实问题设置主题,该智能课程平台能快速响应学生的个性需求,为每个学生量身定制可供自主选择的动态智能课程学习体验单。

该平台根据学生的天赋、潜能、个性和兴趣来设计个性化智能课程推荐系统,满足"互联网+"时代学生个性化学习的需求。课程结构不再是传统的学校内、专业内、学段内闭环的标准课程结构,而是利用大数据和人工智能技术设计的跨学校、跨学科、跨学段并去标准化的动态智能课程结构,实施课程项目化、项目问题化、问题序列化,用序列化问题的项目群将跨境电商工作岗位群所需的知识、技能融合,形成相互衔接、融会贯通的新课程结构,将原来封闭、僵硬、一刀切的课程结构革新为开放、动态、自适应的跨境创新创业课程群和创新创业项目群,其优劣对比如表6-4所示。

表6-4 跨境电商传统课程结构与跨境电商个性化课程结构的优劣对比

对比点	传统课程结构	个性化课程结构
外在形式	封闭、僵硬、一刀切的闭环孤岛	开放、动态、自适的开放环岛
学习过程	由课程教师完全控制	由学生自我控制
角色扮演	知识消费者	知识创造者
课程内容	标准化内容和教材	去标准化/个性化定制/建构
课程时间	固定时间,时间受限制	全天候开放
课程体验	被学习/要我学/补短教育	快乐学习/我要学/扬长教育

借助于数据挖掘技术和大数据分析技术,根据学生的学习行为、学习能力、学习风格等数据进行建模,挖掘学生不同的个性偏好与潜在特征,揭示大数据背后隐藏的科学规律,为高校跨境电商的个性化教育提供智能推荐策略,真正实现个性化人才培养从群体到个体,再从个体个性化到群体个性化的目的,真正实现幸福、快乐、自信的扬长教育。

3. 动态生成创新创业跨境电商个性化学习内容

要提高学生服务技能强国、构建技能型社会的能力,高职院校应针对具有不同个性、爱好和潜能的跨境电商学生,提供不同的学习内容、学习进度和学习空间,实现扬长教育。而传统"只见森林不见树木"的划一性学习内容是补短学习而非扬长学习,是痛苦的学习而非快乐的学习,不仅压抑学生的学习潜能,还扼杀学生的学习兴趣。学生没有兴趣就没有学习动力,教师育人在细微处,学生成长在活动中。[①] 在"互联网+

---

① 丁瑞常,顾明远.面向未来的教育如何定位教师角色与价值[J].比较教育研究,2017(2):5.

双创"的环境下,动态生成创新创业跨境电商个性化学习内容符合当今经济社会发展的要求和国家对人才培养的要求。高职院校根据学生的兴趣、天赋、潜能自主组建学习长廊和学习中心,让学生自发讨论跨境电商的新鲜事和前沿动态,可以激发和点燃学生的智慧,让学生进行思维碰撞和交流融合,有助于动态生成学生感兴趣的个性化学习内容,使得跨境电商的学习过程变得更有趣。

从补短的课程内容学习走向扬长的课程内容学习,利用大数据技术和人工智能技术分析学情和教情,根据学生的个性需求和兴趣爱好,动态生成吸引学生眼球的学习内容,跨境电商的学生才能沉迷于快乐、幸福的学习中。只有动态生成或个人定制创新创业跨境电商个性化学习内容成为常态,才能培养出复合型创新技能型人才、才能满足跨境电商产业对创新人才的新需求。

6.3.3 完善创新创业跨境电商个性化学分制度

互联网时代的开放教育生态正在形成,校园围墙正在被打破,学科壁垒正在消失,学科边界正在模糊。为了实现教育公平,提高"互联网+"背景下跨境电商学生的创新创业能力,高校应废除学年制、实施"三跨"选课制、出台学分替换制度和学分抵扣制度等,将学生学习的选择权归还学生,让学生在自己感兴趣的领域里自由翱翔。

1. 废除学年制

学年制是具有不同秉性、不同潜能和不同爱好的学生被迫在固定时间、固定场所完成相同的学习任务。学生学习的选择权被剥夺,有特长的学生不得不跟随大流,学习兴趣全无,严重扼杀学生个性。选课制注重学生秉性和爱好的差异,突出学生个性发展和创新能力的培养,将学习的选择权归还于学生,尊重学生的个性。学生可根据自身的兴趣和特长自由选课,其个性和潜能得到充分的发展。但目前高校的选课制形同虚设,而学年制又无法满足跨境电商学生的自由选课诉求,也不能适应经济社会发展的要求和国家对人才培养的要求。因此,在"互联网+"时代,要想真正实现创新创业跨境电商个性化人才培养,废除学年制,实行选课制迫在眉睫。

2. 实施"三跨"选课制

"三跨"选课制即"跨学科""跨学段""跨学校"的选课制度。"跨学科"将产生创新火花,"跨学科"选课势在必行。为了培养创新拔尖跨境电商人才,世界名校都在致力于"跨学科"的建设与发展。多学科的知识结构是"互联网+双创"型人才素质的核心要素和显著特征,但我国高校跨境电商"跨学科"课程设置和"跨学科"选课制缺席,人才培养出现人为设立学科壁垒,学科专业碎片化、孤岛化等问题,不利于跨越学科"边界"创新解决问题能力的培养。为了提高学生整合和运用"电子商务、国际贸易、商务英语"等多学科知识的整合能力,提升学生的创新创业能力和多角度解决跨境电商企业实际问题的能力,跨境电商人才培养应开设形式多样的"跨学科"选修课程,高校应出台激励学生"跨学科"选课的选课制度。

为了满足数字化时代下具有不同秉性、不同潜能的跨境电商学生在不同学期和不同年级间自由选课的需求,"跨学段"选课制也是必不可少的。为了开阔跨境电商学生的国际视野和提高其创新创业能力,鼓励跨境电商的学生在兄弟院校"游学"、国际社区"访学"、无边界学习空间"自学",实现人人皆学、处处能学、时时可学,满足跨境电商学生多元化的学习需求,"跨学校"选课制的制订急不可待。

3. 出台学分替换制度和学分抵扣制度

为帮助大学生创新创业,又不影响其修完专业课学分,教育部和各省都在推动高校探索创新创业学分积累转换制度。① 教育部新修订的《普通高等学校学生管理规定》特别规定:"学生参加创新创业、社会实践等活动、发表论文、获得专利授权等与专业学习、学业要求相关的经历、成果,可折算为学分,计入学业成绩。"② 高职院校为自主创业(如开网店)和获得有关电商技能大赛奖、职业资格证书的学生,出台用特长补短板的学分替换制、学分抵扣制,是高校对教育部推动学分制度改革和创新创业政策的细化与具体落实。另外,学分替换制和学分抵扣制能够帮助跨境电商的学生实现学业与创业的零距离融合,创业可以带动学生学业,还可以解决高校培养和行业需求的矛盾,为跨境电商行业培养更多的创新拔尖人才。因此,高校应尽快出台学分替换制和学分抵扣制实施细则,提升跨境电商学生的创新创业能力和跨文化服务能力,开阔学生的国际视野,以培养出跨境电商企业所需的复合型双创人才。

6.4 高职跨境电商产教融合教学过程的互动性机制研究

产教融合协同育人是培养高素质技术技能型人才的重要手段,也是深化职业教育产教融合的主要形式。统筹教育和产业融合发展格局,强化企业的重要主体作用,推进产教融合人才培养模式改革,需要教师在教学过程中与学校、学生、企业、政府等协同联动。围绕职业教育产教融合的发展方向搭建协同育人培养机制,关键是构建互利共赢的需求动力机制、共享共荣的资源配置机制、规范有效的动态协调机制、科学合理的绩效评价机制、行业组织深度参与的协同机制。具体应从构建跨境电商产教联盟教学主体间的知

---

① 曾骊,张中秋.高校创新创业教育服务"双创"战略需要协同发展[J].教育研究,2017(1):73.
② 湛中乐.保障学生正当权利 规范高校管理行为[J].中国高等教育,2017(9):15.

识技能互动机制,创建跨境电商产教联盟教学载体间的体感资源互动共享机制,建立跨境电商产教联盟教学内容学用协同、人才成长长效机制,强化跨境电商产教联盟教学与科研互动机制,构建跨境电商产教协同育人的法律法规与宏观调控的互动机制,强化跨境电商产教联盟协同育人的教学反馈互动机制6个方面展开,如图6-5所示。

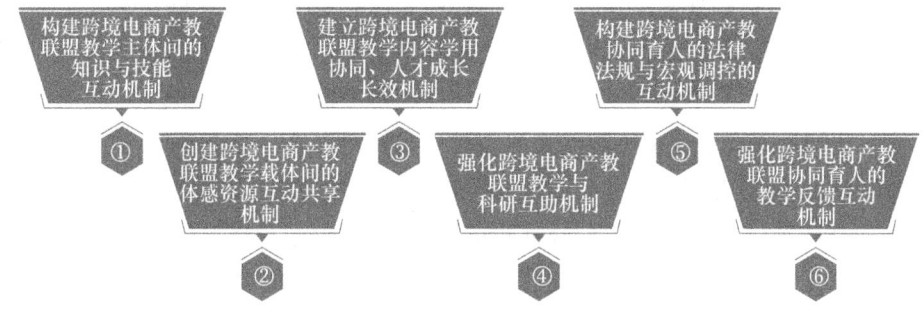

图 6-5　教学过程中的互动性机制

6.4.1　构建跨境电商产教联盟教学主体间的知识与技能互动机制

跨境电商产教联盟教学主体间知识与技能的互动机制,可以从奖励、进修、肯定、融合4个方面设计,它们共同构成产教联盟主体间知识与技能互动机制的总体运行架构,一起推进知识与技能的互动进程。教育部、财政部联合印发的《关于实施中国特色高水平高职学校和专业建设计划的意见》明确指出,要集中力量建设50所左右的高水平高职学校和150个左右的高水平专业群。"双高计划"提出要持续推进国家示范性院校的建设计划,并坚持扶优扶强扶特,从校企合作到产教融合将纵深推进产业和教育的深度融合,并全面促进职业教育链与区域产业链及创新链的同频共振;"产教融合"在人才培养目标上强调学校和企业共同为企业培养有技术特长和敬业精神的人才;"产教融合"既要突出个人专业技能的培养,也要强调学校与企业在知识与能力间的互动;而学校大力推广"企业进校"的目的就是将企业的资源代入学校的教学中,在课堂授课环节重视在知识传授中塑造能力意识,同时在能力传播中凝聚知识底蕴;"知识与技能的互动"和"产教融合"在育人目标上都强调价值观的引领和职业素养的提炼,重视人才的可持续发展能力。① 跨境电商教学主体间知识与技能的互动过程表现为:跨境电商企业通过广泛地参与学校的教学而与教学主体进行互动,在搜寻并获取匹配电商企业自身发展和创新所需的知识后,还需将其与企业内部的技术技能进行融

---

① 梅鲁海."课程思政"+"产教融合"协同育人主体的交互共生和价值耦合[J].中国职业技术教育,2021(29):18.

合,对分散的知识资源进行重构,并将其内化进企业的自身知识体系,进而才能合理利用知识以实现知识价值转化,促进企业创新。组织创造的新知识留在企业内部进行知识积累,参加下一轮的企业知识创新循环,具体表现如下。①不断变化的外部环境促使跨境电商企业要进行技能创新以保持竞争优势,这样的跨境电商企业对电商新知识的需求增加,企业以创新需求为导向,时刻关注外部环境的变化,不断地与更广泛的教学主体成员积极互动,搜寻并获取与其知识体系和创新发展需求匹配的知识;在知识与技能互动的环境下,需要跨境电商企业具有较强的知识搜寻匹配能力,能根据自身内部能力和创新需求在众多异质性知识中识别出跨境电商企业所需的有效知识。②锁定知识源后,跨境电商企业需要根据知识特性采用正式或非正式方法将其获取到企业内部,将其社会化为企业内部的隐性知识,获取的外部知识既可以是显性知识也可以是隐性知识。③知识发送能力是企业促进知识外部化的能力,是能将隐性知识表达为概念、图表等形式的显性知识的能力。知识吸收能力是企业促进知识组合化的能力,能将匹配自身创新需求的、新的外部显性知识和现有企业显性知识融合成企业的系统性知识。④知识应用能力是企业促进知识内部化的能力,企业通过学习系统性知识,将显性知识转化为隐性知识并将其应用到新技术、新产品中,实现知识创新的价值应用。⑤企业内化而创造的新知识作为企业内部的知识积累,增加了企业知识存量,可参与到下次新一轮的企业知识创新循环中,提升了企业的创新能力。⑥企业创造的新知识还会以各种形式输出到网络中,这时企业若具备强的知识共享能力则可以有效地将自身知识与其他主体进行分享,同时也能很好地从合作伙伴那里学习新的知识;在这个过程中,企业需要对新产品和新技术进行知识产权保护以防止核心技术泄露和被模仿,组织间的知识互动除了发生在知识搜寻匹配、知识获取和知识共享过程外,还发生在组织间知识整合创造过程中,合作组织为了实现知识创新,对获取到的知识共同进行过滤和融合,实现彼此获取知识的共享和扩散。基于融合后的知识进行学习,内化创造新的知识,可实现知识创新。新知识融入网络的知识体系中增加了整个网络的知识存量,实现了知识资源在创新生态系统内的优化配置与分布。①

  鼓励机制为企业积极参与产教联盟知识与技能的互动提供动力。知识的产生过程具有双向流动性,即从教育者到受众体,再从受众体返回到教育者,而技能的学习是一个长期实践凝练的过程,知识与技能的互动可以促进学习主体之间从理论到实践、从一般到具体的关系,技能的掌握有助于理论知识的升华,更利于外部隐性知识的获取,而理论知识的学习可以更好地指导实践研修,此时,适当的鼓励机制能够让培养的人才在不断的自我肯定中进步和成长。进修机制是提高学校教师和企业导师积极进

---

① 石海鹏.企业知识互动能力对企业创新绩效的影响研究[D].南昌:江西财经大学,2021.

行知识与技能互动的有效途径。跨境电商专业的教师通过进修、顶岗实践能够获得能力的提升，企业导师通过到学校进修能获得基础知识的增长，施教者知识与技能的互动，也能让知识与技能在学生的身上得以增长。肯定机制是保证产教融合主体间知识与技能交流互动的前提。所有的知识都具有开放性，所有的技能都具有时代性。新的技能是建立在开放性知识体系下的，是具有动手能力性质的。一项新技能的获得需要外部环境的肯定，尤其是像跨境电商这样的新模式、新业态处于不断发展和更新中，知识的获得速度可能在一定程度上滞后于技能的掌握速度，所以当技能被掌握后，其需要一定的时间和实践加以佐证才能成为知识体系，用以传播，这时候肯定机制的保障是前提，否则还不等技能转化为知识体系，就被否定了，那就不会再有所谓的创新出现了。融合机制是产教联盟教学主体间将资源转化为知识与技能的高效利用的手段。知识与技能之间的融合需要资源作为中介，丰富的资源可以让知识的完整性与预见性得以体现，也能让技能的醒目性得以表征，一套合理的融合机制能将产教联盟的教学主体间知识与技能的互动结合起来，推动知识与技能的不断互动。知识能创造财富，技能也能创造财富，知识与技能的融合不仅可以创造更大的财富，还可以创造幸福。学好了知识，掌握了技能，能克服万难。

6.4.2 创建跨境电商产教联盟教学载体间的体感资源互动共享机制

随着我国产业转型升级的不断推进，对先进科技资源的需求量日益上升，科技创新资源面临共享需要和实际缺口，科技部、国家发展和改革委员会和财政部2017年10月印发的《"十三五"国家科技创新基地与条件保障能力建设专项规划》（国科发基〔2017〕322号）提出，为落实创新驱动发展战略要求，要通过健全开放共享和协同创新机制，推进科技资源开放共享和高效利用，夯实自主创新的物质技术基础，重点解决基础研究、技术研发和成果转化的协同创新问题，为实现创新型国家建设目标提供强有力支撑。[①] 精准获取共享需求、科学识别共享需求、让需求与供给科学匹配是构成共享机制的要素。

在产教联盟教学主体互动的过程中，体感资源的互动作用很大。互动平台、信息化平台、硬件投入、资源储备都能促进体感资源的互动共享。跨境电商发展面临的外部环境越来越复杂，市场越来越多元化，电商企业需要的技术也日趋复杂，单靠主体间内部资源的互动难以实现优质的人才输出。开放式生态资源应运而生。开放式生态资源以学校、企业为主导，以各自的资源、信息为纽带，形成共生竞合、动态演化的开

---

① 阮少伟.协同创新理念下科技创新资源开放共享机制研究[J].辽宁省交通高等专科学校学报，2020(3)：44.

放、复杂系统①。学校、企业在资源上的交流和传递包含显性资源和隐性资源的相互转化,从而有利于主体间形成良性的资源互动共享氛围。②资源共享的顺利推进需要有资源发送方和接收方的共同积极参与;良好的共享氛围能促进主体间的资源互动共享,从而增加学校和企业的资源存量,有利于校企创新能力的提升和竞争优势的构建,进一步吸引更多平台或中介的加入;资源共享中,发送方的资源存量越丰富,资源的可转移性越强,主体间的资源共享程度就越高。③④ 资源发送、共享、应用能力更强的学校或企业更利于构建其开放式生态资源,更有利于提高资源规模,促进教学互动的资源共享。⑤ 资源开放共享、教学互动都是以责任和公共利益为导向,协调和整合各方面的利益相关者,推动整体共享机制的发展,⑥重点关注资源共享后的互动情况。通过自由且多元的方式开放数据,以提高其利用效果。⑦ 在提供公共资源开放共享过程中,立足于全球产教联盟相关的共享原则框架基础,基于自身需求和治理特征,从政策规划、基础设施、利益相关方和法律伦理等方面提高跨境电商公共资源共享能力。⑧

  跨境电商产教融合开放式资源共享机制的建立要保障主体间资源的合理流通。想要高效开放共享,就要克服资源获取困难、资源质量下降等障碍,最大限度释放资源价值,满足教学互动的需求。⑨ 从顶层引导、协同共治、平台建设、技术赋能等层面构建公共数据资源开放共享机制,如图6-6所示,其中:顶层引导是保障,为资源开放共享夯实政策法规制度提供指导;协同共治是动力,通过实现多元主体的协同合作,为公共资源优化治理结构;平台建设是支持,完善平台功能有助于增强资源整合能力,提升开放共享效果,助力资源价值释放;技术赋能是基础,为公共资源的流通、维护、服务等提供工具帮助。

  建立全面的共享课件理念;明确对社会教育资源吸纳的开放态度,发挥集群协作

---

① 李万,常静,王敏杰,等.创新3.0与创新生态系统[J].科学研究,2014,32(12):1761.

② 李柏洲,高硕.互惠性、知识共享与企业合作型原始创新——战略柔性的调节作用[J].研究与发展管理,2017,29(3):76.

③ 宋志红,陈澍,范黎波.知识特性、知识共享与企业创新能力关系的实证研究[J].科学研究,2010,28(4):599.

④ 董媛媛,梁艳艳.知识转移对R&D联盟企业创新能力作用路径研究[J].工业技术经济,2016,35(2):77.

⑤ 石海鹏.企业知识互动能力对企业创新绩效的影响研究[D].南昌:江西财经大学,2021.

⑥ 郑大庆,黄丽华,郭梦珂,等.公共数据资源治理体系的演化模型:基于整体性治理的建构[J/OL].(2021-12-01)[2022-08-03]. http://kns.cnki.net/kcms/detail/11.5181.TP.20211108.2047.022.html.

⑦ Helbig N, Cresswell A M. The dynamics of opening government data [EB/OL]. (2020-03-15)[2022-08-03]. http://www.ctg.albany.edu/publications/reports/opendata/opendata.

⑧ 崔宇红,王飒.新型冠状病毒突发公共卫生事件中的数据共享机制研究[J].图书情报工作,2020,64(15):104.

⑨ 周林兴,林凯.城市数字化转型视域下公共数据资源开放共享机制研究[J].现代情报,2022(9):17.

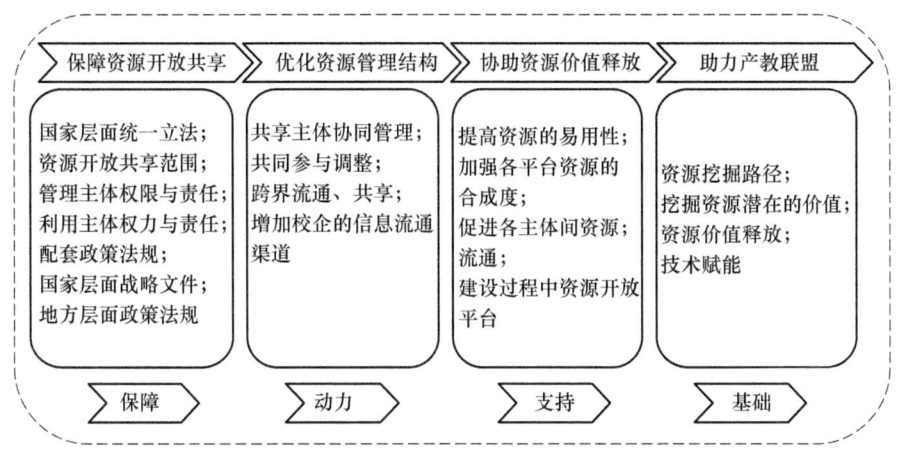

图 6-6　开放式资源互动共享机制

效应,在维持原有课程体系及运作模式的基础上,增加构造全面社会化共享课程理念平台,明确社会化课程共享平台是原有平台的一个重要的、有益的补充,发挥集群协作效应比单纯的自建资源更能体现平台的本质特征。[1] 建立教学资源共享库,本着平等互利、诚实守信、市场运作规范操作的原理,共建规范、科学的共享资源库。成员单位应自愿地承担教学资源建设和推广应用的责任与义务,具有平等地取得执行某项建设任务的资格并享有相应的权益;成员单位承诺自觉地保护知识产权,坚决反对盗版等各种侵权行为,不做损害建设单位和使用单位利益的事;谁投资谁受益,保证投资和使用单位的合理经济收益,以调动成员单位教学资源建设和应用的积极性,推动工作的有效开展;教学资源建设应符合国家开放大学和协作会专家委员会制定的技术标准和规范;资源共享的建设充分发挥了各个主体单元各自的优势,利用各种力量加强教学资源建设和应用信息的沟通,避免了进行盲目重复建设和低水平重复建设,促进了优质教学资源的共建和共享。[2] 事实证明,开放共享互动机制的构建,对跨境电商未来的发展具有十分重要的作用,也有很大的发展空间,能整体提高人才培养的质量。

6.4.3　建立跨境电商产教联盟教学内容学用协同、人才成长长效机制

当前,跨境电商的人才在学校层面和企业层面面对一个共同的尴尬情形:一方面,企业对跨境专业人才的需求量非常大;另一方面,跨境电商专业的毕业生很难找到工作。其最大的原因还是在于:学生学习的内容陈旧,与跨境电商的最新发展情况相差

---

[1] 杨晶. 开放大学数字化课程资源共享促进机制研究[J]. 中国成人教育,2016(7):71.
[2] 黄传慧. 开放教育资源整合与共享探索[J]. 开放教育研究,2010,16(1):86.

甚远,导致学生进入企业实际运用的知识与在学校所学知识之间的距离很远,造成学用不一致,人才的成长得不到长效的发展。有必要建立"产教融合,学用一致"的人才成长长效互动机制,丰富教学内容,实现学生所学知识与所用知识之间的"零距离"。要达到这样的目标,需贯穿图6-7中的4个环节。环节一是校企共同开发用于课程教学的专业核心课程,包括理论、实验、实训等,在教学过程中,由学校教师负责理论课讲授,由学校教师和企业导师共同指导学生进行实验实训。环节二是充分发挥学生社团、学生工作室、兴趣小组的纽带作用,邀请企业专家、毕业生等为学生讲课和指导,实现"教、学、做"的融合。环节三是采取构建创业(虚拟)公司的形式让学生自主创业,使学生的协作创新、沟通协调、领导控制等能力得到进一步的融合和延伸,让学生的能力更加契合企业的真实需求;环节四是通过网络课程、教学资源共享平台等的建立为学生提供丰富的网络资源和有效的沟通方式。这些环节虽然在课程类型、教学地点、实践形式等各有不同,但互为补充和完善,实现了教学全过程和生产全要素的深度融合。①

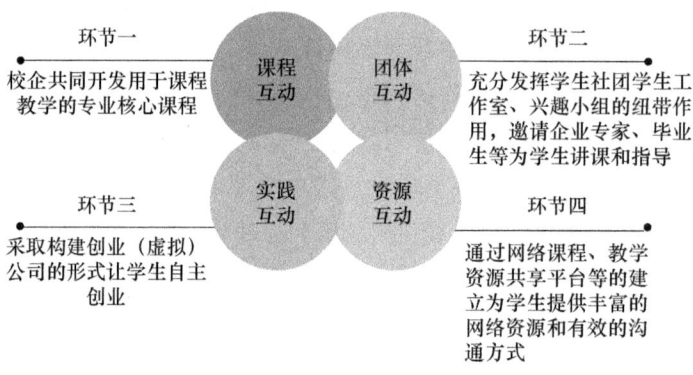

图6-7 基于多方联动的学用协同、人才成长长效互动机制

教材是培养跨境电商人才的基础,几乎所有知识都会以不同的形式在教材中呈现出来,所以高校、企业应当积极合作,共同研发适用于当下且知识内容丰富、指导性强的教材,从而为人才培养打下坚实的基础。首先,企业要结合自身需求,完善教材知识内容,确保教材能够完全涵盖商品展示、交易、支付、物流、选品、运营、营销、客服等内容,同时,还要根据跨境电商行业发展实际对教材知识进行修订、更新,保证学生学有所用;其次,高校应当充分发挥出自身的主导作用,与企业合作进行教材编写,并进一步规范、梳理教材内容,保证教材的普适性;再次,高校应保证教材知识的内在逻辑性、

---

① 钟肖英,高凯,戴国良,等.基于"产教融合,学创一体"的电子商务专业实践教学体系的探索与实践[J].计算机教学与教育信息化,2017(9):136.

统一性,保证学生通过学习可获得实践能力,能达到企业用人要求;最后,高校、企业应建立紧密合作关系,全程参与教材的开发、编写过程,确保内容的全面性、适用性。[①] 学生自发组织的活动可以增强学生的实践创新能力和管理服务意识,能让学生自发地将所学的知识与应用结合起来,很好的地拓展了学用的价值空间。虚拟公司的开设、顶岗实习的机会、订单式的培养等都能从多维度融合学与用,让人才的成长得到长效的发展。此外,随着跨境电商的不断发展与高速的更新,新业态、新兴业务等的不断崛起,网络课程、互联网的资源等都能对学用协同、人才成长长效起很大的促进作用。

6.4.4 强化跨境电商产教联盟教学与科研互动机制

强化科学合理、路径多样的跨境电商产教联盟教学与科研互动机制,具体可从如下 4 个路径考虑。第一,将高职院校的第一教学场地与企业的第二教学场地进行场景互换。跨境电商的学生要想在工作岗位获得明显的效果,必须把所学习的理论知识与工作岗位结合起来,将学校的理论教学场地与企业的第二教学场地有机耦合。高职院校的跨境电商专业结构与跨境电商产业结构有着密切的关系,经济产业结构的调整和升级会影响劳动力资源的需求,劳动力资源的变化则会进一步影响高职院校专业结构的变化。专业是高职院校连接社会、服务社会的基本单位,科学地规划和优化专业布局是高职院校发展的基础,也是高职院校产教融合的基础。高职院校跨境电商专业要实现产教融合,在该专业的设置上就必须以跨境电商产业结构为蓝本,准确把握专业的规模、结构与区域经济结构的匹配程度,提高专业设置的针对性和科学性。专业设置与产业需求相对接,以产业需求状况分析报告、就业率和新生报到率等为主要依据,控制专业数量,优化专业结构;根据区域内产业的发展状况和趋势合理定位自己的专业范围和服务行业,从市场的多元需要出发找到自己的发展定位和生存空间,避免与区域内其他院校重合,实现专业的错位发展;设置有市场需求和发展前景的专业,及时调整没有市场需求、过时的专业;充分实现专业设置与产业需求相对接,提升人才培养的有效性。[②] 从这条互动路径走下去,可完美实现教学互动。第二,将现实实践和虚拟社会实践进行深度融合。互联网技术的普及和应用极大拓宽了传统社会实践的活动空间,大学生可以借助于网络工具进行跨境电商的实践,也就是通常所说的虚拟实践。现实实践和虚拟实践的本质都是为了实现人的全面发展,达到让学生"受教育、长才干、做贡献"的目的,虚拟实践源于现实实践,是现实实践的有力补充,最终被现实实

---

① 刘媛媛.校企协同构建跨境电商人才培养长效机制探究[J].营销新知,2020(4):176.
② 王丹中,赵佩华.产教融合视阈下高职院校协同育人机制探索中国高等教育[J].中国高等教育,2014(21):47.

践所检验,为现实实践服务。跨境电商虚拟实践可以突破时空限制,但由于受限于网络平台开发困难、校园网络不完善、学生社会实践观念保守等因素,目前高校虚拟实践的内容尚缺乏活力与深度,缺乏面对面的信息、情感与经验的交流,因此,跨境电商的现实实践与虚拟实践要加强良性互动,统筹规划、合理安排,实现校内外、网络"三个课堂"的互动路径。① 第三,跨境电商的教室与企业导师可实行科研与教学的互动。教学实践促进科研发展,跨境电商专业教师在科研选题上,可以把注意力大部分放在教学实践上,紧密联系教学实践进行研究,以提高教学水平服务。② 第四,跨境电商从项目教学与平台建设实现互动。以"行业驻校设计中心"为形式的产教融合平台建设对跨境电商项目教学产生影响,而项目教学对产教融合平台(企业驻校设计中心)建设起到促进作用。③ 可以基于以上措施,强化教学与科研的互动。

6.4.5 构建跨境电商产教协同育人的法律法规与宏观调控的互动机制

在高职院校内涵建设、提升核心竞争力的过程中,产教融合的重要性日益体现,其程度已经成为考量高职院校办学水平和内涵发展最为核心的要素,因此,加强对产教融合理念的认知,完善管理体制机制保障,与科技园、产业园、工业园等园区合作,建立多元化的产教融合模式,使生产和教育真正地融合,是高职院校当前亟待解决的问题;完善政府在跨境电商产教协同育人方面的调控和协调作用,能更好地从宏观层面实现调控的互动性。④

我国近年来颁布的与产教融合、校企合作相关的政策很多,但颁布的相关法律却极少,与"法律"相比,"政策"缺乏强制力。尽管我国家颁布了多个关于产教融合发展的政策,但这些大多是"理念性""指导性""鼓励性""倡议性"的政策。⑤ 因此,修订后的《中华人民共和国职业教育法》就成了宏观层面上推动产教融合协同育人得到法律协作的"刚需"保障。其具体关注如下内容:明确职业教育的职责,提升职业教育的社会地位;明确职业教育的管理体制,突出对职业教育的综合治理;确立现代职业教育体系的构成,明确职业教育以就业为导向;明确企业在职业教育人才培养中的主体地位,确立校企合作是职业教育人才培养的基本形式。⑥

---

① 檀江林,郑晴晴.理念、内容、机制:"多元互动式"大学生社会实践模式构建[J].教育探索,2016(11):89.
② 何钰倩.新建地方本科院校教学科研互动机制的理论与实证研究[J].广州体育学院学报,2015(11):123.
③ 胡文超,陈童.项目教学与产教融合平台建设的互动关系研究[J].高等工程教育研究,2016(6):118.
④ 王丹中,赵佩华.产教融合视阈下高职院校协同育人机制探索[J].中国高等教育,2014(21):47.
⑤ 王保宇.新建本科高校产教融合发展的问题与对策研究[D].武汉:华中师范大学,2019.
⑥ 周晶.中国职业教育校企合作制度建设研究[D].长春:东北师范大学,2015:102.

类似这样的"法律"调控,还需要地方政府制定与产教融合相关的法规政策,在国家宏观调控的基础上,地方政府也要跟上节奏,实现法律层面的调控互动机制,具体表现为:出台校企合作专项法规,明确我国职业教育校企合作的目标、性质、形式、标准;明确职业教育校企合作中各主体的责任、义务和权利边界;明确职业教育校企合作中各方的法律责任与法律制裁方法;强调职业教育校企合作法律法规制度内容,保障受教育者权益;将校企合作监督纳入立法层面。

除去国家层面,地方政府、校企配套的法规建设也能实现跨境电商产教协同育人法律协作的宏观调控互动机制。要形成中国特色的职业教育校企合作法律法规体系,在《中华人民共和国劳动法》中,应当规定跨境电商专业的学生在与企业签订实习合同或学徒合同后,便受《中华人民共和国劳动法》的保护和制约。在《中华人民共和国劳动合同法》中,应当将学生实习合同和学徒合同纳入劳动合同中,在合同订立、履行和变更、解除和终止等条款中对其作出相应规定。在《工伤保险条例》中,应当将学生实习或做学徒期间发生的伤害列入工伤保险范畴。企业法是以确认企业法律地位为主旨的法律体系,我国企业类型多样,由此形成了规制各种类型企业的法律规范,如《中华人民共和国全民所有制工业企业法》《中华人民共和国中外合资经营企业法》《中华人民共和国外资企业法》《中华人民共和国合伙企业法》《中华人民共和国个人独资企业法》《中华人民共和国公司法》等。在各类企业法中,应当将校企合作事项列入相关条款中。在《中华人民共和国企业所得税法》中,应当规定符合资质条件的企业因接收学生实习所实际发生的与取得收入有关的、合理的支出,在计算应纳税所得额时扣除。此外,司法在实践上也要作出配套解释,这样才能为职业教育校企合作构建一个完善的、系统的法律支撑框架。[1] 有了法律的宏观保障,才能更好地实现跨境电商产教协同育人的宏观调控互动机制。

6.4.6 强化跨境电商产教联盟协同育人的教学反馈互动机制

近年来,一方面很多跨境电商的大学毕业生难以找到合适的工作,而另一方面跨境电商企业也有很多岗位难以寻找到合适的人才,这表明学校培养的跨境电商人才没有贴合跨境电商企业的需求。高职院校人才培养质量反馈包含3个环节,即信息反馈、反馈信息收集和整理分析及反馈结果应用。人才培养质量反馈能促使高职院校将通过各种途径反馈的毕业生就业情况、职业岗位适应度、职业发展情况、用人单位对毕业生的评价情况、在校学生及教师对专业和课程的评价等用来调整人才培养方式、招

---

[1] 周晶.中国职业教育校企合作制度建设研究[D].长春:东北师范大学,2015:105.

生规模、专业设置和课程设置,从而提高人才培养质量,提高毕业生的社会认可度,使学生符合社会对人才的要求。① 建立跨境电商产教联盟多元立体化反馈互动机制可以从以下几个方面进行。

(1) 引入多元反馈主体

单纯以就业部门为高职院校跨境电商人才培养质量反馈主体的话,反馈主体单一,需要引入教师、在校生、用人单位、毕业生、行业机构、第三方评价机构等。学生是人才培养的对象,教师是人才培养的实施者,可以由在校生和教师构成跨境电商人才培养质量的内部反馈机制,由用人单位、毕业生、行业机构、第三方评价机构等构成跨境电商人才培养质量的外部反馈机制,从而更准确、更全面地反馈跨境电商人才对社会的适用度及社会对人才的满意度。

(2) 丰富反馈内容

高职院校跨境电商人才培养质量反馈内容越丰富,越能促进跨境电商人才培养质量的提高,收集人才培养质量的反馈内容时,不应只是反馈跨境电商毕业生的就业率与待业率,应追踪社会对跨境电商毕业生的满意度、毕业生的就业满意度、毕业生的就业岗位与专业的适应度及毕业生的适应岗位能力,同时听取教师、在校生对专业、课程等设置的建议。

(3) 畅通反馈渠道

反馈信息的质量直接影响跨境电商人才的培养质量,因此需要开发专门的跨境电商人才培养质量反馈网络系统,用其全方位、多渠道地收集信息,毕业生、用人单位、社会机构等都可通过此系统直接反馈跨境电商人才培养质量的相关信息,在每个毕业班级选出比较活跃的学生代表收集毕业班级的信息,并将信息及时反馈给学校。可经常组织校友聚会、校友回访等活动,通过对毕业1年、3年、5年、10年、20年及以上的跨境电商毕业生进行问卷调查、访谈、调研等来收集信息;通过与返校聚会的毕业生座谈、对其进行问卷调研等方式来收集信息;定期到用人单位进行调研,收集用人单位对跨境电商毕业生的意见。此外,政府部门应出台相应的政策,鼓励引导行业机构、用人单位、第三方评价机构、雇主等积极参与高职院校跨境电商人才培养质量反馈。还可以通过专门的校友网站采集校友提供的反馈信息,以提高高职院校跨境电商产教联盟的互动反馈。

(4) 增强反馈意识

政府部门应该积极出台相应政策,鼓励高职院校构建完善的跨境电商产教联盟反

---

① 韩凤英,彭圣文.高职院校人才培养质量多元立体化反馈机制研究[J].哈尔滨职业技术学院学报,2019(6):10.

馈互动机制,学校要成立人才培养反馈小组,及时、准确、全面地收集反馈信息,辅导员、专任教师、学生工作人员等应积极收集毕业生、在校学生的信息并及时反馈,在收集信息后需要及时整理分析,并将反馈信息应用到人才培养的相应环节,以提高高职院校跨境电商产教联盟人才培养质量。[1]

(5) 对跨境电商毕业生进行长效跟踪反馈

定期向用人单位发出毕业生情况调查问卷;利用学校招聘会契机对用人单位进行调研,了解毕业生的工作情况;以走访企业的形式向用人单位征求意见和建议;组织教师利用与企业合作项目的机会进行调研;建立企业或同行专家评价机制。[2] 通过以上机制的运行,全方位收集反馈信息,并将反馈信息作用于学校的专业设置、课程设置、教学改革、招生规模控制等,全面提高跨境电商产教联盟人才的培养质量,培养出社会所需要的跨境电商高技术技能人才。[3] 故最终形成了多元立体的高职院校跨境电商产教联盟教学反馈互动机制。

6.5 对跨境电商产教联盟"多元协同"育人机制的思考

关于高职院校的产教融合可以引入的理论视角非常多,迄今为止不少学者利用这些理论在机制探索上进行了充分的研究。例如:亨利·埃茨科威兹和罗伊特·雷德斯多夫提出三螺旋理论(大学-企业-政府),认为"创新活动日益频繁,越来越需要大学、政府和企业三方协作,使之达到三者资源和功能的整合"[4];赫尔曼·哈肯提出协同学理论,认为"人类社会中的各种系统和事物与自然界一样,都存在有序、无序的现象"[5];爱德华·弗里曼提出"利益相关者理论",认为利益相关者是"能够影响组织实现目标或者在目标实现过程中受到影响的群体或个人,是企业价值创造过程中的参与者"。[6] 基于上述学者的系统论述,结合跨境电商产教联盟的特点以及前文分析的相

---

[1] 韩凤英,彭圣文.高职院校人才培养质量多元立体化反馈机制研究[J].哈尔滨职业技术学院学报,2019(6):11.
[2] 纪仁杰,刘永红,李小朋,等.OBE理念下机械专业人才培养跟踪反馈机制的构建[J].高教学刊,2021(7):162.
[3] 韩凤英,彭圣文.高职院校人才培养质量多元立体化反馈机制研究[J].哈尔滨职业技术学院学报,2019(6):12.
[4] 王红军.跨境电子商务人才创业胜任力培养机制研究[D].杭州:浙江大学,2018.
[5] 徐畅.产教融合视角下职业教育政校行企协同育人机制构建[J].教育与职业,2018(19):26.
[6] 池春阳.利益相关者视角下高职教育产教融合长效机制研究[J].教育理论与实践,2021(33):16.

关问题，作者探索性提出政、校、行、企"多元协同"的育人新机制。

6.5.1 "多元协同"视域下跨境电商产教联盟各主体的角色重塑

在产教融合漫长的发展过程里，政府一直在产教融合中占据几乎绝对主导的地位，在某种意义上高职院校只是教育主管部门的"传声筒"。这种状况持续到高职院校办学自主权的回归以及高职院校章程的制定。然而，越来越多的治理主体希望、主动加入产教融合的发展合力中，慢慢出现治理结构由政府"一花独放"到多元主体"百花齐放"的转变。各主体间信息、资源的不尽相同导致产教联盟中各主体的"成色"有所差异。从以往经验来看，政府在信息和资源中占有较大优势，进而在产教联盟中处在信息控制中心的位置。高职院校、跨境电商行业、企业等主体则处在信息圈层外的次中心。各个主体间的信息不平衡就必然导致产教联盟的核心作用失衡。

近年来，我国高职院校产教融合发展中的治理主体结构逐渐从政府垄断向多元主体协同转变。2022年，修订后的《中华人民共和国职业教育法》的第一章第六条指出，职业教育实行政府统筹、分级管理、地方为主、行业指导、校企合作、社会参与[①]，进一步从法律上确定了职业教育需要行业、企业、社会融入的大方向。在跨境电商领域中，更需要高职院校、电商行业、电商企业的角色重塑。以往的商务领域由于发展模式经过了很多年的沉淀，形成了一套熟悉的模式。但跨境电商从2020年迎来了井喷式的增长后，亟须综合素质更高、实操技能更强、业务经验更丰富的人才，亟须全社会实践后有价值的发展模式、发展经验、发展道路。所以，重塑跨境电商领域的各个主体角色的需求迫切。或许，我们需要"从下至上"，通过跨境电商企业"摸着石头过河"。企业作为跨境电商领域的最前线，不能一味依靠政府的政策推动。政府应打破信息垄断的局面，突破信息阻隔圈层，通过各地跨境电商行业协会搭建多元信息桥梁。高校也应主动引入企业兼职教师，邀请跨境电商企业一线工作人员担任实践指导教师，以充实教学力量。[②] 最终，各个主体角色完成转变，形成"多元协同"的合力。

6.5.2 "多元协同"视域下跨境电商产教联盟各主体的话语赋权

"话语权"这一概念多用于思想政治教育和意识形态领域，亦较多用于国际社会的

---

① 中华人民共和国职业教育法[EB/OL].(2022-04-21)[2022-09-21]. http://www.moe.gov.cn/jyb_sjzl/sjzl_zcfg/zcfg_jyfl/202204/t20220421_620064.html.
② 陈咏.职业院校培养跨境电商人才的现状与对策[J].职业技术教育,2016(20):28.

治理实力和国际地位的影响力表述。高职院校产教联盟存在治理问题分析。因此,产教融合的生态治理话语赋权指的是高职院校产教融合发展过程中,为了能够达到多元主体之间的权力合理且均衡配置,要部分削弱占据优势地位的治理主体,同时部分加强弱势地位的治理主体权能。通俗地讲,即产教联盟中各个主体需拥有平等自由的表达权,以达到产教联盟协同育人的目的。

在"多元协同"视域下,需建构我国高职院校产教联盟的舆论生态治理机制。借助于高职院校产教联盟的发展场域,将政府、行业、企业、院校等参与主体的意向性表达纳入统一考量之中。应破除政府在高职院校产教联盟发展过程中的话语权威与行业协会的决策权威,保障多元治理主体的民主参与,不断契合我国高职院校多元参与主体间的公共利益。

1. 政府话语权分析

跨境电商产教联盟下的政府话语对高职院校跨境电商产教融合发展的主导与支配作用仍有存在,部分导致产教联盟的发展进入"话语独白"阶段。自 21 世纪以来,尽管高职院校产教融合的校企主体地位得以强化,但政府在合作中的核心指导地位仍在很大程度上依然不变,致使其他主体对政府权力依赖并没有明显减少,高职院校跨境电商产教联盟中政府的"话语独白"现象仍然很具体。考虑到跨境电商企业处在发展阶段,政府的话语权应考虑部分让渡,政府应更多听取企业、院校的声音,其话语权的使用应更多聚焦在服务保障上,如网络基础设施建设、物流系统基础设施建设、融资渠道畅通、跨境法律体系保障等。

2. 跨境电商企业话语权分析

跨境电商企业的概念相对比较特殊,它存在广义和狭义的划分。在狭义上讲,企业应当是在国家市场监督管理相关部门登记的组织。在广义上讲,跨境电商企业应当包含所有在跨境电商平台上的活跃卖家,也应当包含跨境电商平台。由于绝大部分跨境电商企业都是中小型企业,依托着跨境电商平台开展交易,所以分析话语权时,我们将跨境电商平台单列出来。

无论是跨境电商企业的数量还是跨境电商卖家的数量,近年来都呈现出较快的增长速度,这间接增加了跨境电商进出口的总体金额,如表 6-5 所示。跨境电商企业(非平台类)的规模相对较小,各大平台中的卖家也大多都是进行中小规模的交易,高职跨境电商产教联盟中几乎没有同这类主体开展合作,但实际上这部分主体有着最为详细的实际操作经验。或许在这部分跨境电商中小企业的话语权应适当提升。

表 6-5　2019—2021 年跨境电商进出口总体情况表

年份	金额/亿元			同比/%			进出口比例/%
	进出口	出口	进口	进出口	出口	进口	
2019 年	12 903	7 981	4 922	22.2	30.5	10.8	1.6
2020 年	16 220	10 850	5 370	25.7	39.2	9.1	2.0
2021 年	19 237	13 918	5 319	18.6	28.3	−0.9	2.6

3. 跨境电商平台话语权分析

跨境电商平台对于跨境电商中小企业发展的作用相对较大。应当说,跨境电子商务平台完全就是为中小企业群体量身打造的,各个卖家通过付出相关的入驻费用,接收加入平台的监督,便能够轻松开展跨境电商交易。因此,加入跨境电商平台就成了中小企业应用跨境电商的主要方式。跨境电商平台拥有丰富的数据资源,收集了不同国家的贸易规则,对中小型企业来说可以提供入门型指导。由于跨境电商平台提供了综合型功能服务,所以其在产教联盟话语权中的权能理应更大一些,它们的参与可以说对整个跨境电商产教联盟的发展起着极大的推动作用。

4. 高职院校话语权分析

高职院校作为产教联盟主要的发起者,应当作为合作主体的重要一方。但现实操作过程中,合作的任务实际上分解到高职院校跨境电商专业的专任教师身上。由于跨境电商专业是新兴专业,高职院校的教师资源尚处在发展阶段,因而高职院校目前的话语权支撑力量严重不足。产教联盟原本是由高职院校牵头成立的组织,但客观却面临了话语权与地位的失衡状态。另外,尽管现代学徒制在部分高校已经实施,部分高校开始引入企业教师,他们虽具有企业运营、一线管理工作经验,技术技能水平也一流,但其整体的执教水平还有待提高。[①] 所以,总体来说目前高职院校处在话语权的弱势地位,抑或说处在"心有余而力不足"的尴尬境地。

6.5.3 "多元协同"视域下跨境电商产教联盟的技术赋能

随着第四次工业革命的深入推进,"智业"时代似乎已经和我们有了深切接触。跨境电商产教联盟如果不融入时代发展的潮流中,势必不能乘风破浪,再上台阶。不少学者已经通过数据经验分析得出了结论:互联网发展水平高对跨境电商的规模和结构

---

① 朱桥艳.跨境电商背景下职业院校现代学徒制人才培养[J].教育与职业,2019(22):108.

占比均有显著的促进作用。① 发展迅速的跨境电商目前正主导着信息时代的网络经济和贸易体系,同时深刻影响着与之密切相关的全球消费、生产、支付和物流等体系的转型与升级,现已成为全球经济增长与体系变革的重要推动力。

从跨境电商产教联盟总体的角度出发,技术赋能有助于发挥各个参与主体的价值功用。将信息技术在我国高职院校产教联盟中深入运用,能够有效打破参与主体间数据孤岛的困境。随着产教融合过程中数字化的逐渐广泛应用,原有的产教联盟管理、运行模式将走下历史舞台。并且,我们已经看到大数据平台下的产教联盟案例数量呈现出逐年增加的趋势,数字化驱动下的高职院校产教融合发展格局也必将成为大势下的发展格局。

对跨境电商平台而言,技术赋能更是平台发展的题中应有之义和必然之举。平台是中小型跨境电商企业出关的重要途径。在未来的外贸中小企业竞争中,企业增长红利必定来自外贸全流程、全周期数字化带来的生意高效性和确定性。例如,时下正热门的区块链技术已在教育、医疗、金融等领域得到广泛的应用,并逐步延伸至外贸领域,特别是在跨境电商相关研究与应用实践领域已成为多方的关注聚焦点。现有不少学者已经在深入探索区块链技术融入跨境电商领域。例如,"区块链＋跨境电商"通过区块链平台,利用现代计算机技术和通信技术,将区块链的创新成果与跨境电商深度融合,改革跨境电商运行模式,形成跨境电商新形态。② 未来以区块链系统搭建起来的交易系统信任机制可有效保证交易主体在交易中履行应尽义务,以解决目前跨境交易的退货难、到款难等问题。区块链系统也可最大化用户集体的利益,进而在某种意义上实现在数字经济和数字化转型背景下跨境电商平台经济的可持续发展和良性循环。

6.6 高职跨境电商产教联盟双创育人机制研究

随着我国经济的快速发展,双创已成为当下经济发展中的重要源动力。高职跨境电商的毕业生在我国跨境电商的发展中扮演着重要角色,学生在毕业后进行自主创业是一种新的就业方式和途径。一套完善的双创育人机制能有效激发大学生思维的活跃度、增强学生的创新能力和创新意识,从而有助于培养出更多的跨境电商创新人才。

---

① 鞠雪楠.跨境电商平台克服了哪些贸易成本？[J].经济研究,2020(2):181.
② 丁宝根."区块链＋跨境电商"变革的现实性、限度性与政策建议[J].当代经济管理,2020(1):65.

双创育人机制主要从如下3方面考量:以实际绩效为导向完善跨境电商的"双创"实践育人教育;以行业需求为导向,构建跨境电商校企联动育人机制;以创业舞台为目标,优化跨境电商双创育人环境。

6.6.1 以实际绩效为导向,完善跨境电商双创实践育人机制

完美的导向能涵养出更好的创新创业环境。建立以双创价值、能力、贡献等为一体的导向评价体系,全面地评价创新创业人才的能力和水平,以实绩导向科学引导双创人才主动创新,大胆实践。双创实践育人植根于我国高等职业教育、创新创业教育很多年,其内涵包括参与主体的多元性、价值取向的统一性、育人过程的同步性,是一项系统工程,需要高职院校的积极努力,同时也离不开政府、企业和其他社会组织的大力支持。完善跨境电商的双创实践育人教育,可从如下4个方面入手。第一,成立创新创业指导委员会,通过平台举办活动,以企业为依托,承接、指导项目;通过分享经验,打造创客交流平台,促进跨境电商专业学生创新创业更好的发展。[①] 第二,设立大学生创新创业基金,培育跨境电商专业学生的创新创业项目。第三,完善校外优质创新创业实践基地,通过项目参与精准的帮扶,推动创新创业教育,在双创教育中市场希望短期内实现效益最大化,这与双创育人目标的长期性存在价值取向上的矛盾和冲突,而实践基地的诞生可以给学生提供锻炼的机会而较少从利益的角度出发。第四,完善激励保障机制,允许大学生用创新创业成果申请毕业论文,这样可以不断激励指导教师和学生的工作热情,推动高校跨境电商创新创业教育落到实处。

6.6.2 以行业需求为导向,构建跨境电商校企联动育人机制

围绕着高职跨境电商专业双创能力人才培养的目标,学校与企业实现共同制订教学培养方案和培养模式,共同实施理论课程和教材建设,共同打造专兼职结合的"三师型"教学团队,共同建设实习实训孵化基地,共同实施质量保障措施。通过构建行业、企业参与跨境电商专业双创能力人才培养的联动机制,实现"三个结合、八链对接"的目标,即专业理论素质与行业实践能力、学校教育与企业培养、创新创业教育与专业教育相结合;双创能力培养与专业、课程、实践实训、双创型教师、双创科研、就业、职业素

---

① 薛松,刘天琳,刘真真.新农科视阈下地方农业高校"双创"实践育人共同体构建研究[J].中国农业教育,2022(4):28.

养培训和人才培养质量评价紧密对接。① 让行业、企业全程参与双创能力育人过程，实现校企联动。

6.6.3 以创业舞台为目标，优化跨境电商双创育人环境

具备创新创业能力的人才需要一个广阔的舞台显现自己，施展才华。我们应该有一个可以鼓励创新创业、包容失败、接纳改变、物尽其用、人尽其才的创新机制。就现实而言，高职院校应科学评估校园与社会环境对学生的双创精神、实践能力、价值观念及自学模式等方面的正向引导作用，主动将双创精神和知识技能融入日常教学内容中，寻找哲学、社会学等专业与专业课程的结合点，从而促进学生审美能力、思想道德水平及专业素质的共同提高。高职院校应通过增加双创主题活动次数来提高双创活动的常态化，通过改变活动的主题、规则、规模、形式及内容等手段来提高双创活动的新颖独特性与深入持续性。比如：组织学生到高职院校与政府部门合办的科研基地参观学习，帮助学生积累实践经验和开阔眼界；组织学生与各合作单位的科研人员进行专业问题或创业方案的讨论交流，为学生在创新创业比赛中获取优异成绩提供技术和比赛指导。这些都有助于在校园内营造出创新创业人人有责的良好氛围。另外，高职院校应经常组织开展创新创业相关的辩论赛、学术研讨会，组织不同专业或院校的学生、教师齐聚一堂共同讨论创新创业相关的理论知识与实践技能，全方面地解答学生创新创业过程中产生的困惑，减轻学生双创过程中遇到的阻力。最后，高职院校还应创新双创教育宣传模式，利用校园内的宣传栏和黑板报、校内网、校报及校园广播等手段来宣传双创教育，从目标、方向、内容、影响等多种层面来帮助学生构建完整的双创知识框架，引导学生主动加入双创浪潮中来。②

---

① 井文倩.基于产教融合的"三个结合、八链对接"涉农专业双创人才协同育人机制构建与实践[J].高教学刊,2022(27):59.

② 魏冲."互联网+"背景下高职创新创业协同育人机制研究[J].创新创业,2022(2):114.

第 7 章 高职跨境电商产教联盟协同育人创新人才培养的路径研究

7.1 开辟"人岗适配"的跨境电商产教联盟协同育创新人才新路径

面向产业园,开辟"人岗适配"育人新路径,将培养高素质高技能产业工匠、数字工匠作为推进高校高质量发展的重要举措,致力于引进高层次科技人才、研发人才,为园区企业输送与岗位高度匹配的跨境电商运营、数据分析等高技术技能复合型人才,为数字电商产业园高质量发展提供智力支撑。

7.1.1 跨境电商产业-专业-就业"三业"联通实施路径

面向园区深化跨境电商专业建设,应将专业群建在产业链上,将专业群设在产业链上,将课堂放在生产线上,构建跨境电商产业-专业-就业"三业"联通的新"立交桥"。习近平总书记强调,要用好专业交叉融合的"催化剂",打破专业壁垒,对现有专业体系进行调整升级,瞄准科技前沿和关键领域,加快培养紧缺人才。面向世界科技前沿、经济主战场、国家重大需求,高职跨境电商产教联盟应积极倡导新商科的人才培养理念,将学校办在产业园,将专业群建在产业链上,将课堂放在生产线上,深化跨境电商专业建设,为园区培养大批数字工匠、现场工程师等紧缺人才,实现供给侧和园区产业需求侧结构要素的全方位融合。

首先是高职院校将专业群建在产业链上,围绕产业链、技术核、岗位群,建设与服务产业园领域相同、专业基础相通、职业岗位相关的专业集群,促进专业资源整合和结构优化,激发跨境电商专业群师生的共创激情,深挖跨境电商人才培养改革的原生动力,实现跨境电商人才培养供给侧和跨境电商产业需求侧结构要素的全方位融合。其次是将专业建在产业上。对标跨境电商的产业需求,紧跟产业调整跨境电商专业,遵循职业教育技术技能人才的成长规律,并依此开发跨境电商专业"分层分类、个性培养""一企一案、一院一品、一生一案"的人才培养方案,聚力培养"产业需要、园区期盼"的高素质高技能跨境电商复合型人才。最后是将课堂放在生产线上。最优质的教育资源、最好的成长环境在企业的岗位上,在企业的生产线上,只有把课堂放在跨境电商产业园的生产线上,才能让学生切身感受到最新的平台运营、美工等技术技能,只有在真实的职场中真刀真枪地实干真做,学生才有可能变道超车,才能真正实现基于未来的职场学习,才能动态实现将跨境电商企业生产资源转变为课堂教学资源、课堂教学资源转变人力资源、人力资源转变跨境电商企业生产资源。

7.1.2 基于相互需求-共同利益,构建跨境电商专业-产业"双边适配"平台

基于相互需求和共同利益,以产业对接与能力培养为导向,以组织建设和制度完善为切入点,以协同育人为中心,以科技创新与社会服务为抓手,构建跨境电商专业-产业双边适配平台,实现技术进步的选择与人力资本"技能培养"的动态适配,形成"技术进步"自上而下和"技能培养"自下而上的新路径,如图7-1所示。跨境电商专业结构根据跨境电商产业发展和催生出的新技术动态调整,政府、高职教育和市场的良好互动,实现跨境电商专业结构动态调整的适配,可以提高专业服务高端产业和学生适应未来岗位的能力,解决跨境电商人才培养与跨境电商产业发展错位的问题。

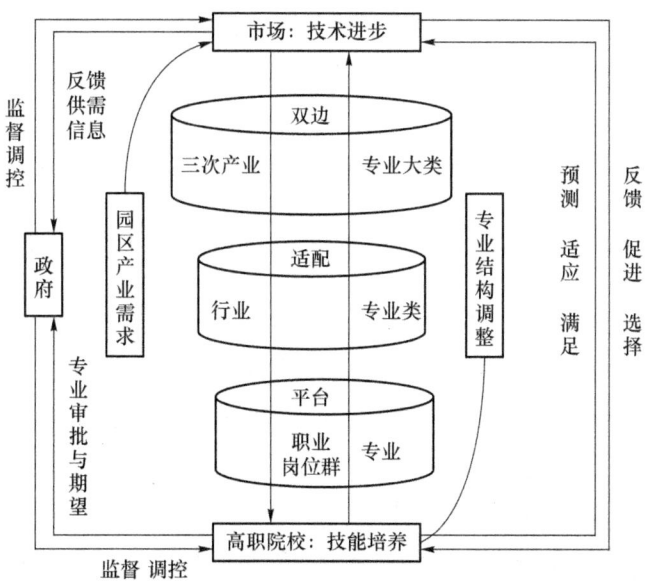

图 7-1 基于相互需求-共同利益的跨境电商专业-产业"双边适配"平台框架图

7.1.3 基于树状结构构建"根-干-枝"专业,实现创新人才培养与产业改革的动态"匹配"

面对产业园的企业从"制造"向"智造"的改革,跨境电商产教联盟协同育人的专业建设要与产业改革匹配,实施同步升级。选取专业所对接的产业链,设计系列个性化人才培养方案,制订产业链人才培养计划。按照树状结构布局实施专业系列化,重组专业群内的相关专业。根据园区产业发展需要的核心技术,构建"根"专业。根据园区产业技术应用领域的特点,构建"干"专业。根据园区产业发展催生的新兴产业,构建"枝"专业,推动专业建设再升级,实现跨境电商创新人才培养与跨境电商产业改革的动态匹配。

7.2 打造"协同发力"的跨境电商产教联盟创新人才培养新高地

在新冠疫情和传统经济转型升级等时代背景下,在现阶段高等教育开展过程中,亟须学校与政府、产业等联系紧密,避免分崩离析的问题。而高职院校跨境电商产教联盟协同育人是一项复杂和系统的工程,创新人才模式更要注重市场经济发展的需要及教育资源的协同。如何打造开放共赢的创新人才组织和运作机制?教育的主体不仅仅局限于高校教师,学校需要与政府、产业等外部组织的合作,建立有效的多元主体参与的协同育人机制。借鉴前人的研究,我们认为针对跨境电商创新人才的培养,可以构建基于产教联盟的多资源协同、数字化协同、多主体协同等内容的协同育人新生态,进而提高跨境电子商务人才培养水平。

7.2.1 共建共享,奏响平台-人才-技术多资源协同"交响乐曲"

协同理论也被称为"协同学",该词汇来源于希腊语,可翻译为"合作的科学"。20世纪70年代,赫尔曼·哈肯教授最早提出了协同理论的概念和基本思想,其后来的著作《协同学导论》和《高等协同学》更加系统地阐述了科学理论。协同学的核心思想是,在不同类型、不同属性的系统中,只要各子系统存在于整体环境下,各个子系统之间就都存在着相互影响而又相互合作的关系。[1] 基于协同理论,结合前文向多轨动力机制,明确其中的核心要义是数字化教育资源的建立不能单单依靠高职院校本身或高

---

[1] 肖凌云.高职院校"形势与政策"课"四域协同"教学研究[J].现代交际.2020(21):41.

校教师单一群体。

随着经济全球化进程的不断加快,伴随新冠疫情对线下贸易的冲击,跨境电商成为对外贸易中迅猛发展的一匹"黑马"。宏观地看,整个跨境电商交易运作流程、上至国家政策下到消费者偏好等都在很大程度上影响着跨境电商企业的发展,平台、信息、技术等已然成为构建跨境电商核心竞争力的战略性资源。[①]

1. 平台资源协同

在跨境电商经营过程中,平台资源的协同主要指各个平台间存在信息互补的特性。按功能划分,现今跨境电商平台存在交易类平台、资讯类平台、服务类平台等,如果政府和相关行业协会进行激励和监督,则可实现信息资源的集成与共享。其中,交易类跨境电商平台掌握着关乎卖方经营发展的最直接的一手数据;服务类跨境电商平台提供通关、金融、商检、物流等跨境专项服务信息;资讯类跨境电商平台主要提供政策信息、行业动态、跨境资讯等基础性的跨境信息。各大平台的优势互补,在实现信息资源整合及多维数据标准化的基础上,为跨境电商参与主体了解行业情况、判断行业趋势等提供了极大的便利,全面提升了经营决策的精准度。跨境电商各类平台及其功能如表 7-1 所示。

表 7-1 跨境电商各类平台及其功能

平台类型	主要功能
交易类跨境电商平台	各交易平台可提供浏览量、访客数、转化率、点击率、支付率、跳失率、访问深度、人均店内停留时间、成交转化率、客单价、老客户占比等基础性数据,根据平台特殊功能还可呈现行业情报指标说明、行业对比数据、行业趋势数据等内容
服务类跨境电商平台	主要涉及通关(包括安检信息及通关信息等)、金融(融资、贷款等信息)、运营(运营推广、运营技术等信息)、物流(费用、时效、运输方式等信息)
资讯类跨境电商平台	主要涉及政策信息、法律法规、发展案例、行业动态、跨境资讯等内容,该类平台主要以商务部、地方商务部门等官方性机构设立的平台为主

各大平台的数据分析对跨境电商卖家大有好处。基础卖家可逐渐熟练掌握选商品、编辑商品信息、采购货物、正常发货等技能。进阶卖家可以做好客服工作、开好直通车、做好店铺营销活动、促进店铺销售量平稳增长等。明星卖家、超级卖家可整合供应链,提高库存周转率,提升议价能力,建立品牌意识,做成行业 TOP 店铺。

---

① 郭海玲.跨境电商平台信息服务协同模式构建研究[J].贵州社会科学.2021(7):140.

2. 信息资源协同

多年来,跨境电商在国家政策的大力支持下,争先拓宽了国际市场,并逐步成为数字经济时代下外贸增长的稳定器和动力源。跨境电商强调分属不同关境主体的交易活动,国外市场环境信息、出口经济智能信息等信息服务的支撑将加速跨境电商企业的国际化进程。[①] 但是,在跨境电商交易过程中,各个国家的市场环境、消费习惯、习俗文化大不相同,市场需求变幻莫测。因此,中小跨境电商企业存在有效及时信息的缺乏、不完备的困难。

基于此,跨境电商信息资源协同对高校、企业来说都是不可或缺的重要途径。跨境电商信息协同系统以跨境电商信息资源为基础,以跨境电商信息平台为经脉,以用户需求为发展定位,以信息价值共惠共建为战略目标,是由跨境电商信息服务过程中的各种信息服务生态主体、信息服务环境共同参与形成的。各个平台提供的信息要素可以提供跨境电商信息资源整合、共享、传递、互动等价值。部分跨境电商平台信息资源要素如表7-2所示。

表7-2 部分跨境电商平台信息资源要素

平台	信息要素	主要内容
速卖通	实时风暴	店铺实时流量情况(在店铺做促销活动时非常有用)
	流量分析	店铺流量来源、流量路径、新老访客来源、每个页面数据及广告投放数据监测
	能力诊断	对本店铺过往的数据与行业其他店铺的数据进行横向比较,反映店铺运营的各项能力指标
亚马逊	自发货库存数据、亚马逊物流服务数据	数据分析可以参考市场趋势报表、客户行为分析数据表、地理位置数据分析表、订单销售数据表、店铺运作数据表、客户评论数据表
Lazada	竞争力分析	通过卖家中心管理产品选项、监控价格、对商品的价格进行调整
	热卖商品分析	直接关系到店铺的曝光率和流量,需实时查看数据、更新库存
	绩效评级	准时发货率、分拣中心准时到达率、取消订单率、退货率等数据

需要指出的是,信息资源协同下各大平台信息要素协同有利于卖家进行平台间对比,也有利于高校、企业在教育资源搭建中开展平台利弊分析、商品发展趋势分析。

3. 技术资源协同

在跨境电商技术资源协同范畴下,信息资源采集、平台资源分析、人力资源共享等

---

① 郭海玲.跨境电商信息服务生态系统构成要素与概念模型研究[J].商业经济研究.2021(19):92.

都需要有技术的保障。跨境电商平台通过技术资源协同获取创新资源,实现技术联合攻关。当前,在以技术为支撑的协同服务发展中,协同技术的采用具有以 Internet 为基础、以流程为协同和以人为本等特征。基于大数据、云计算技术资源的协同,不仅可以将各类型平台共享的信息资源以及数据进行有效整合,实现海量信息资源的创新,还可以实现跨境用户在不同类型跨境信息服务平台的便捷访问,其目的是从跨境电商信息服务参与者的角度出发,增强共享信息资源的可用性,如增加共享信息资源的数量、获取方式、使用方式以及扩大信息资源的共享范围等。

在硬件技术设备支撑上,通过共建跨境电商实训实习基地和协同创新技术研发中心,开展跨境电商高技术技能人才培养。生产性实训实习基地和研发中心根据先进制造类企业的发展需要,以学习专业知识为目标,承担企业给予产品研发中心的具体工作,由学校和企业共同承担人才培养任务。[①] 此外,也可通过共享知识产权,搭建知识体系协同共享平台。技术类资源由于科技含量高,普遍都具有专利授权保护,高职跨境电商可进一步商议知识产权的共享,并和相关的高技术技能人才培养工作相结合。这样既可以减少跨境电商人才培养方式的教育经费投入成本,又可以促进技术资源的协同共享。

7.2.2 数智驱动,点燃跨境电商产教联盟数智协同的"智慧引擎"

伴随着第三次全球化浪潮的铺开,5G、大数据、云计算、物联网、人工智能、区块链等数字化技术成为市场经济发展的核心驱动力,数字化、智能化、智慧化成为各项事业创新发展的动力源。这也推动了数字化平台经济的迅速发展,为中国企业开辟了高效的出海航线。依托数字化的飞入,我们急迫需要运用数字技术推动商务领域的数字化进程,赋能数字商务建设,为商务领域建设市场相通、产业相融、创新相促、规则相连的良性循环提供数字化支撑,形成强大国内市场。通过跨境电商产教联盟协同育人的创新发展、集约发展、转型发展、协同发展,为推动高水平对外开放提供数字化服务。

自 2020 年以来,新冠疫情冲击了线下实体消费经济,但在数智驱动下,线上经济方兴未艾。跨境电商产教联盟协同人才培养要熟悉消费观念的升级、消费体验的诉求。对于经济的转型升级和消费观念的变化,企业是最先感知的,应当将这些观念传递给高校。传统"以产品为中心",有什么就买什么的模式已经不能满足客户多样化、个性化、定制化的需求。在数智化时代,消费者的体验将会越来越好,商家可以基于大

---

① 赵锋.高职院校协同创新人才培养机制研究[J].中国职业技术教育,2016(10):70.

数据来设计、研发、生产消费者真正需要的、适销对路的智能化产品。正如中国国际电子商务中心联合京东科技发布的《中国消费促进数智化发展报告(2022)》指出,依托数智化技术应用可以更精准地实现供需匹配,全场景多时空连接消费者与商家,大大提升促进消费的相关措施的实施效果,更好地服务需求侧和供给侧,激发消费欲望,扩大消费规模,还可以提高政府工作效率,切实在促消费的过程中起到事半功倍的效果。①由此可见,数智化对企业、高校、政府都有重要的意义,因而对产教联盟的重要性也不言而喻。

近年来,国内消费在直播带货等新兴方式的推动下,呈现出一定的消费经济增长效益。同时,将视野放向国外,跨境电商或许也能受到启发。就营销方式而言,据调查,人们通过浏览社交媒体而产生购买行为的比例越来越高,社交媒体营销是跨境电商运营的重要部分。② 社交媒体(social media):"社交"强调人与人之间的互动以及在互动过程中信息和情感的传递;"媒体"代表渠道,即我们的互动是在哪个渠道发生的,哪些渠道可以更多地覆盖我们的目标人群。境外买家一般喜欢新奇类或实用类的商品。如果商品属于新、奇、特或时尚类的,那么精美的商品图片和有趣的宣传视频就能很好地传播商品;如果商品属于日常消费品,那么就需要给宣传内容增加一些趣味性,使之更适合分享,如将社会热点与商品特点结合。在社交媒体设置商品链接,可以让"粉丝"直接购买,增加商品的销售量。

从物流链来看,数智化也在"大展拳脚"。2022年4月10日,《中共中央 国务院关于加快建设全国统一大市场的意见》发布,释放出全面推动我国市场由大到强转变的鲜明改革信号。该文件明确提出优化商贸流通基础设施布局,加快数字化建设,大力发展第三方物流,推动第三方物流产业科技和商业模式创新。例如,京东物流"亚洲一号"自建的现代化智能物流项目目前已在全国40多个城市投用或建设。将来,智能化物流链必将成为一种普遍趋势。

以上分析仅仅为跨境电商数智化的浅显思考。数智化背景下的产教联盟能发挥出巨大价值。有学者指出,通过建设产业公共服务体系,实现产业供应链上下游的信息共享与资源集聚,通过构建产业资源池、设计智能优化算法,为产业链上下游企业提供企业运营服务与供应链管理服务,为服务范围内的各个企业实现降本增效。③ 该体系给予跨境电商产教联盟很大的参考价值。产教联盟依托数智化建设的最终目的是

---

① 中国消费促进数智化发展报告(2022)[EB/OL].(2022-06-22) [2022-11-16]. https://ciecc.ec.com.cn/article/gzdt/202206/401_1.html.
② 易传识网络科技.跨境电商多平台运营:实战基础[M].北京:电子工业出版社,2020.
③ 陈丽华.数智化产业供应链公共服务体系建设可行性分析[J].国家治理,2022(1):19.

促进校企交流以及合作共赢。对企业而言,降低成本、提高效率是其核心利益,数智人才将成为企业青睐的对象。

在推进跨境电商产教联盟数智化建设过程中,大企业因具备较强的管理能力、技术和较多的资金,是推动产教联盟数智化升级的重要动力。同时,也需要政府的"有形之手"发挥协调作用,解决企业因过度逐利而导致的失灵问题,并积极地对学校和企业进行政策引导,提高学校和企业共建数智化联盟的积极性。具体而言,其一,政府部门需要明确数智化政策支持的方向,鼓励企业加入数智化建设体系,并充分发挥部分企业试点的示范效应,带动行业内的其他企业相向而行;其二,政府应推进数智化的建设标准,为产教联盟数智化体系构造稳定、和谐的联合发展环境,以指引企业和学校健康发展;其三,政府部门还需要及时总结数智化建设过程中的问题,加强行政监管,根据发展中出现的新问题不断完善政策法规体系,建立长效发展的机制。

7.2.3 靶向发力,擘画政-校-企-园多主体协同育人的"发展蓝图"

近年来,不少学者运用协同理论对产教联盟进行了理论性分析,普遍认为政、行、校、企应在高等职业教育中开展多种形式的合作,以培养更多适合产业经济发展的高技能型复合人才。在跨境电商领域,政、校、企联合也十分重要,但还应当考虑另一方主体,也就是"园"(产业园区)。产业园区在本科院校的实践案例中并不少,但在高职教育中却寥寥无几。

较为有特色实践案例的是常州市在职业教育园区中的探索。2002年,常州市委、市政府决定建设一个教育园区。该园区以高职教育为特色,重点在资源共享、集约发展、错位发展以及内涵建设上下功夫,形成高职教育集群发展模式。2005年,在教育园区建设基本完成的基础上,常州市决定建设科技园区,引进中科院等知名研究院,建立企业研发总部。2008年,常州市做出第三次决策,规划建设常州国际创新基地,以产业化为目标,建设企业创研港、科技企业加速器,促进科技研发、成果转化以及企业孵化等。[①] 在此基础上,园区与高校实现了学分互认、专业共建共享、教师互聘、院校专业间差异化发展等。

职业教育园区的发展为跨境电商产教联盟提供了很大的参考价值。近年来,各地、各院校相继成立跨境电商产教联盟,为跨境电商专业提供了不少的发展平台,详见表7-3。

---

① 车明朝.产教融合:如何实现政府主导——常州市科教城管委会"政府主导、产教融合、协同育人"机制的探索[J].中国职业教育,2015(16):14.

表 7-3 跨境电商产教联盟成立统计表

名称	成立时间	相关描述
长三角内陆城市跨境电商产教联盟	2021.7	以联盟为纽带,促进成员企业间资源共享、产业互补、项目联动;促进四省十二城市跨境电商政企沟通、产业互助,实现产业链上下游跨领域价值网的共生,共建跨境电商生态平台,打造优质跨境电商产业生态圈。以大文化、大商圈、大数据为基础,依托浙江自贸区金义片区,植根长江经济带,发挥"义新欧"、义甬舟、跨境电商等大通道的功能作用,充分对接全球其他经济带,进行规模性资源输入和输出,实现国际市场供给和需求精准对接。不定期举办产业对接、人才培训等活动,让行业内电商企业、生产企业、供应链企业以及各类配套服务企业充分交流碰撞,优化整合资源;推动跨境企业与长三角优势产业带、传统外贸企业的深度融合,在数字经济、小商品、新能源汽车、新材料、智能装备制造、生命健康等优势产业培植柔性化供应链。强化联盟与长三角各大院校的战略合作,加大跨境电商人才培育力度,为会员企业及跨境电商生态企业提供专业的人才输送,打造跨境电商人才摇篮,争做企业跨境电商航母、构建长三角内陆品牌孵化开放平台
广东省跨境电商产教联盟	2021.3	该联盟是在广东省教育厅指导下,由广东省跨境电子商务协会与广东省本科高校电子商务类专业教学指导委员会共同成立的,包括华南师范大学、华南理工大学、华南农业大学、暨南大学、广东工业大学、广州大学、广东财经大学、广东科技学院、广州软件学院、广州科技职业技术大学、广东理工学院、广东南方学院、广州番禺职业技术学院在内的14所高校与行业龙头企业将合力培养跨境电商人才
山东省跨境电商产教联盟	2017.3	该联盟的主要职责是为各成员搭建交流、合作与共享平台,集聚跨境电商各方资源,分享跨境电商经验,提升联盟成员跨境电商业务水平;开展跨境电商人才需求分析,制订人才培养标准,完善人才培养体系,共享线上线下教学资源,不断提升跨境电商人才培养质量,带动全省院校跨境电商专业建设;畅通跨境电商人才供需渠道,优化跨境电商专业人才就业环境,解决企业人才需求瓶颈,提供再培训服务;组建跨境电商专家智库,开展跨境电商理论、政策和应用研究,为政府制定政策提供智力支持,为行业组织规范跨境电商生态环境提供意见建议,为企业发展跨境电商业务提供咨询服务;每年举办全省跨境电商业务实操比赛,以赛促教,以赛促学;承担政府有关部门交予的工作任务,承担各有关企业、事业单位委托的项目
中国(浙江)-中东欧跨境电商产教联盟	2021.6	该联盟由浙江纺织服装学院牵头,吸引了跨境电商龙头企业、行业协会、国际商会、产业园区、本科和职业院校以及以宁波市教育局、商务局等部门为依托的专家、智库、研究机构等32家单位首批加盟 该联盟成员以义甬舟开放大通道的高校与企业为主,围绕"一带一路"倡议和中国-中东欧国家合作搭建平台开展合作。联盟重点项目包括6个部分,涵盖人才培养、跨境电商实践与研究、教育、人才、科技的国际交流与合作等内容

续 表

名称	成立时间	相关描述
中国(无锡)跨境电子商务综合试验区人才培养产教联盟	2022.3	将建立教育与产业对接协作机制,深化"课证赛"融合教学模式改革,加快跨境电子商务人才培养,培育外贸新业态,为稳外贸注入新动能,搭建政、行、企、校之间的交流合作平台,打造无锡跨境电商"智汇谷"

这些跨境电商产教联盟一方面实现了高校之间、本科与职业教育之间的有机联合;另一方面使大部分联盟有行政力量的嵌入、指导。当然,部分跨境电商产教联盟仅由高校、企业两方参与,明显呈现出后发力量不足的困境。而大部分职业院校产教联盟没有产业园区的支撑,学生相对少了很多实践锻炼的机会。

以重庆为例,迄今为止,重庆暂未有跨境电商产教联盟。可依托国内多地已建成的跨境电商产教联盟,擘画重庆跨境电商产教联盟的"发展蓝图"。截至2022年,重庆创立了西永跨境电商产业园、两江新区跨境电商产业园,为跨境电商产教联盟下一步发展提供了部分基础。跨境电商产教联盟需要政-校-企-园的多方发力。

1. 战略引领,驱动发力

建议政府以市场运作机制为导向,通过制订和实施电商人才培养战略计划,完善人才培养的行政驱动力量;进一步完善财政支持制度,增加对大学生创业扶持的资金投入,进一步深化改革金融体制,拓宽跨境电商创业资金的渠道;健全完善基金管理机构、优化创业基金运作方式,进而加大对大学生跨境电商创业相关的专项经费的支持力度。

2. 创新引领,创业发力

建议高职院校进一步完善人才培养目标,设置多阶段、多层次的培养计划。完善包含跨境电商核心专业课程、行业课程、创新创业课程等在内的教育课程体系,完善包括课程与毕业设计、岗位实习实训、创新创业训练计划、专业竞赛、创业实践等多元化的实践教育体系,要注重学生创造创新能力的培养。高职院校也要主动加强与政府部门、跨境电商企业、跨境电商园区的有效对接。

3. 企业协同,实践发力

企业应当确定自己的参与主体地位,要积极、主动、全程参与到人才培养方案的设计和实施过程中。建议建立和完善产业经费资助制度,加大企业在人才培养中的资金投入,从而促进大学生创业胜任力的培养。同时,企业也能通过政产学合作,促进企业

4. 园区协同，融合发力

进一步完善学校-园区的协同育人机制，加大投入协同培养跨境电商人才的实践和创业孵化基地。将园区的优质教育资源与学校共享，可实现集约发展，大幅度节约学校办学成本，实现教育资源效用的最大化，也可使各高职院校融为一个整体，使其可以更好地协调高职院校发展，以及与产业的融合协同。最终使园区-学校协同发展从"促生"阶段走向"成形"阶段，再走向"成熟"阶段。

7.3 探索"多维教学互动"的产教联盟协同育人新路径

从改革开放之初至今，我国关于产教融合的相关说法大致上经历了"产教结合"、"工学结合""校企合作""产教融合"4个阶段。从2017—2022这5年的时间里，国家相继出台了一系列与职业教育改革发展有关的政策、文件，我们仔细梳理后发现，产教融合已然成了国家职业教育发展的长期战略，如图7-2所示。

图 7-2 2017—2022 年政策保障

2017年1月，国务院印发《国家教育事业发展"十三五"规划》，其指出：推动具备条件的普通本科高校向应用型高校转变，把办学模式转到产教融合、校企合作上来，到

"十三五"末,建成一批直接为区域发展和产业振兴服务的中国特色高水平应用型高校。2017年10月,十九大报告明确要求"完善职业教育和培训体系,深化产教融合、校企合作",标志着"产教融合"已经上升为一种国家制度安排和新时代治国方略。2017年12月,国务院办公厅印发《国务院办公厅关于深化产教融合的若干意见》,强调"深化产教融合,促进教育链、人才链与产业链、创新链有机衔接,是当前推进人力资源供给侧结构性改革的迫切要求"。"产教融合"成为新时代高等教育的新理念、新思维、新模式。

2018年,教育部办公厅发布《关于开展职业教育校企深度合作项目建设工作的通知》,就是为了顺应新一轮产业革命,推动一批行业龙头企业设立校企深度合作项目,带动职业院校进一步面对市场办学。为了响应号召,地方人民政府也开始出台了深化产教融合的地方法规,如《浙江省人民政府办公厅关于深化产教融合的实施意见》《福建省人民政府办公厅关于深化产教融合十五条措施》《广东省人民政府办公厅关于深化产教融合的实施意见》《重庆市人民政府办公厅关于深化产教融合的实施意见》等,地方人民政府开始用地方法规的形式对落实"深化产教融合改革"的新建本科高校给予政府财政支持,对落实"深化产教融合改革"的相关企业给予政府财政支持和优惠政策。

2019年2月,《关于印发国家产教融合建设试点实施方案的通知》明确指出,深化产教融合,促进教育链、人才链与产业链、创新链的有机衔接,是推动教育优先发展、人才引领发展、产业创新发展、经济高质量发展相互贯通、相互协同、相互促进的战略性举措。开展国家产教融合建设试点,必须坚持问题导向、改革先行,充分发挥城市承载、行业聚合、企业主体作用。

2020年9月,教育部等九部门印发的《职业教育提质培优行动计划(2020—2023年)》中提到,深化职业教育产教融合、校企合作,健全以企业为重要主导、职业学校为重要支撑、产业关键核心技术攻关为中心任务的产教融合创新机制。

2021年12月,第八届产教融合发展战略国际论坛(线上)聚焦"新阶段新征程——以新理念构建高质量发展新格局"主题,引导应用型本科高校服务国家创新驱动发展战略,深化产教融合、校企合作,构建高水平人才培养体系,提升毕业生就业质量,提高教育服务构建新发展格局的能力。

2022年4月,教育部办公厅发布《关于学习宣传和贯彻实施新修订的职业教育法的通知》,提出职业教育必须坚持中国共产党的领导,坚持社会主义办学方向,贯彻国家的教育方针,坚持立德树人、德技并修,坚持产教融合、校企合作,坚持面向市场、促进就业,坚持面向实践、强化能力,坚持面向人人、因材施教。

在国家大政方针的引领下,职业教育坚持中国共产党的领导,坚持社会主义办学方向,贯彻国家的教育方针,坚持立德树人、德技并修,坚持产教融合、校企合作,坚持面向市场、促进就业,坚持面向实践、强化能力,坚持面向人人、因材施教的相关行动一度成为我国高教界、产业界和社会各界热议的话题。在职业教育深化改革的路径抉择中,正如《中国教育现代化2035》所要求的,要"推动职业教育与产业发展有机衔接、深度融合"。如图7-3所示,在教学互动过程中的创新人才培养的主要路径探索有:基于受众针对性的内容整合和梳理,完善教学内容与课程体系间的协调互动;基于"欲望激发动力"构建学生求知欲与创新创意人才培养间的协同互动路径;基于高技能人才培养目标实现科研与教学无障碍互动人才培养模式;打破技能竞赛与教学项目间的屏障,实现项赛融通互动,协同育人;基于供需契合,最大限度地满足职业素养与专业技能在教学中的互动效应;基于"三新"现状,形成人才培养与就业结果互动的育人反馈系统。

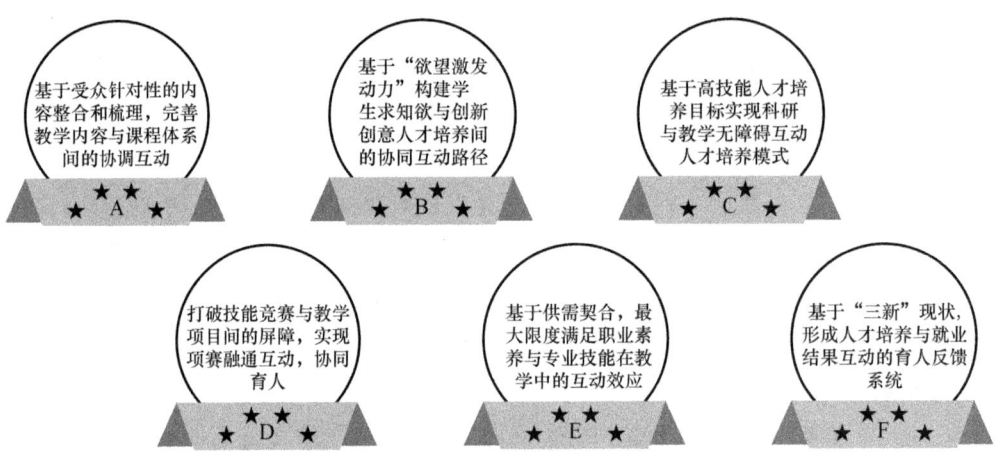

图7-3 产教联盟协同育人互动反馈系统

7.3.1 基于内容跨界融合,完善教学内容与课程体系间的协调互动

随着跨境电商产业的不断发展以及学生对跨境电商理论知识和技能的不断追求,以夯实基础、拓展技能、教学相长为目标,建立跨境电商"两路、三线"的课程体系。"两路"是指理论课与实训课两条路,通过实训课强化实训课程,提高学生的动手操作能力和创新创意的能力。"三线"是指如下3个方面。①基础理论课程线开设课程:跨境电商基础、英语口语、国际商务函电、国际货运代理实务、报关实务、国际商法。②专业核心课程线开设课程:跨境电商多平台运营(初级)、跨境电商多平台运营(中级)、跨境电

商运营实务(初级)、国际贸易实务、国际商务函电。③专业实践课程线开设课程:交际口语实训、国际贸易实务实训、外贸单证实务、报关实务实训、国际商务函电实训、互联网＋国际贸易综合模拟实训等。

通过课程体系与教学内容的整合梳理,促进经验策略层面的转变,有助于技术技能落到实处,具有真实的工作逻辑结构,从而达到因材施教的目的。对专业涉及的教学内容进行全面的考查,并完善专业指导方案和评价体系,从而达到对具有专业实践能力和相关策略、经验人才的养成目标,使其在专业相关领域可得到长效的发展。[①]"互联网＋"、人工智能等的崛起让跨境电商产业面临升级创新,而"1＋X"证书制度则是要求学生在毕业时要掌握核心专业能力与多项职业技能,该制度的实施建立在学校课程体系和证书培训课程体系的基础上。因此完善相关教学内容与课程体系,更容易找到育人的结合点。例如,跨境电商专业中的电子商务、移动商务、跨境电子商务、物流管理这些专业在目前已公布的四批"1＋X"证书内,可以共同选考电子商务数据分析、跨境电商 B2B 数据运营、快递运营管理、社交电商运营、跨境电子商务多平台、跨境电商 B2C 数据运营、电子商务客户服务、直播电商、新媒体营销、自媒体运营等中级职业技能等级证书。通过分析这些证书的标准可发现其基本属于当前电子商务岗位的典型工作任务的要求,因此将所选的证书进行归类,并将"X"证书的标准进行解构,并将其与"1"学历证书内的课程进行重构,搭建跨专业的"基础共享＋岗位核心＋拓展互选"书证融通课程体系;以"公共基础课"为主体构建"基础共享模块",保证专业群人才培养的基本规格,并达到学生全面发展的共性要求。

根据各专业岗位核心能力培养的配置,设置"岗位核心"模块,包括基础理论课和实训课,保持不同专业课程的差异;按照方向设置"拓展互选模块",嵌入"X"证书课程,满足学生个性化发展需求。[②] 从课程内容的创新要求来看,可以让网络营销与物流知识相融合,以培养更全面多能的跨境电商物流人才;利用网络资源和平台帮助学生更深入理解理论知识;课堂上巧妙设问引导学生对知识点进行更深入的思考,让学生不是被动接受知识;关注物流细分领域人才的培养;用互联网思维进行教学和课堂设计。[③]

开展校企深度合作、产教深度融合,提高企业参与课堂教学的程度,使企业业务尽早介入课堂教学;将课堂变成办公室,学生变为准员工,使企业文化渗透进课堂。这样

---

① 战菲.高职院校产教融合长效机制构建:以跨境电商专业为例[J].企业科技与发展,2021(4):187.
② 赵思思,李丽悉.1＋X证书制度下高职新商科人才培养实践——以跨专业互动教学为视角[J].天津中德应用技术大学学报,2021(12):26.
③ 梁远芳,刘忠萍,骆柳毅."一带一路"背景下跨境电商物流课程教学新思路探索[J].信息版网络商务,2022(1):188.

可以全面提高学生的职业素质,提升学生的企业认同感,并可以让学生尽早规划职业生涯,形成正确的职业观,提高职业忠诚度。具体做法可以是:①鼓励授课教师创业、开办跨境电商公司,创新师资;②变任务驱动为业务驱动,创新课堂教学内容;③量化业务考核,创新课堂教学考核方式;④带入企业文化,创新课堂教学内容;⑤引入企业例会,创新课堂教学形式。① 通过课程体系与课堂教学内容的互动,让产教深度融合,也让校企合作育人,共同搭建课程体系并推进课堂教学创新。

7.3.2 基于"欲望激发动力",构建创新创意人才培养的协同互动路径

创新创意已经成为民族进步、国家竞争的永久动力,在教学过程中,形成学生求知欲和创新创意人才培养的良性互动,可提升国家的自主创新能力,也能让国家在未来的国际创新人才竞争中占据领跑地位。科学研究表明,在一项创新成果的发明中,智力因素最多占30%,而情商尤其是求知探索的动机因素占50%以上。② 创新人才的培养不应局限于目前对教材上知识的咀嚼,应通过教学方法、与时俱进的内容等激发学生的求知欲,最后让学生的创意想法转变为创新创意行动。为此,将学生的求知欲与创新创意人才培养的互动贯穿到如下的教学过程中。

在教学内容的设置上,教师只需要将大概的知识框架介绍给学生即可,为学生的求知欲留下足够的思考空间;在教学问题的设计上,教师要挑选能引起学生激烈讨论的问题;在教材选取上,教师要选带强烈引导式问题的教材。杨英法教授认为,传统的教材编纂法属于"显示完美式的教材编纂法",为显示教材的权威性而将相应领域的所有问题都尽量解决掉,或采取各种方法尽量回避或隐藏相关问题,乃至尽量避免在教学实践中激发学生对相关问题的思考,这不仅抑制了学生的求知欲望,而且不利于学生创新意识和创新能力的培养。③ 因此高职院校在选取跨境电商专业教材时要认真研读,结合当前的新局势、新发展,选取具有前沿性、问题引导意识强烈的专业教材,也可根据学校自身在跨境电商专业建设上的需要和本校学生的基础情况,选取相关教材。比如,组织相关专业的教授和专家以"显示问题式教材编纂法"编纂有利显示专业前沿问题的专用教材,让学生的求知欲拥有充足的发挥空间,并产生强烈的创新意念和解决问题的求知冲动,从而有力地推进学生创新能力的提升。④

---

① 鲁鸿雁.基于产教深度融合的跨境电商类课程课堂创新探讨[J].人才培养,2018(6):80.
② 涂铭旌,唐英,张进,等.创新型人才培养的思路、方法及路径(一)[J].西华大学学报(自然科学版),2012(4):3.
③ 杨英法.显示问题式教材编纂法构想[J].河北工程大学学报(社会科学版),2009(4):72.
④ 雷长柱.创新型人才培养与学生求知欲良性互动机制的构建教育[J].教育评论,2015(3):22.

合理认知学生求知欲与创新创意人才培养的关系。创新创意人才不仅首先要具备广博的知识结构,还要具备创新的思维、独立思考的能力和积极的创新创意品质。因此,从创新创意的角度来看,这类人才是一类复合型人才。据此,在教学过程中,适时激发、精心培育并科学引导学生的求知欲,既有利于拓展学生知识结构的广度和深度,也有助于培养学生的理性思维、发散思维和元认知思维,让学生在求知欲的燃烧中时刻具有求实严谨的科学精神、执着无悔的创新意志和探索求真的求知动力,从而最终以深刻的洞察能力、丰富的想象能力、敏锐的观察能力、科学的推理能力和高效的知识转化能力不断满足自身的求知欲望,最终在求知与创新的自我满足中实现向创新人才的蜕变。[①]

对学生求知欲与创新创意人才培养的评价应当纳入学校对学生的综合评价体系中。关注学生的求知动机、求知态度和整个求知的过程,不用一考定终身的老套评价方式。让评价内容多元化,实现高等教育评价体系与创新人才培养和学生求知欲的有效衔接,将可有效激发学生求知欲的创新思维、创新知识、创新能力和创新人格等创新综合素质具体量化为切实可行的评价指标,形成一种既满足学生求知欲望又有助于培养学生创新意识和创新能力的教学评价体系。[②]

7.3.3 基于高技能人才培养目标,实现科研与教学的纵横互动

科研与教学的互动有助于培养高技能人才,该人才培养模式是基于德国双元论建立起来的。双元制建立在职业教育技术性人才培养的基础上,是德国具有立法支持的办学模式。[③] 图 7-4 所示为基于高技能人才培养目标实现科研与教学的纵横互动。

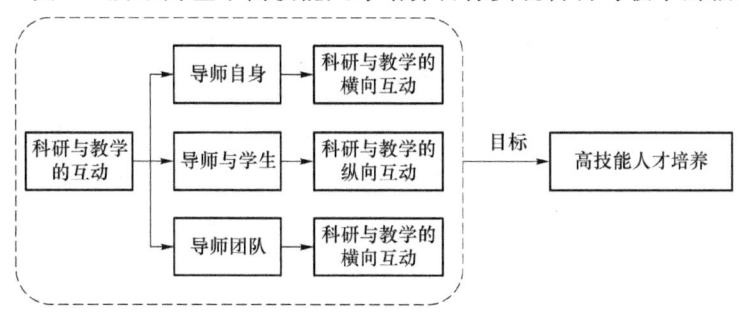

图 7-4 基于高技能人才培养目标实现科研与教学的纵横互动

---

① 孙磊.简论学生求知欲的激发[J].兰州教育学院学报,2010(2):76.
② 雷长柱.创新型人才培养与学生求知欲良性互动机制的构建教育[J].教育评论,2015(3):22.
③ 教育部办公厅关于建立职业院校教学工作诊断与改进制度的通知[EB/OL].(2015-07-07)[2022-10-09]. http://www.moe.gov.cn/srcsite/A07/moe_737/s3876_2dgj/201507/t20150707_192813.html.

从学生的角度来看,科研团队的学生成员在学校学习期间,不仅能够从课堂上学到基础理论,还能够跟随学业导师和企业导师开展与跨境电商相关的科学研究。学生利用课余时间或者寒假暑假到企业实习,其身份是多重的,是在校学生,也是企业的实习员工,这样既能培养学生市场的交际能力,也能让团队成员间开展合作工程。既然教学和科研互动这么多利好,那么学生首先要处理好学习与科研的关系,不能再以听教师讲解示范为主,自己模仿练习为辅,应当本着学真知识、长真本领、得真技能的心态处理好学习和科研的关系,以学促用,学用相长,以参与的科研为素材,将其作为毕业论文的选题方向并在学习期间发表一些小论文,获得一些科研成果奖等。另外,通过参与科研团队学生能获得更多"走出去"的机会。比如,借助于科研的契机,学生可以和导师团队一起参加国内外关于跨境电商的高水平学术会议和高标准的行业交流会,从活动中,主动学习、吸收与跨境电商专业相关的前沿信息,增长见识,拓宽自己的学术眼界,从而找到研究的方向。学生参加完活动回到学校后和同伴之间通过学术沙龙的形式分享,不仅可以加深记忆,还可以让同伴也得到学术的熏陶,从而让他们也找准自己感兴趣的点进行研究。

从导师与学生的角度来讲,学生从教师提供的科研机会中学会了拓展自己的知识面,从课堂走出去了,走向了研学研究,走向了应用,使理论的架构在科研中得到了证实,用证实的研究成果指导电商操作,再用实践操作反哺课堂教学,让导师的课堂变得更加的灵动和丰富。

从导师的科研团队角度来讲,就身份而言,其有校内专职的教师、企业的培训老师等身份,用他们独自拥有的资源,带领学生参加横向课题研究,帮助学生提升发现问题、凝练问题、分析问题、解决问题的能力;强化学生在电商领域的科研实践能力,通过对跨境电商企业进行调研、利用顶岗实践促进科研成果和技术的转化,优化人才培养方向,实现人才价值最大化。就交互作用而言,在导师对跨境电商的课题进行研究过程中,其研究成果的转化能丰富课堂上的讲解内容,丰富跨境电商案例,带动学生接触最新的动向,从而让课堂更有动感。条件允许时,将学生的毕业论文工作与教研室、指导教师个人的科研项目相结合,既能促进教学研究的整体进展,又能保证学生毕业论文的质量。[①]

教学与科研的互动就像知识与技能的循环迭代,学生能在交互中从行业企业的问题中获得研究的灵感。只有将教学与科研结合,才能培养出高技能的创新人才。

---

① 孙波.高等师范体育教育专业学生科研能力培养的对策研究[J].四川体育科学,2004(1):92.

7.3.4 打破技能竞赛与教学项目屏障,实现赛项融通互动

跨境电商竞赛能够满足学生各项能力的培育需求,如"阿里巴巴跨境电商全国高校场挑战赛""全国跨境电子商务技能竞赛""跨境电商智能算法大赛""全国跨境电商创新创业能力大赛"等,能让学生在参与的过程中能力得到飞速的增长。项目课程是当前高职教学中非常流行的一种教学模式,需要将职业岗位的工作任务作为核心内容,构建与之相符的课程体系,根据学生的发展需求来设计教学内容、组织课堂活动,要求学生按照要求完成任务,以提高其职业能力。[①]

教学项目和技能竞赛间的融合属于跨界式的融合。校内外的实训属于校内或区域内的技能实操,无法为学生提供钻研更深的跨境电商专业知识和锤炼更高跨境电商技能的渠道和平台;学生职业技能和专业知识要向上发展,就不能局限于在校内或者某个跨境电商企业内进行实训;技能竞赛在一定程度上能够为高职院校的学生提供专业学习、专业协作以及知识共享的机会,并且能够突破区域性限制,让学生拥有跨专业、跨院校、跨省份进行同台竞技的机会,能够促进教师和学生学习的主动性、创造性和实效性。例如,电子商务技能竞赛涉及美工、客服、运营推广内容,这些内容在专业实训课和"1+X"证书方向模块课中均可以融入,通过平时教学项目选拔优秀学生代表参加技能竞赛,可以全面提升学生的专业技能水平,同时培养学生的创新精神。[②]打破教学项目与技能竞赛间的屏障,要正确认识以下几点。第一,竞赛的目的是在竞赛规则和技术严格要求的前提下,让学生对自身的能力培养进行按部就班的训练,通过平时的模拟训练和真正的竞赛找到自身所掌握知识的漏洞和不足,不断增加自身的知识储备量,提高自身的技术水平。第二,参与技能竞赛的过程是要把平时各项目教学的方式方法进行和融合,按照竞赛类别把各项目的教学内容重新整合应用。第三,竞赛的结果不是评判的唯一标准,这仅仅是对参与过程的一种评价方式,学生若竞赛失败了,则可以通过竞赛结果的分析,找出自身的不足与差距,向获得竞赛成功的团队学习,从而在回到项目学习的时候,更懂得如何将项目内容进行深化细化,为日后再次竞赛养精蓄锐,储备知识。第四,参与技能竞赛的最终目的是提高自身专业知识和获取相关规范,最终打破项目学习与技能竞赛间的屏障,使两者能融通互动。

教学项目和技能竞赛反映了跨境电商企业对人才的技能要求,一方面高校能及时

---

① 朱薇.典型项目+技能竞赛引领在高职跨境电商教学中的应用[J].科技咨询,2019(29):222.
② 赵思思,李丽悉.1+X证书制度下高职新商科人才培养实践——以跨专业互动教学为视角[J].天津中德应用技术大学学报,2021(12):26.

发现学生与企业所需人才之间的差距,并让学生产生切身体会,自觉改善自我,而且高校能根据跨境电商行业的发展动态来进行教学改革,激发出学生的学习兴趣;另一方面企业可以选择竞赛中的优胜者,为企业储备人才,不仅对学生有益,还能提高企业的参与积极性,提高企业与学校合作的积极性。通过技能竞赛的参与,反哺跨境电商教学活动中的应用能够有效发挥出典型项目的教学作用,满足了当前学生的个性化需求。对教学内容进行合理搭建,以竞赛项目为基础深化校企合作,充分考虑到学生理论学习、实践锻炼等各方面需求,在真实的项目中,学生也能及时发现问题并根据市场岗位要求来解决问题,从而成为社会发展中综合素质过硬的跨境电商人才。[①]

7.3.5 基于供需契合,促进职业素养与专业技能在教学中的融合互动

跨境电商行业的职业素养是跨境电商学院德育的延伸,职业素养是指职业内在的规范和要求,是在职业过程中表现出来的综合品质。职业核心素养不同于专业技能,特指学习者在学习终端阶段应具有的必备品格和关键能力,学习直接与职业环境和岗位能力相对接,关涉个体的社会适应性、岗位竞争力和职业发展性等。[②] 职业素养培育是高职教育中的重要环节,《职业技能提升行动方案(2019—2021年)》提出:要将职业道德、职业规范、工匠精神等职业素养和岗位相关内容贯穿职业技能培训全过程。[③] 立足新时代,高技能人才不仅要具备高超的专业技能,还要具有高水平的职业核心素养,正因如此,职业核心素养的提升正逐渐成为高等职业院校人才培养的重要目标,构筑职业核心素养与专业技能一体化培育的模式也成为新时代不断推进职业教育质量提升的题中之义。[④]

传统的跨境电商专业人才培养更偏重对专业技能的培养,对职业素养的培养关注得较少,因此,造成该专业学生的知识结构更强调深度和精度,而知识的广度和管理能力等明显不足,学生往往缺乏人文素养、人际交往和社会责任等职业素养,还存在思维固化、缺乏灵活性和发散性、难以打破固有规则和框架等问题,在情感和行为方式上比较刻板,不善于交流,在一定程度上影响信息共享、团队合作。[⑤] 基于高职院校学生全

---

① 朱薇.典型项目+技能竞赛引领在高职跨境电商教学中的应用[J].科技咨询,2019(29):224.
② 张志军,郭莹.高职学生职业核心素养培育路径探究[J].中国职业技术教育,2017(4):52.
③ 国务院办公厅关于印发职业技能提升行动方案(2019—2021年)的通知[EB/OL].(2019-05-24)[2022-11-21].http://www.gov.cn/zhengce/content/2019-05/24/content_5394415.htm.
④ 谢鑫.高职学生职业核心素养与专业技能一体化培育的新模式探索[J].中国职业技术教育,2022(1):80.
⑤ 张晓娜.工科学生专业技能和职业素养一体化培养[J].食品工业,2022,43(8):219.

面发展理论,结合跨境电商专业技能和电商职业素养的培养特点,创新有机融合机制,让专业技能和职业素养在教学中形成互动效应,让学生自觉地用职业标准严格要求自己。学生是职业素养养成的主体,在现代职业教育中,其同样更注重专业知识的学习、专业技能的掌握,更关注各种职业技能资格证书和等级证书的获取,而忽视了职业素养的养成。[①] 跨境电商行业的专业技能是跨境电商专业培养的技术技能人才最基础、最关键的素养之一。应按照国家规定、行业性质、岗位需求的标准,通过权威机构的考核,对跨境电商人才的专业知识和专业技能进行客观、公平、公正的评价。专业技能即跨境电商专业培养的技术技能人才将来顺利就业所必须掌握的技术,学生具备扎实的专业技能是能顺利就业的保障。具体来讲,专业技能包含熟练掌握本专业的基础知识、行业所要求的外语、操作计算机的技能以及取得与行业或岗位相关的资格证书等。[②]

基于供需契合,要最大限度地促进职业素养与专业技能在教学中的融合互动,从专业技能考量,可以从重构知识体系、改革教育教学方式入手;从技能与职业素养的融合考量,可以从实践技能提升工程、求知技能提升工程入手;从职业素养考量,可以从文化素养提升工程、潜能素养提升工程入手,使之在教学中产生互动效应。以跨境电商专业技能和职业素养的融合为例,实践技能提升工程可提升学生的实践创新能力,也可提升学生将跨境电商的专业技能转化为电商职业素养的核心竞争力。校外实践团练是指结合主题党日、暑期社会实践和服务地方经济等开展的活动,组织学生开展有目的有意义的校外活动能在提升学生实践技能的同时,培养他们的组织管理、人际交往和学以致用等能力。学练赛一体化即将电子商务专业技能大赛内容融入日常课程学习中去,增强学习的趣味性和目的性,达到学、练相融合,使学生在课堂学习知识,在课外整合知识,在比赛中总结优势,发现不足,补齐短板,从而做到学以致用,提升自身的专业能力。在校企平台搭建方面,积极创建高质量稳定的校企合作平台,实现"校内辅导员、企业辅导员、校内实习指导老师、企业实习指导老师"四维一体的综合管理体系,探索切实有效的校外实习管理模式,实现毕业即就业的零距离衔接。[③]

职业素养与专业技能的互动培养是一项系统工程,要充分考虑社会、行业、企业的需求,根据目标岗位的需要来制订相应的人才培养方案,面向需求侧改革供给侧,使职

[①] 何薇,侯贺.南京市医药行业技能型"准职业人"培养模式中职业素养养成的探究[J].佳木斯职业学院学报,2017(11):46.
[②] 谢金.应用型本科院校技术技能人才职业素养探析[J].决策探索,2015(8):55.
[③] 张晓娜.工科学生专业技能和职业素养一体化培养[J].食品工业,2022,43(8):220.

业素养培育和专业技能培养更具时代性和现实性。① 这样的融合互动的最大特点依然是以学生为主体、以需求为导向、以精准为原则。应贯通纵向,打破学历教育壁垒,强化人才培养的"过程性";横向延展,提升跨境电商职业素养,实现人才培养的"全面性",提升人才培养的"实践性"。

7.3.6 基于成果导向教育,构建人才培养与就业结果互动的反馈机制

当前跨境电商专业的毕业生就业面临的新形势、新挑战和新机遇,将就业贯穿人才培养的全过程,以就业结果促进专业教学改革,形成人才培养与就业结果的良性互动评价体系。成果导向教育(Outcome-based Education,OBE)是人才培养的基本要求和核心理念。② 学生是教育的"产品",学生毕业后的发展状况是衡量学校和专业在人才培养理念、培养模式、教学质量、培养效果等方面的重要标准,因此需要从毕业生对社会、企业的贡献及学生个人在社会中的发展两方面进行检验。通过学生在工作一段时间后对在校期间培养经历的反馈,以及用人单位对学生能力素养的评价,了解学生在校期间是否掌握了应具有的知识、能力、素质及其需要改进之处,专业据此适时调整人才培养的内容及模式,从而不断提高人才培养质量,以满足国家、社会和用人单位的需求。③ 跨境电商作为2019年新增补的专业,具有以前国内电子商务的特色,在该领域应培养具有创新开拓精神、能独立落实海外市场工作并在工作中能赋予出口产品中国属性等的高素质电商人才。通过对毕业生的跟踪反馈和社会对毕业生的评价,了解学生毕业后对国家、社会、企业的贡献,适时调整跨境电商专业的人才培养目标。首先可以构建毕业生跟踪反馈评价机制,毕业生包含应届毕业生和往届毕业生;其次可以构建社会跟踪反馈评价机制;最后可以将评价的结果应用到跨境电商相关专业的改革中。

1. 企业需求与专业设置的互动反馈

围绕市场需求动态调整设置专业,以就业为导向,建立专业预警、退出、动态调整机制。定期专题分析近几年的专业招生情况,对专业进行详细梳理,认真研究和分析专业设置能否适应区域经济发展需要,尤其是能否适应经济结构调整和新承接产业需

---

① 谢鑫.高职学生职业核心素养与专业技能一体化培育的新模式探索[J].中国职业技术教育,2022(1):83.

② 郑秀英,王海滨,姜广峰.以专业认证标准为指导,深化高等工程教育改革[J].高等工程教育研究,2011(5):53.

③ 纪仁杰,刘永红,李小朋,等.OBE理念下机械专业人才培养跟踪反馈机制的构建[J].高教学刊,2021(7):160.

求。大力推进专业设置与产业需求的对接,将现有社会需要且定位准确的专业进一步做大做强;将定位不准但社会仍有需求的专业及时调整定位;将社会需求较少或不需要的专业及时下决心淘汰或取消,实现专业实时跟随市场设置、市场推动专业调整的良性互动联动。

2. 人才培养与就业导向的互动反馈

要培养高质量人才,让其具备就业竞争实力,首先要制订好人才培养与就业导向的互动反馈顶层设计。将就业贯穿整个人才培养方案,实现专业设置与产业需求对接、课程内容与职业标准对接、教学过程与生产过程对接、毕业证书与职业资格证书对接、职业教育与终身学习对接、教学设备与生产设备对接、学院教师与企业员工对接、课堂管理与企业管理对接的"八对接",对照最新职业标准和企业要求的生产过程,查找教学内容是否陈旧落后,教学方法是否机械守旧,要让企业深度参与人才培养方案的制订过程,为提升毕业生就业竞争实力做好顶层设计。

其次要强化师资队伍建设。注重师资队伍的梯队建设,打通青年教师的成长通道,进一步加大对教师专业的培训力度,提升教师的教学能力,尤其加强教师对新工艺、新技术、新理念的学习。对于一些被淘汰专业的教师,要引导其主动转变思想,学习新知识,做好新定位,实现知识和技能的实时更新,为提升毕业生就业竞争实力提供师资保障。

最后,推进产教深度融合。实行具有订单特色的"2+1"人才培养模式,设置"大唐班""富士康班"等以企业命名的"订单班";与企业共建院内"校中厂",如大唐移动、日本的法兰克数控维修、河南信誉汽修等项目;与200多家国内外知名企业共建校外实习基地,安排毕业生顶岗实习,使学生在学院学习的技术、操作的设备与企业需求无缝对接,为提升毕业生就业竞争实力搭建硬件平台,实现人才培养影响就业导向、就业导向反馈人才培养的良性互动。

3. 就业导向与工作实绩的互动反馈

以科学量化指标评价校内就业工作。根据跨境电商专业的就业政策落实情况、就业工作开展情况(提供就业岗位情况、思想教育情况、跟踪调查情况、创业教育情况、理论研究情况等)、就业率与就业质量绩效情况和创新工作及获奖情况进行量化考核,考评结果与评先评优相结合,与招生计划和新专业开设相结合,与就业工作经费相结合,与就业奖励经费相结合,通过科学评价和绩效考核激励推动就业工作开展,实现就业导向影响工作实绩、工作实绩反馈就业导向的良性互动联动。

4. 就业结果与教学效果的互动反馈

以就业结果促进专业教学改革提升。教育部已发出通知,要求各院校自2014年起编制和发布毕业生就业质量年度报告,将就业质量情况作为招生计划安排、专业调整、教育教学改革等方面的重要参考。在学习借鉴先进经验和规范制订就业结果量化指标的基础上,突出第三方对人才培养效果的评价,对第三方量化的毕业生就业质量数据,以分项和分专业报告的形式,及时将结果反馈系、专业和任课教师,切实发挥就业结果对教学效果的反馈促进作用,实现教学效果影响就业效果、就业效果反馈教学效果的良性互动联动,以提升学校的知名度和美誉度,吸引更多的优秀生。[①]

7.4 探索"多元共治"跨境电商产教联盟培养创新人才的新经验

产教联盟是一个跨组织、跨领域甚至跨地区的多维交互系统。同时,它也是一套主次关系、直接间接关系、合作疏离关系并存的多层次辩证统一系统。产教联盟成员间诸多的复杂关系影响了整个联盟治理能力的提升。因此,多主体开展共同治理是跨境电商产教联盟健康持续发展的有效模式之一。"多元共治"的模式的确对跨境电商联盟的发展大有裨益,但囿于跨境电商专业成立时间不长、专业教师能力不够、社会资源整合欠缺等主客观原因,产教联盟的实质性成效尚未显现。通过近段时间国家对职业教育的相关举措,分析产教联盟的法律支撑、实践探索、责任约束等现实状况,进而探索构建跨境电商产教联盟的竞合并存、和谐共生关系的新经验。

7.4.1 "多元共治"跨境电商产教联盟的法律支撑

法律、政策文件等是"多元共治"跨境电商产教联盟融合发展的硬性支撑。关于产教融合的相关政策文件其实不少,如2017年的《国务院办公厅关于深化产教融合的若干意见》(国办发〔2017〕95号)、2018年的《职业学校校企合作促进办法》(教职成〔2018〕1号)、2019年的《国家产教融合建设试点实施方案》(发改社会〔2019〕1558号)等。但政府的政策文件的执行力度绝大部分只能传导至下级的相关行政部门,并没有法律成文的硬性约束力。

2022年5月,新《中华人民共和国职业教育法》(后简称《职业教育法》)正式实施,可以说为职业教育的高质量发展保驾护航。"产教融合"在新《职业教育法》中共提及9次,并强调了校企合作的重要价值、实施路径,为产教融合过程中企业、行业等弱势话语权主体进行了"法律"赋权。新《职业教育法》中的"产教融合"条款梳理如表7-4

---

① 李四清.新形势下高职人才培养与就业结果互动反馈机制的构建[J].教育与职业,2014(35):115.

所示。例如,明确企业是重要办学主体,可以办学校和培训机构,要深度支持参与职教的高质量发展,深化校企合作。① 同时,学校也提升了自主话语权,例如,职业学校依法具有自主确定专业、教材、教学过程和学习制度、年限和弹性学制、专业课教师聘任等自主权。②

表 7-4　新《职业教育法》中的"产教融合"条款梳理③

章节	条款	具体表述
第一章 总则	第四条	职业教育必须坚持中国共产党的领导,坚持社会主义办学方向,贯彻国家的教育方针,坚持德技并修,坚持产教融合、校企合作,坚持面向市场、促进就业,坚持面向实践、强化能力,坚持面向人人、因材施教
第三章 职业教育的实施	第二十三条	行业主管部门、工会和中华职业教育社等群团组织、行业组织可以根据需要,参与制定职业教育专业目录和相关职业教育标准,开展人才需求预测、职业生涯发展研究及信息咨询,培育供需匹配的产教融合服务组织,举办或者联合举办职业学校、职业培训机构,组织、协调、指导相关企业、事业单位、社会组织举办职业学校、职业培训机构
第三章 职业教育的实施	第二十七条	对深度参与产教融合、校企合作,在提升技术技能人才培养质量、促进就业中发挥重要主体作用的企业,按照规定给予奖励;对符合条件认定为产教融合型企业的,按照规定给予金融、财政、土地等支持,落实教育费附加、地方教育附加减免及其他税费优惠
第三章 职业教育的实施	第二十九条	县级以上人民政府应当加强职业教育实习实训基地建设,组织行业主管部门、工会等群团组织、行业组织、企业等根据区域或者行业职业教育的需要建设高水平、专业化、开放共享的产教融合实习实训基地,为职业学校、职业培训机构开展实习实训和企业开展培训提供条件和支持
第三章 职业教育的实施	第三十条	国家推行中国特色学徒制,引导企业按照岗位总量的一定比例设立学徒岗位,鼓励和支持有技术技能人才培养能力的企业特别是产教融合型企业与职业学校、职业培训机构开展合作,对新招用职工、在岗职工和转岗职工进行学徒培训,或者与职业学校联合招收学生,以工学结合的方式进行学徒培养。有关企业可以按照规定享受补贴

---

① 邢晖.《职业教育法》修订的历程回顾与新法内涵基本点及其影响的分析[J]. 中国职业技术育,2022(24):13.
② 邢晖.《职业教育法》修订的历程回顾与新法内涵基本点及其影响的分析[J]. 中国职业技术育,2022(24):13.
③ 中华人民共和国职业教育法[EB/OL]. (2022-04-21)[2022-09-29]. http://www.moe.gov.cn/jyb_sjzl/sjzl_zcfg/zcfg_jyfl/202204/t20220421_620064.html.

续表

章节	条款	具体表述
第四章 职业学校和职业培训机构	第四十条	职业学校、职业培训机构实施职业教育应当注重产教融合,实行校企合作
第五章 职业教育的教师与受教育者	第四十五条	产教融合型企业、规模以上企业应当安排一定比例的岗位,接纳职业学校、职业培训机构教师实践
第六章 职业教育的保障	第五十八条	企业设立具备生产与教学功能的产教融合实习实训基地所发生的费用,可以参照职业学校享受相应的用地、公用事业费等优惠

尽管新《职业教育法》没有针对跨境电商领域的单独条文,但作为我国职业教育领域的最高权威法律,对跨境电商领域的指导意义还是极大的。在新《职业教育法》的指引下,跨境电商专业教师在大企业实习后实践技能和新技术开发的能力将会大大提升,针对跨境电商专业的学分银行、成果互认、学历证书转换机制也必将加紧建立健全。在减免政策、税费优惠政策等的激励下,跨境电商企业更加愿意主动伸出橄榄枝,欢迎专业教师、学生到企业实践、实习。以上法文对跨境电商产教联盟的参与主体具有较强的吸引力,特别是利益考量优先的企业能够有更多的合作动因。

7.4.2 "多元共治"跨境电商产教联盟的实践探索

根据中华人民共和国海关总署数据,2021年跨境电商出口高达13 918亿元,同比增长28.3%,已经连续三年增长率高达25%以上。在对外贸易发展形势不太乐观的大背景下,跨境电商却交出了一份亮眼的成绩单。这份亮眼的成绩单也使中央和地方商务行政部门看到了跨境电商的发展潜力,纷纷开始探索跨境电商的发展模式。截至2022年3月,全国范围内共有132个跨境电子商务综合试验区。政府的相关举措为高职院校跨境电商产教联盟提供了较强的借鉴意义,更是提供了产教联盟向高质量发展的重要平台。跨境电商产教联盟应充分考虑融入国家发展的实践探索中,具体来讲主要有以下方面。

(1) 积极服务"一带一路"倡议

"一带一路"倡议("丝绸之路经济带"和"21世纪海上丝绸之路")是我国与"一带一路"沿线各国促进经济要素有序自由流动、资源高效配置、市场深度融合,进而谋求共同发展的重大机遇。自2016年以来,中国已同较多国家签署电子商务合作备忘录并建立双边电子商务合作机制,合作伙伴遍及五大洲,"丝路电商"成为经贸合作新渠道和新亮点。截至 2022 年年底,与中国建立电子商务合作的国家包括塞内加尔、乌兹别克斯坦、瓦努阿图、萨摩亚、哥伦比亚、意大利、巴拿马、阿根廷、冰岛、卢旺达、阿联酋、科威特、俄罗斯、哈萨克斯坦、奥地利、匈牙利、爱沙尼亚、柬埔寨、澳大利亚、巴西、越南、新西兰和智利。① 依托"一带一路"倡议,沿线国家的网络基础设施水平大幅度提升,沿线国家中使用网络购物的群体也日渐增多,这对于电商的发展是极为利好的。

"一带一路"倡议的推广和实施,对跨境电商专业的人才培养提出了更高的要求,其中之一就是培养国际化人才。这类人才不仅要掌握跨境电商专业知识,还要增加自己语言、文化、视野等相关方面的知识储备量。这对于高职院校的人才培养而言有一定难度,因为高职院校的学生在小语种上的能力往往比较弱。但无论是在中国处理跨境电商业务,还是赴"一带一路"沿线国家开展跨境电商业务,首要突破的障碍就是语言障碍。因此,进行跨文化、国际化的跨境电商人才培养是"一带一路"对人才培养的更高目标。② 当前,不少高职院校在"一带一路"倡议下开展校企合作的探索。例如,浙江省某高职院校探索出"三阶递进、产教融合"的培养机制,分别在 3 个阶段(1~2 学期、3~4 学期、5~6 学期)逐渐提升学生的专业基础能力、职业能力、综合职业能力。③ 但我们也要看到,现阶段的大部分探索依托的是学校内部和企业的双方力量,其在"一带一路"倡议中发挥的效能并不明显。或许我们应当有更为积极的尝试,为"多元共治"跨境电商产教联盟提供丰富的经验。

(2) 充分用好《区域全面经济伙伴关系协定》

《区域全面经济伙伴关系协定》(Regional Comprehensive Economic Partnership,RCEP)指中国、日本、韩国、澳大利亚、新西兰和东盟十国共 15 方成员签署建立的现代、全面、高质量和互惠的经济伙伴关系框架。RCEP 成员国的相关国家信息如表 7-5 所示。尽管"一带一路"倡议和 RCEP 所含国家有所重叠,但 RCEP 对中小跨境电商企业的贸易价值更高,因为它直接关乎跨境电商企业的成本。正如 RCEP 中正文第十四章第一条提到的:缔约方认识到,包括微型企业在内的中小企业为经济增长、就业和创新做出了重大贡献,为此缔约方寻求促进信息共享与合作,以提高中小企业利用并受益于本协定创造的机会的能力。并且 RCEP 在正文第十四章在第三条中明确规

---

① 全国电子商务公共服务网[EB/OL].[2022-09-20]. https://dzswgf.mofcom.gov.cn/slds.html.
② 邹华胜.服务"一带一路"倡议的我国跨境电商国际化人才培养[J].职业技术教育,2018(15):29.
③ 柴畅."一带一路"倡议下高职应用型跨境电商语言人才培养机制探究[J].中国职业技术教育,2018(17):86.

定要"促进中小企业使用电子商务"。① 因此,对跨境电商而言,RCEP 的落地是千载难逢的发展机遇。正如有学者分析到,RCEP 的签署将从降低跨境交易成本、助推我国跨境电商模式推广、优化区域跨境电商供应链和价值资源以及加速我国跨境电商转型升级 4 个方面对我国跨境电商的发展产生极大的积极影响。②

表 7-5 RCEP 成员国的相关国家信息

国家	人口数	官方语言
中国	14.4 亿	汉语
日本	1.26 亿	日语
韩国	5 200 万	韩语
澳大利亚	2 569 万	英语
新西兰	511 万	英语、毛利语
文莱	45.95 万	马来语
柬埔寨	1 600 万	柬埔寨语
印度尼西亚	2.68 亿	印度尼西亚语
老挝	733.8 万	老挝语
马来西亚	3 275 万	马来语
菲律宾	1.08 亿	英语
新加坡	568.6 万	英语、马来语、华语、泰米尔语
泰国	6 617 万	泰语
缅甸	5 458 万	缅甸语
越南	9 826 万	越南语

自 RCEP 生效以来,各省市相继开展与协定国之间的跨境电商合作。近段时间,重庆市积极与 RCEP 国家开展跨境电子商务合作。2022 年 9 月,中新(重庆)跨境电商产业园正式启动运营。相关的园区建成后,计划在未来五年引进 100 家跨境电商出口和服务企业,孵化 400 家初创企业,总出口额将超过 160 亿元。园区将通过吸纳跨境电商企业入驻,引入亚马逊(Amazon)、来赞达(Lazada)、Jumia 等跨境电商平台,推动传统企业发展跨境电商或利用跨境电商开展外贸业务,实现跨境电商和产业的聚集融合发展,努力建设成为"全国跨境电子商务示范基地""全国跨境电商产学研实践基

---

① 区域全面经济伙伴关系协定[EB/OL].(2022-01-01)[2022-10-27].http://fta.mofcom.gov.cn/rcep/rcep_new.shtml.

② 黄晓凰.RCEP 签署对我国跨境电商发展的影响分析[J].商业经济,2021(4):77.

地""全国跨境电商人才培训中心"。① RCEP 为跨境电商专业学生带来了很多的实习实践机会,特别是一些国际上较为知名的跨境电商平台。

7.4.3 "多元共治"跨境电商产教联盟的责任约束

"责任约束"是一个用于企业经营管理的词汇,在管理学中指企业的主管部门和综合管理部门通过建立一定形式的责任制或制订一系列的规章制度,明确规定企业和职工的职责、任务、权限和完成任务的工作程序等,据以规范和限制企业行为的一种约束机能。由于跨境电商产教联盟本来就有企业参与,应当保持"多元协同"的紧密联系,也需强化"多元共治"的责任约束。责任对于产教联盟参与者是一种制度约束。利益和责任往往是并存的,既应该包含受损,也应当包含受益,这是整体组织一切目标得以实现的重要基础。明晰权责对跨境电商参与者而言意味着有足够的动力提升自身的投入水平,并能够激励和监督其他参与者的投入水平。唯有各个参与的主体承担好自身任务或履行好自身责任,方能保证产教联盟的剩余价值及其合理的分配。就目前而言,无须过多担责的契约关系是强化产教联盟作用的一大阻碍。因此,责任约束的存在是激励政府、高职院校、企业等多方主体深化产教融合的重要条件。

第一,明确责任清单。政府、高职院校、企业、行业等主体在签订产教联盟的合作协议书时,应当开具相应的责任清单,深化各主体在合作中的责任与义务。政府不能单单只承担监督责任,也不能仅仅负责单方面制订规则。在充分利用国家"智库"的基础上,通过契约的形式建立责任清单后,能够明确政府和高职院校在产教联盟合作中的责任。企业作为重要参与者,毕竟能从现行政策中获取不少的好处,不能什么责任都不承担。企业作为实践基地,应当按照协议提供培训的数据,同时也应在合作前设定预期性成果。例如,跨境电商企业承诺实践学生能够完成至少一单跨境电商交易,并且指导学生在交易中获得经验。

第二,建立反馈机制。反馈主体应该是以受培养的高职院校跨境电商专业的学生和高职院校教师为主,同时需要政府作为监督、管理反馈内容的重要角色。在学校负责管理产教合作项目的部门应该联合担起监管责任,这些部门应当包含教务处、质量处、人事处等,应安排专人负责相应的反馈工作,以及时有效监督产教联盟的实质效果。教育行政部门可建立相关的反馈举报机构,包括监督高职院校的问责机构和监督政府的问责机构(可以考虑成立专业委员会)或指派内部的管理部门承担问责任务。

---

① 中新(重庆)跨境电商产业园启动运营[EB/OL]. (2022-09-25)[2022-10-28]. https://baijiahao.baidu.com/s?id=1744940221644204909&wfr=spider&for=pc.

第三,加强市场竞争。增强产教联盟企业参与者的竞争促进力,产教联盟中的参与者应当包含多个企业主体,以产生市场竞争的效应。特别是除了跨境电商平台外的中小企业,应当广泛加入产教联盟中,形成市场的竞争约束。部分中小企业拥有较多的基础性实操经验,也更愿意在产教联盟中进行竞争与合作。设置强制退出机制,竞争失败会给企业的优惠、帮扶和资金筹集等带来负面效应。同时,学生也可自主选定参与实践的跨境电商企业,扩大学生的选择权。

7.5　探索高职跨境电商产教联盟双创育人路径

习近平总书记在十九大报告中指出,加快建设创新型国家。要想实现创新型国家这个美好的愿景,要寻找创新驱动力。而创新驱动的本质是人才驱动,国家间的综合竞争归根到底是人才的竞争。通过产教联盟,企业和高校充分沟通协作,将企业先进的行业知识、产品和技术研发体系,通过合作方式融入高校人才培养方案中,以市场对人才的具体需求为导向,培育出具备创新创业意识和精神、创新创业能力、博而专的知识、国际视野和行业前瞻性的现代人才。① 对于跨境电商产教联盟创新创业教育的改革,促进跨境电商专业的教育与创新创业育人的有机融合,将创新创业教育贯穿人才培养全过程,具体实施从如下3方面考量:创新校内外资源共享机制,形成良好的双创育人习惯;健全跨境电商"双创"课程体系,促进专创融合;健全协调育人评价体系,建立双创育人立法监督机制。

7.5.1　创新校内外资源共享机制,形成良好的双创育人习惯

企业和高校是双创教育的共同参与者,校企之间制订共同的实践目标、工作规范、计划内容等,在双创教育的各个环节建立利益协商机制,这样可以提升双创育人的整体效果。结合学生发展的现实要求,提高学生的参与度。在实施双创育人的过程中,学生在计划申报、立项申请、控制实践和成果转化中的需求呈现出不同的结果。这种较为突出的差异性特征在一定程度上增加了建设共享体系的难度,同时体现出在产教融合协同育人的不同阶段中,学生的实际需求呈现出一种动态的变化,为此在建设资源共享体系的过程中,需要进行合理设计,同时应注意通过制度提高育人互动性,这样

---

① 刘瑞东.产学协同育人背景下驻保高校双创人才培养路径探究[J].中外企业家,2019(10):205.

才能确保有良好的互动性,形成良好的协同育人习惯。① 另外,在跨境电商产教融合双创育人的资源配置结构中也可以创建动态的评价监督制度,辅助养成育人习惯。参与双创的各个主体会因为场域位置的关系变动,表现出波动变化状态。各个主体场域位置的关系从来都不是固定的,会随着各个主体在场域中的资源供给与配置情况发生相应变化。② 因此在进行资源配置的时候,首先要对双创育人场域结构变化和资源配置做出动态的评价,并形成动态的监督机制。有了这种监督机制,能够促进产教联盟资源共享机制的进一步完善,同时还能激发出相应的增值价值,有助于养成良好的双创育人习惯。

7.5.2 健全跨境电商"双创"课程体系,促进专创融合

创新创业课程是创新创业教育的核心,要实现创新创业教育与专业教育的融合,必须将创新创业课程纳入高职院校专业人才培养方案中,形成面向全体、依次递进、专创融合、理实并重的,能真正满足高职院校学生需求的创新创业课程体系。大一期间可以开设面向全体的创新创业基础课程,侧重对学生创新意识的培养和创业思维的激发,同时针对有创业意愿的学生进一步开设创新创业训练营或创新创业精英班进行深化训练;大二期间可以开设专业创新课促进专业思维和创新思维的有机融合,同时利用专业的社团、大学生创新创业训练计划项目、创新创业大赛等形式将专创学习成果进行固化、输出,促进将学生所学的理论知识在实践中进行检验。

7.5.3 健全协调育人评价体系,建立双创育人立法监督机制

千秋大业,人才为本。跨境电商双创育人参与主体的多元性在一定程度丰富了育人资源,但参与主体各方的利益诉求如果不能及时实现的话,其参与积极性必然会受到影响。所以,健全跨境电商产教融合双创育人评价体系,逐步建立双创育人立法监督机制显得格外重要。首先,应完善协同育人评价监督体系,积极引入第三方评价机制。要实现对"双创"教育协同育人全程的专业性、权威性监督,尤为重要的是要积极对参与各方在资源投入中的主观能动性、投入程度、投入多少等进行评价,因为资源是协同育人这根链条串起参与各方积极性与主动性的关键性物化要素,也只有通过对资源的评价监督,才能真正避免协同育人中出现形式合作、表面合作、短期合作等问题。

---

① 韩春霞. 大学生思政教育与"双创"教育协同育人的有效策略[J],人才资源开发,2018(14):40.
② 蹇世琼,彭寿清,李祥:"双创"教育中协同育人的实践困境及路径突破[J].江汉学术,2019(4):127.

由于参与各方都会或多或少提供资源,因此引入第三方评价方能保证评价的客观与中立。第三方评价机制至少基于如下 3 个标准建构:第一,评价主体独立于协同育人各方;第二,围绕协同目标是否实现设置评价指标体系,并充分评价学生的"双创"素养与能力;第三,评价过程伴随协同育人全程,并需辅以完善的反馈调控机制。其次,应逐步建立"双创"教育协同育人的立法体系。尽管目前我国针对"双创"教育有各种奖励和优惠政策,但对协同育人中各方的权利与义务如何保障及履行、对争议与纠纷如何处理等问题仍缺乏相应的立法体系监督。由于"双创"教育从立项到落地转换过程中牵涉方众多,若没有相应的立法体系作为监督和保障,很难实现协同育人的科学有序发展。只有通过立法才能保障参与各方的合法权益,才能促使各方放下顾虑、积极投入。不管是从国家层面还是地方层面,不管是在市场层面、高等教育层面还是政府层面,都应出台相应的协同育人法律体系,以实现对协同育人全程的法制监督与管理,使协同育人各方权责得到有效落实,以健全的立法体系保障"双创"教育协同育人的健康发展。[①]

---

① 塞世琼,彭寿清,李 祥."双创"教育中协同育人的实践困境及路径突破[J].江汉学术,2019(4):127.

第8章 政 策 建 议

8.1 完善跨境电商产教联盟协同育人"人岗适配"的评价机制

跨境电商人才培养质量是高职跨境电商专业生存的"生命线",评价是牵引人才培养质量发展的"牛鼻子",评价机制改革是跨境电商专业高质量发展的"方向盘"。人才培养质量评价的核心是人才输出的"人岗适配"评价,人才输出的"人岗适配"评价机制改革是推动高职跨境电商专业特色发展和内涵式变革的出发点和落脚点。当下跨境电商发展迅速,迫切需要建立切实可行的跨境电商产教联盟协同育人的评价机制,提高育人质量,为跨境电商行业企业输送"人岗适配"的数字电商技能人才,以克服跨境电商专业及企业人才和成长机制的盲目性,促进跨境电商技能人才的健康成长,引领跨境电商产业的高速发展。此外,跨境电商产教联盟的企业成员需要建立较为成熟的人才评价机制和方法,以满足跨境电商高速发展的需要,建立跨境电商人才成长的有效机制,促进跨境电子商务行业的高质量发展。

8.2 以"多元协同共生"机制遏制创新人才培养的"三化"问题

基于高职跨境电商产教联盟协同育人"表层化""碎片化""利益化"的问题,我们建议构建跨境电商产教联盟"多元协同"育人机制,从政、校、园、企等多元主体进行良性内生互动。其核心要点是通过角色重塑、话语赋权、技术赋能等途经实现协同育人的目标。跨境电商产教联盟的发展历程表明政府的"话语独白"与企业园区等主体参与热情不高是联盟互动不畅的关键所在,应设法从舆论生态的角色重塑、话语赋权、技术赋能等维度建构我国高职院校产教融合发展中的舆论生态治理机制。在合作过程中,特别要注意联盟中的企业、园区等相对弱势主体的作用,这类主体在实践经验、操作流程中往往更具备优势。优化高职院校跨境电商产教联盟的发展机制时应首先处理好联盟中多元治理主体间治理权的问题。只有合理界定参与主体在跨境电商产教联盟发展机制中的地位,清晰阐述其在我国高职院校产教融合发展机制的主体功能,方能建构起完备的跨境电商产教联盟发展机制框架,进而推动形成跨境电商产教联盟多元治理主体间的竞合共存、良序共生的和谐关系。

8.3 优化跨境电商产教联盟"协同发力"创新人才培养新模式

高职院校跨境电商产教联盟协同育人是一项复杂和系统的工程,创新人才模式时更要注重市场经济发展的需要及教育资源的协同。在资源协同上,随着经济的全球化与互联网的发展,平台、信息、技术等已成为跨境电商核心竞争力的战略性资源,产教联盟的资源协同、共建共享已然是题中应有之义。在数智驱动上,数字化、智能化、智慧化成为跨境电商产教联盟创新发展的新兴动力源。其中,企业依托数智可精准把握消费需求变化,最大限度地实现供需匹配;政府也能更好地发挥"有形之手"作用,解决企业因过度逐利而导致的失灵问题。在主体协同上,要充分看到并发挥园区、企业的作用,进一步完善学校-园区协同育人机制,加大投入协同培养跨境电商人才的实践和创业孵化基地。因此,我们建议针对跨境电商创新人才的培养,可以构建基于产教联盟的多资源协同、数字化协同、多主体协同等内容的协同育人新模式,进而提高跨境电商学生的创新创业能力。

8.4 以创新人才培养质量为核心,实现跨境电商育人的产教互动

2022年,"一带一路"职业教育国际研讨会倡议:创造职业教育新价值,推进高质量共建"一带一路",将"走出去"与"引进来"有机结合,服务国际产能合作和全球数字化经济转型。[①] 跨境电商作为"网上丝绸之路",其发展必将是高速的。因此,关于如

---

① 2022年"一带一路"职业教育国际研讨会召开[EB/OL].(2022-11-28)[2022-12-03]. http://www.moe.gov.cn/jyb_xwfb/s5147/202211/t20221128_1006245.html.

何实现跨境电商育人中的产教互动,我们主要从如下3个方面提出相关政策建议。第一,完善跨境电商行业指导体系,推动地方跨境电商企业组织,积极参与本地及周边经济圈职业院校的跨境电商专业教学指导机构,全面全程参与人才的培养,这样能增强联盟间校-企成员产教互动的积极性。第二,建立跨境电商专业设置指导机制,根据当地跨境电商人才需求的调研数据,在已有人才需求预测的基础上,与本地及周边经济圈内的各职业院校共同建立和完善辐射周边经济圈区域的人才需求预测长效机制,引导各职业院校根据地方特色,科学地设置和调整跨境电商的专业设置。第三,对于跨境电商的"人才后续跟进"建立长效的监督体系,监督跨境电商课程教学和行业企业指导合一,促进人才培养质量,也是彼此信誉的体现,人才的培养需要的不是短暂的三年或四年,人才的后续跟进监督与调研能有效促进产教联盟在教学过程中的互动成效。

8.5 加强高职跨境电商创新创业能力的培养,激发双创育人新动力

2022年10月,习近平总书记在党的二十大报告中提到"必须坚持科技是第一生产力、人才是第一资源、创新是第一动力"。[①] 纵深推进大众创业、万众创新是深入实施创新驱动发展战略的重要支撑,大学生是大众创业、万众创新的生力军,支持大学生创新创业具有重要意义。[②] 对于新生跨境电商企业,需秉承传统电商的优点,但并非传统电商的外延。对此,加强跨境电商专业的学生创新创业能力培养,不仅能促进学生的全面发展,还能提高就业学生的质量。我们现从两方面给出政策建议。第一,打造跨境电商创新创业教育示范课程,增强本专业学生的创新精神、创业意识和创新创业能力,通过老师在课堂上的展示,研究前沿学术发展的最新研究成果,了解刚需市场,让学生在课堂就能接触到创新创业项目。第二,加强跨境电商学生创新创业的实战培训,改变培训方式,把品牌引进来,通过品牌效应,有针对性地进行创新创业培训,提升学生创新创业的新技术研发能力,实现教学与育人的双赢。建立以创新创业为导向的新型人才培养模式,健全校校、校企、校地、校所协同的创新创业人才培养机制,打造一批创新创业教育特色示范课程,扎实推动高职跨境电商创新创业的高质量发展,创新服务"一带一路"倡议。

---

① 凝心聚力向科技强国目标不断奋进——中关村示范区创新创业主体持续学习党的二十大报告[EB/OL].(2022-10-26)[2022-12-03]. https://www.most.gov.cn/dfkj/bj/zxdt/202210/t20221026_183228.html.

② 国务院办公厅关于进一步支持大学生创新创业的指导意见[EB/OL].(2021-09-22)[2022-12-03]. https://www.most.gov.cn/dfkj/bj/zxdt/202210/t20221026_183228.html.

8.6 优化"五化一体"产教联盟协同育人的创新人才培养新路径

将共生理论、资源依赖理论作为支撑,以产教联盟各个利益相关者互惠共赢为目标,借助于智能化学习需求下创新人才培养过程数据化、开放化、动态化、个性化、柔性化的特点和优势,基于共生共度全价值链,依据产业需求和就业需求,从培养目标复合化、课程体系动态化、教学活动互动化、教学资源共享化、学习评价综合化的角度探索"五化一体"的高职跨境电商产教融合协同育人的创新人才培养新路径,形成高职跨境电商学生、高职跨境电商专业品牌建设、高职教育、跨境电商产业、区域经济同步可持续发展的良性闭循环,持续提高高职教育服务于跨境电商产业和区域经济的社会能力,如图8-1所示。新路径将解决跨境电商产业升级发展产生的人才供需矛盾,有效解决跨境电商专业的人才培养目标和课程设置脱离区域经济发展的问题,消除高职跨境电商产教融合教学过程中互动性不足、数字化教育资源建设不理想等乱象,实现高职跨境电商人才培养质量的持续提高,促进地方产业经济的快速发展。

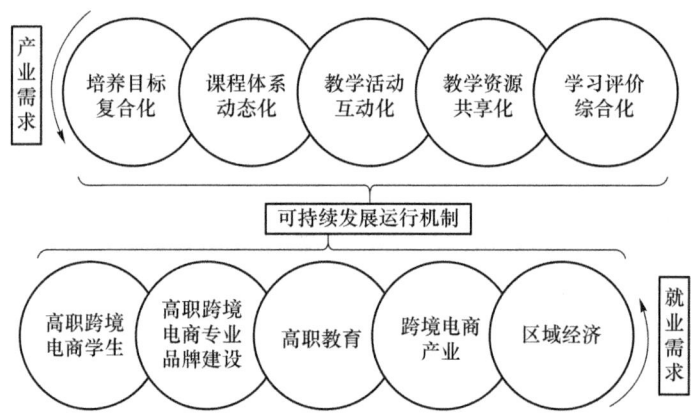

图 8-1 "五化一体"的高职跨境电商产教联盟协同育人创新人才培养新路径

第9章 研究结论及后续研究

9.1 高职跨境电商产教联盟协同育人创新人才培养的研究结论

9.1.1 跨境电商产教联盟协同育人创新人才培养现状与问题的"局势图"

随着跨境电子商务的快速发展、新业态新模式的不断涌现,企业对人才的需求不断增加,岗位职能也随着业务的变化在不断更新,跨境电商企业对职业院校人才输出的能力、素质要求更高,业务岗位更细分精准。基于相互需求、共同利益,对接智能化发展对跨境电商人才培养提出的新要求,高职院校携手跨境电商产业链上下游领军企业,先后成立国家级、省部级的跨境电商产教联盟,为不同类型的跨境电商企业培养了大批创新型技能人才,减小了新业态新模式催生新岗位的需求缺口。但跨境电商产教联盟多元协同育人还存在制度建设方面的缺陷,在制度设计层面应聚焦治理主体参与权的平等性尚待加强、收益权的公平性亟待提升、决策权的保障性不足等问题,以及导致跨境电商人才输出"人岗不适"、数字化教育资源建设不理想、个性化创新人才培养弱化、创新创业育人质量不高等乱象。

9.1.2 高职跨境电商产教联盟协同育人创新人才培养的"创新图"

我们引入协同理论、多元智力理论、三重螺旋理论、人力资本理论,创新提出产教联盟协同育人要以学生职业生涯为中心,以产教跨界-融合为理念,建立跨境电商"人岗适配"的产教协同育人新机制。在政、校、行、企"多元"协同育人过程中,高职跨境电商专业、跨境电商企业等育人主体处于圈层外的次中心,各个主体间获取的信息不平衡,致使产教联盟协同育人的核心作用失衡。因此,高职跨境电商产教联盟多元协同育人主体的角色应重塑。应创建多轨动力机制,提升跨境电商课程资源建设的驱动力;建立数字化资源更新机制,确保跨境电商课程资源的时效性;构建"网众互动"生成机制,形成资源创新创造融合力量;健全多方力量联动机制,打造共建共享资源共同体,从而为高职跨境电商产教联盟协同育人创新人才培养提供理论依据,为高职院校跨境电商专业培养"人岗适配"的人才及资源共建共享在体制机制的创新上提供新思路。

9.1.3 高职跨境电商产教联盟协同育人创新人才培养路径的"优化图"

面向园区优化跨境电商专业顶层设计,应将专业群建在产业链上,将专业设在产业上,将课堂放在生产线上,构建跨境电商产业-专业-就业"三业"联通的新"立交桥",聚力培养"产业需要、园区期盼"的高素质高技能跨境电商复合型人才。然后基于相互需求和共同利益,以产业对接与能力培养为导向,以组织建设和制度完善为切入点,以协同育人为中心,以科技创新与社会服务为抓手,优化跨境电商专业-跨境电商产业的双边适配平台,实现技术进步与人力资本"技能培养"的动态适配,形成"技术进步"自上而下和"技能培养"自下而上的新路径。根据园区产业发展需要的核心技术、催生的新兴产业,基于树状结构构建"根-干-枝"专业,创新人才培养与产业改革的动态"匹配"。最后通过共建共享,奏响平台-人才-技术多资源协同的"交响乐曲";基于数智驱动,点燃跨境电商产教联盟协同育人的"智慧引擎";通过战略引领-驱动发力、创新引领-创业发力、企业协同-实践发力、园区协同-融合发力等靶向发力,优化联盟间"政-校-企-园"多主体协同育人的"发展蓝图"。

9.2 高职跨境电商产教联盟协同育人创新人才培养的后续研究

9.2.1 进一步加强跨境电商产教联盟协同育人的理论研究

产教联盟协同育人是一项牵涉主体多、覆盖内容广、推进难度大的系统工程,本书主要对产教联盟协同育人的内涵、创新人才培养的机制、模式、路径等问题进行初步探索,提出高职跨境电商产教联盟协同育人创新人才培养的"局势图""创新图""路径图"框架。今后,在跨境电商产教联盟协同育人的创新人才培养的多学科理论研究、深层次的内容研究以其研究对象、研究范式、研究方法等方面都需要进一步拓展、延伸和深化。没有科学的理论作为指导,我们的研究就会容易盲动。产教联盟创新人才培养的内涵界定、内在逻辑、本质特点等,仍需进一步的系统研究、比较研究,并需要将其形成系统性的理论成果,力争所得的理论成果被理论界和实践界所认可。

9.2.2 进一步加强跨境电商产教联盟创新人才培养的企业主体研究

加强产教联盟协同育人的企业主体研究,强化跨境电商创新人才培养的企业主体地位和责任义务。从开展跨境电商专业与企业资源共建、人才共育、成果共享的实践探索来看,最重要、最关键的主体是跨境电商企业,其中难点在于跨境电商企业的积极性难调动。在后续研究中,应进一步强化跨境电商产教联盟创新人才培养的"产业立场"和"企业立场"。研究主题应聚焦跨境电商产业和企业主体,从产业企业立场系统研究跨境电商产业及企业运行的规律。

9.2.3 进一步加强跨境电商产教联盟协同育人的评价机制研究

跨境电商产教联盟协同育人的成效评价研究较少,创新人才培养的研究几乎没有。对于采用什么方法、什么模型来评价跨境电商产教联盟的协同育人成效的成果尚未有,需对这些理论问题进行探析。对于从什么维度、什么标准构建跨境电商产教联盟协同培养创新人才评价指标体系,本书未涉及。基于理论研究、政策解读、文献梳理等视角,以科学性、准确性、适切性为标准,构建跨境电商产教联盟协同育人创新人才培养评价指标体系,是我们后续要重点研究的内容,也是跨境电商企业、跨境电商专业、跨境电商产业高质量发展急需研究的重要课题。

参考文献

[1] Weber R H. Digital trade in WTO-law-taking stock and looking ahead[J]. SSRN Electronic,2010(1):2-11.

[2] 王建丰,王玉林.数字经济下我国跨境电商规则升级新路径[J].宏观经济管理,2020(7):66-71.

[3] 熊励,刘慧,刘华玲.数字与商务[M].上海:上海社会科学院出版社,2011.

[4] 旭晖,冯文琪.电子商务助推现代服务业升级:机制、路径及政策——以大连市为例[J].北京工商大学学报(社科版),2016(2):41-52.

[5] 王喜,余稳策.跨境电商发展与传统对外贸易互动关系的实证分析[J].经济与管理研究,2018(2):79-86.

[6] 许雷,方一鸣.产教联盟背景下高职学生职业素养提升研究[J].职教论坛,2019(3):144-150.

[7] Grollmann P,Rauner F. Exploring innovative apprenticeship: quality and costs [J]. Education ＋ Training,2007(6):431-446.

[8] 国外高校与企业如何实现共赢[EB/OL].(2017-07-07)[2022-09-15]. http://fund.cssn.cn/jyx/jyx_gjjy/201707/t20170707_3572076.shtml.

[9] 中共中央文献编辑室.习近平关于科技创新论述摘编[M].北京:中央文献出版社,2016.

[10] 海关总署2020年全年进出口情况新闻发布会[EB/OL].(2021-01-14)[2022-01-14],http://fangtan.customs.gov.cn/tabid/1106/Default.aspx.

[11] 海关总署2021年全年进出口情况新闻发布会[EB/OL].(2022-1-15)[2022-01-24]. http://www.customs.gov.cn/customs/xwfb34/302330/4124672/index.html.

[12] 马述忠,郭继文.制度创新如何影响我国跨境电商出口——来自综试区设立的

经验证据[J]. 管理世界,2022(8):83-102.

[13] 商务部:新设跨境电商试验区重在制度创新[EB/OL]. (2016-01-09)[2022-03-11]. http://www.gov.cn/xinwen/2016-01/09/content_5031648.htm.

[14] 李克强:跨境电商综试区不是政策洼地而是制度高地[EB/OL]. (2016-01-09)[2022-3-19]. http://www.gov.cn/xinwen/2016-01/09/content_5031760.htm.

[15] 国务院关于同意设立中国(杭州)跨境电子商务综合试验区的批复[EB/OL]. (2015-03-07)[2022-04-05]. http://www.gov.cn/zhengce/content/2015-03/12/content_9522.htm.

[16] Giuffrida M, et al. Cross-border B2C e-commerce to greater China and the role of logistics: literature review[J]. International Journal of Physical Distribution & Logistics Management, 2017(9):773-775.

[17] 程义琼. 跨境电商背景下的电子商务人才能力需求调研[J]. 中国市场,2017(9):192-193.

[18] Valarezo A, Perez-Amaral T, Garin-Munoz T, et al. Drivers and barriers to cross-border e-commerce: evidence from Spanish individual behavior[J]. Telecommunications Policy, 2018,42(6):464-473.

[19] 张崇辉,张乐,苏为华. 基于中小企业视角的跨境电商人才需求分析[J]. 调研世界,2020(7):12-17.

[20] 习近平. 在全国科技创新大会、两院院士大会、中国科协第九次全国代表大会上的讲话[J]. 科技管理研究,2016,36(12):1-4.

[21] 习近平. 深入实施新时代人才强国战略,加快建设世界重要人才中心和创新高地[J]. 求是,2021(24):10-12.

[22] 申峥峥,张玉娟,于怡鑫. 上海科技人才政策文本分析[J]. 情报工程,2018(1):89-100.

[23] 柯常青. 欧盟创新人才培养政策举措[J]. 中国人才,2012(2):51-52.

[24] 本刊编辑部. 各地创新人才培养政策一览[J]. 中国人才,2021(11):15-17.

[25] 杨薏琳. 面向职业教育现代化建设的产教联盟协同育人研究[J]. 职教育与职业,2020(6):12-18.

[26] 方一鸣. 产教联盟背景下高职院校混合所有制改革研究[J]. 职教论坛,2019(5):143-148.

[27] 陈雯静.长沙产业园区职业教育集团建设SWOT分析与战略选[J].湖南科技学院学,2014(10):132-134.

[28] 苏国晖.区域型职教集团建设SWOT分析及对策[J].成人教育,2015(10):66-69.

[29] 教育部关于印发《高等学校课程思政建设指导纲要》的通知[EB/OL].[2022-10-11]. http://www.gov.cn/zhengce/zhengceku/2020-06/06/content_5517606.htm.

[30] 陈熔,桂文龙,胡海婧.农业职业院校产教融合协同育人研究[J].教育与职业,2017(9):49-53.

[31] 冯星,招瑜.高校产教融合协同育人模式的探索与实践[J].实验室研究与探索,2022(6):241-243.

[32] 童丽,陈镇杰.产教融合协同育人何以见成效?——基于组织承诺框架的分析[J].中国职业技术教育,2019(6):58-65.

[33] 钟贞山,王磊.高职产教融合协同育人共同体建设的影响因素分析——基于扎根理论的研究[J].职教论坛,2022(4):120-128.

[34] 刘桓,陈福明,程艳红.基于产教园的高职院校深化产教融合协同育人的机制探索[J].中国职业技术教育,2018(9):51-56.

[35] 李曼丽,苏芃,吴凡,等."基础学科拔尖学生培养计划"的培养与成效研究[J].清华大学教育研究,2019(1):31-39.

[36] 马海军,张诗豪.高校创新人才培养模式探究[J].人民论坛,2022(10):93-95.

[37] 孙菁.科教融合:创新人才培养的新路径[J].中国高等教育,2012(17):32-34.

[38] 李雪燕.创新型人才的成长特质与协同培养管理机制[J].东南学术,2017(3):88-93.

[39] 王广民,林泽炎.创新型科技人才的典型特质及培育政策建议:基于84名创新型科技人才的实证分析[J].科技进步与对策,2008(7):186-189.

[40] 王晓涛.数字化引擎驱动中国跨境电商5年增长10倍[N].中国经济导报,2022.

[41] 李锦.数字化背景下我国B2B跨境电商平台发展问题研究[D].石家庄:河北经贸大学,2021.

[42] 数字化产业带:增强产业韧性与活力[EB/OL].(2022-08-31)[2022-09-30]. http://www.aliresearch.com/ch/presentation/presentiondetails?articleCod

e=373345152900665344&type=%E6%8A%A5%E5%91%8A&organName=.

[43] 李琦.依托DTC模式的跨境电商独立站品牌化运营路径探索[J].中国商论,2021(7):31-34.

[44] 谢爱平.基于产教融合的实战型跨境电商人才培养的探索与实践[J].湖北广播电视大学学报,2021(12):39-42.

[45] 澎湃新闻网.2021年年终盘点三:刷单重创跨境黑产,亚马逊批量封号[EB/OL].(2022-02-28)[2022-03-02].https://m.thepaper.cn/baijiahao_1685921.

[46] 郭闪闪.国内跨境电商发展现状及未来展望[J].互联网天地,2022(1):46-51.

[47] 慈银萍.跨境电商人才需求挖掘——以常州市为例[J].现代企业,2021(12):86+115.

[48] 王红军.跨境电子商务人才创业胜任力培养机制研究[D].杭州:浙江大学,2018.

[49] 陈超.跨境电商人才需求问题的统计研究[D].杭州:浙江工商大学,2020.

[50] 梅蒋巧.跨境电子商务人才需求特征研究[J].管理观察,2014(31):119-120.

[51] 庞燕.跨境电商环境下国际物流模式研究[J].中国流通经济,2015,29(10):15-20.

[52] 周银新,程忠国,李霜.基于跨境电商的高职商务英语人才培养实践探索[J].职业时空,2016(2):42-45.

[53] 黄顺丽."六融合一建设"跨境电商创新创业人才培养的校企合作研究与实践——以广东科贸职业学院为例[J].太原城市职业技术学院学报,2021(11):114-116.

[54] 李福英,杨芳,龙飞,等."三源驱动四阶递进"跨境电子商务创新创业人才培养模式探索[J].长沙大学学报,2021,35(6):109-112.

[55] 中国互联网络信息中心.第50次《中国互联网络发展状况统计报告》[EB/OL].(2022-09-14)[2022-10-07].http://www.cnnic.net.cn/n4/2022/0914/c88-10226.html.

[56] 朱超才."互联网+"背景下跨境电商人才培养策略[J].通化师范学院学报,2016,37(2):97-99.

[57] 孙从众."互联网+"背景下高职院校跨境电商人才培养模式探索——以宁波城市职业技术学院应用英语专业为例[J].江西电力职业技术学院学报,2015,28(4):21-25.

[58] 林圆园."互联网+"背景下跨境电商英语直播人才培养路径探析[J].宁波职业技术学院学报,2021(2):60-63.

[59] 李国庆,姜丽,刘晓洁,等."一带一路"背景下中国跨境电商发展策略探究[J].中小企业管理与科技(中旬刊),2021(12):128-130.

[60] 李世红."一带一路"背景下跨境电商人才培养体系创新研究[J].港口经济,2017(2):55-59.

[61] 严文韬,方友熙.RCEP下中国-东盟跨境电商合作的问题与路径[J].国际商务财会,2021(9):3-6.

[62] 李智.基于产教融合的高职跨境电商类课程教学改革实践与研究[J].内蒙古煤炭经济,2021(13):212-214.

[63] 何菊玲.教师教育范式研究[D].西安:陕西师范大学,2008.

[64] 李川."智能+"创新型人才培养模式的研究[J].实验室研究与探索,2021(8):150-153.

[65] 史慧.高校创新人才培养模式研究[D].天津:天津大学,2015.

[66] 曾广波.马克思的人力资本思想及其当代价值研究[D].长沙:湖南大学,2016.

[67] 程西慧,李晓华.基于三螺旋理论的创新人才培养生态链构建研究[J].河北科技大学学报(社会科学版),2022,22(1):42-44.

[68] 孟仁振,张耀军,霍利婷.三螺旋理论视域下高职专业设置与区域制造业发展适应性研究——以上海市为例[J].中国职业技术教育,2022(7):42-48.

[69] 霍力岩.加德纳的多元智力理论及其主要依据探析[J].比较教育研究,2000(3):38-43.

[70] 姜大源.职业教育立法的跨界思考——基于德国经验的反思[J].教育发展研究,2009(19):32-35.

[71] 汤向玲.高职院校学生职业能力培养研究[D].武汉:武汉理工大学,2006.

[72] 姚晓辉.高职院校学生职业生涯规划与就业取向分析[J].教育与职业,2018(20):81-83.

[73] 周妍.疫情背景下高职毕业生高质量就业供给侧场域新形塑[J].教育与职业,2022(18):62-66.

[74] 程宇.中国职业教育与经济发展互动效应研究[D].长春:吉林大学,2020.

[75] 中华人民共和国国家发展和改革委员会.长三角内陆城市跨境电商产教联盟正式成立[EB/OL].(2021-07-29)[2022-02-15].https://www.ndrc.gov.cn/

xwdt/ztzl/cjsjyth1/xwzx/202107/t20210729_1292272.html?code=&state=123.

[76] 潘建华. 我国职业教育校企合作的有效性研究[D]. 上海：上海师范大学，2017.

[77] 陈咏,何绮文,陈星涛. 职业院校培养跨境电商人才的现状与对策[J]. 职业技术教育,2016,37(20):25-29.

[78] 韩洪文,田汉族,袁东. 我国大学教学模式同质化的表征、原因与对策[J]. 教育研究,2012,33(9):67-72.

[79] 林伟连,伍醒,许为民. 高校人才培养目标定位"同质化"的反思——兼论独立学院人才培养特色[J]. 中国高教研究,2006(5):41.

[80] 徐薇薇,吴建成,蒋必彪,等. 高校教师教学质量评价体系的研究与实践[J]. 高等教育研究,2011,32(1):100-103.

[81] 国务院办公厅关于深化产教融合的若干意见[EB/OL]. (2017-12-19)[2022-05-10]. http://www.gov.cn/zhengce/content/2017-12/19/content_5248564.htm.

[82] 国家发展改革委有关负责人就《关于深化产教融合的若干意见》答记者问[EB/OL]. (2017-12-19)[2022-05-10]. http://www.gov.cn/zhengce/2017-12/19/content_5248610.htm.

[83] 关于印发国家产教融合建设试点实施方案的通知[EB/OL]. (2019-09-25)[2022-05-10]. https://zfxxgk.ndrc.gov.cn/web/iteminfo.jsp?id=16431.

[84] 建立城市为节点、行业为支点、企业为重点的改革新路径——国家发改委有关负责人就《国家产教融合建设试点实施方案》答记者问[EB/OL]. (2019-10-10)[2022-05-10]. http://www.gov.cn/zhengce/2019-10/10/content_5438188.htm.

[85] 教育部 财政部关于实施中国特色高水平高职学校和专业建设计划的意见[EB/OL]. (2017-12-19)[2022-05-05]. http://www.moe.gov.cn/srcsite/A07/moe_737/s3876_qt/201904/t20190402_376471.html.

[86] 中华人民共和国职业教育法[EB/OL]. (2022-04-21)[2022-05-09]. http://www.moe.gov.cn/jyb_sjzl/sjzl_zcfg/zcfg_jyfl/202204/t20220421_620064.html.

[87] 陈竹韵. 浙江省民营企业跨境电商人才需求调研[J]. 现代职业教育,2017(7):5-7.

[88] 刘颖. 北京跨境电子商务企业人才需求状况调查分析[J]. 价值工程,2016(4):66-69.

[89] Acemoglu D, Restrepo P. Robots and jobs: evidence from US labor markets [J]. Social Science Electronic Publishings, 2017, 17(3): 99-100.

[90] 蒋庆荣. 协同治理视角下中国高等职业教育治理模式研究[D]. 长春: 吉林大学, 2018.

[91] 中国教育现代化2035[EB/OL]. (2019-02-23)[2022-03-09]. http://www.gov.cn/xinwen/2019-02/23/content_5367987.htm.

[92] 加快推进教育现代化实施方案(2018—2022年)[N]. 人民日报, 2019-02-24.

[93] 关于印发《"十四五"电子商务发展规划》的通知[EB/OL]. [2021-10-03][2022-03-17]. http://www.mofcom.gov.cn/article/zcfb/zczh/202110/20211003211545.shtml.

[94] 朱雪波. 高校实施完全学分制的困境与对策研究[J]. 高等工程教育研究, 2015(1): 113-118.

[95] 教育部关于印发《职业教育专业目录(2021年)》的通知[EB/OL]. (2021-03-17)[2022-04-01]. http://www.moe.gov.cn/srcsite/A07/moe_953/202103/t20210319_521135.html.

[96] 刘洁. 高校转型发展背景下电子商务专业产教融合培养模式研究[J]. 中外企业家, 2018(15): 179-180.

[97] 许申. "1+X"证书制度下本科跨境电商产教融合人才培养路径[J]. 中阿科技论坛(中英文), 2021(4): 146-149.

[98] 深圳跨境电商人才需求激增 深圳需求量占全国第一[EB/OL]. (2021-06-18)[2022-07-18]. https://www.sohu.com/a/472755740_121123830.

[99] 王保宇. 建木科惠枝卢狄狁合发展的问题与对策研究[D]. 武汉: 华中师范大学, 2019.

[100] 蒋笑天. "校企一体化"模式下高职实践教学互动机制的构建[J]. 中国校外教育, 2013(10): 140-145.

[101] 陈星. 应用型高校产教融合动力研究[D]. 重庆: 西南大学, 2017.

[102] 贺耀敏, 丁建石. 职业教育十大热点问题[M]. 北京: 中国人民大学出版社, 2015.

[103] 胡庆喜, 陆雅莉, 王洋. 多元评价主体参与的人才培养质量跟踪反馈机制构建[J]. 大学: 研究, 2019(4): 11-17.

[104] 韩凤英, 彭圣文. 高职院校人才培养质量多元立体化反馈机制研究[J]. 哈尔滨职业技术学报, 2019(6): 10-12.

[105] 孙云志.多元共治视域下我国高职院校产教融合发展研究[D].南京:南京师范大学,2021.

[106] 简世德.地方高校校企合作碎片化困境及整体性治理[J].教书育人(高教论坛),2020(4):29-31.

[107] 教育部关于大力推进高等学校创新创业教育和大学生自主创业工作的意见.(2010-05-13)[2022-05-03]. http://www.moe.gov.cn.

[108] 李克强总理在政府工作报告中强调办好公平优质教育[EB/OL].(2017-03-06)[2022-05-12]. http://www.moe.gov.cn.

[109] 潘红.艺术概论[M].昆明:云南大学出版社,2002.

[110] 企业经济编辑部评论员.大众创业、万众创新:开启中国未来新纪元[J].企业经济,2015(4):1-6.

[111] 王云,黄晓璇,张伟江.大学生创新创业项目孵化问题探析[J],高等教育,2021(32):164-165.

[112] 李小琼."互联网+"视域下大学生就业价值取向引导路径研究[J].教育理论与实践,2017,37(12):33-35.

[113] 爱因斯坦文集(第3卷)[M].许良英,译.北京:商务印书馆,1979.

[114] 陈江,查良松.岗位适应:高职院校实践教学的逻辑路向和基本路径[J].中国职业技术教育,2016(8):10-11.

[115] 梁克东,成军.中国特色高水平高职院校建设的逻辑、特征与行动方略[J].教育与职业,2019(13):10-13.

[116] 雅斯贝尔斯.大学之理念[M].邱立波,译.上海:上海人民出版社,2007.

[117] 中国翻译协会《2022中国翻译及语言服务行业发展报告》[EB/OL].(2022-04-01)[2022-05-27]. http://www.tac-online.org.cn/index.php?m=content&c=index&a=show&catid=395&id=4164.

[118] 向红梅.基于"互联网+双创"跨境电商个性化人才培养模式研究[J].社会科学家,2017(11):128-133.

[119] 聂强.跨界与融合:基于职业素养教育的高职课程建构研究[D].重庆:西南大学,2017.

[120] 王俊恒.从同质化到多样化:高等教育发展的应然走向[J].内蒙古师范大学学报,2012(9):1-4.

[121] 马永红,曹洪奎,李光林.普通高校同质化历史成因与个性化发展的机制探索

[J].高教学刊,2019(22):10-12.

[122] 程娓娓,周元宽.我国高校同质化相关研究综述[J].扬州大学学报(高教研究版),2013(2):14-17.

[123] 刘茂松,刘果.结构型教育过度与高校毕业生就业难[J].湖南商学院学报,2004(2):1-5.

[124] 曹冬瑞.新美国大学与城市的资源互动研究[D].西安:陕西师范大学,2021.

[125] 钱焕新.对构建开放教育实践教学资源共建共享机制的思考[J].湖南人文科技学院学报,2005(4):133-135.

[126] 王保宇.新建本科高校产教融合发展的问题与对策研究[D].上海:华东师范大学,2019.

[127] 刘桓,陈福明,程艳红.深化产教融合协同育人的机制探索[J].中国职业技术教育,2018(25):51-56.

[128] 杨晶.开放大学数字化课程资源共享促进机制研究[J].中国成人教育,2016(7):69-71.

[129] 彭梦娇.应用型本科高校产教融合的研究[D].重庆:重庆师范大学,2015.

[130] 周利红,周利群.高职院校产教融合教学模式现状分析[J].现代商贸工业,2017(33):156-157.

[131] de Camargo Fiorini P. Management theory and big data literature:from a review to a research agenda[J].International Journal of Information Management,2018(7):112-113.

[132] 王屹.地方"双高职校"转型探讨——资源依赖理论与区域建设的良序共生[J].中国高校科技,2021(5):76-79.

[133] 韩嵩.高等教育普及化阶段我国高校资源配置的优化策略[J].高教探索,2021(12):14-20.

[134] 羌毅."双高"建设背景下的高职院校人事制度改革研究[J].教育与职业,2021(16):55-60.

[135] 周晶.中国职业教育校企合作制度建设研究.[D].长春:东北师范大学,2015.

[136] 曾祥炎.合作剩余与企业本质——基于"个体-组织"对立统一方法论[J].当代财经,2014(1):78-86.

[137] 全国电子商务公共服务网[EB/OL].(2019-12-03)[2022-09-20].https://

dzswgf. mofcom. gov. cn/hyxh. html.

[138] 邵学军,于杨.社会主义核心价值观引领下的大学生创新创业研究——以沈阳师范大学为例[J].沈阳工程学院学报,2017,13(1):136-139.

[139] 蔡锦贤.数字教育资源在智慧校园建设中存在的问题与策略[J].广州广播电视大学学报,2019(6):12-15.

[140] 李悦.大学生创业项目孵化路径的对策研究[J],中国管理信息化,2020(5):227-228.

[141] 李雪梅.高等职业教育就业导向的异化与矫正[J].高等教育研究,2013(10):52-56.

[142] 魏春艳,方益权,等.基于知识形态的新工科产教融合机理探究[J].中国高教研究,2022(2):89-94.

[143] 刘源,赵庆年.产学研融合的创新人才培养机制构建——美国实时功能成像科技中心的案例剖析[J].高等工程教育研究,2020(5):159-164.

[144] 盛楠,孟凡祥,姜滨,等.创新驱动战略下科技人才评价体系建设研究[J].科研管理,2016,37(S1):602-606.

[145] 肖化移,胡希.职业教育产教融合政策:特点、不足与优化建议[J].中国职业技术教育,2022(4):61-66.

[146] 黄太进.教育数字资源众筹众创供给与服务模式研究[D].湖北:华中师范大学,2021(3):47-48.

[147] 商务部.一图读懂"十四五"电子商务发展规划[EB/OL].(2021-10-03)[2022-07-20]. http://www. mofcom. gov. cn/article/tj/tjzc/202110/20211003211902. shtml.

[148] 农详亮.中国-东盟跨境电商海外仓模式选择研究[J].营销界,2021(28):43-47.

[149] 祝智庭.数字化教育资源建设新动向与动力机制分析[J].中国电化教育,2012(2):1-5.

[150] 易传识网络科技.跨境电商多平台运营:实战基础[M].北京:电子工业出版社,2020.

[151] 梅鲁海."课程思政"+"产教融合"协同育人主体的交互共生和价值耦合[J].中国职业教育,2021(29):18-21.

[152] 余胜泉,汪晓凤"互联网+"时代的教育供给转型与变革[J].开放教育研究,

2017(1):29-36.

[153] 顾明远,圣吉.未来的教育:我们如何迈向新的时代——顾明远与彼得·圣吉凝聚东西方智慧的跨界对话[J].比较教育研究,2016(1):1-6.

[154] 周进.大数据时代的高校个性化教育:一种过程支持框架[J].高教探索,2016(5):11-15.

[155] 丁瑞常,顾明远.面向未来的教育如何定位教师角色与价值[J].比较教育研究,2017(2):3-8.

[156] 曾骊,张中秋.高校创新创业教育服务"双创"战略需要协同发展[J].教育研究,2017(1):70-76.

[157] 湛中乐.保障学生正当权利 规范高校管理行为[J].中国高等教育,2017(9):14-16.

[158] 石海鹏.企业知识互动能力对企业创新绩效的影响研究[D].南昌:江西财经大学,2021.

[159] 阮少伟.协同创新理念下科技创新资源开放共享机制研究[J].辽宁省交通高等专科学校学报,2020(3):44-47.

[160] 李万,常静,王敏杰,等.创新3.0与创新生态系统[J].科学学研究,2014,32(12):1761-1770.

[161] 李柏洲,高硕.互惠性、知识共享与企业合作型原始创新——战略柔性的调节作用[J].研究与发展管理,2017,29(3):76.

[162] 宋志红,陈澍,范黎波.知识特性、知识共享与企业创新能力关系的实证研究[J].科学研究,2010,28(4),597-604.

[163] 董媛媛,梁艳艳.知识转移对R&D联盟企业创新能力作用路径研究[J].工业技术经济,2016,35(2):75-80.

[164] 郑大庆,黄丽华,郭梦珂,等.公共数据资源治理体系的演化模型:基于整体性治理的建构[J/OL].(2021-12-01)[2022-08-03].http://kns.cnki.net/kcms/detail/11.5181.TP.20211108.2047.022.html.

[165] Helbig N,Cresswell A M. The dynamics of opening government data [R/OL]. (2020-03-15) [2022-08-03]. http://www.ctg.albany.edu/publications/reports/opendata/opendata.

[166] 崔宇红,王飒.新型冠状病毒突发公共卫生事件中的数据共享机制研究[J].图书情报工作,2020,64(15):104-111.

[167] 周林兴.林凯.城市数字化转型视域下公共数据资源开放共享机制研究[J].现代情报,2022(9):16-28.

[168] 黄传慧.开放教育资源整合与共享探索[J].开放教育研究,2010,16(1):83-88.

[169] 钟肖英,高凯,戴国良,等.基于"产教融合,学创一体"的电子商务专业实践教学体系的探索与实践[J].计算机教学与教育信息化,2017(9):135-137.

[170] 刘媛媛.校企协同构建跨境电商人才培养长效机制探究[J].营销新知,2020(4):176-177.

[171] 王丹中,赵佩华.产教融合视阈下高职院校协同育人机制探索中国高等教育[J].中国高等教育,2014(21):47-49.

[172] 檀江林,郑晴晴.理念、内容、机制:"多元互动式"大学生社会实践模式构建[J].教育探索,2016(11):88-91.

[173] 何钰倩.新建地方本科院校教学科研互动机制的理论与实证研究[J].广州体育学院学报,2015(11):122-125.

[174] 胡文超,陈童.项目教学与产教融合平台建设的互动关系研究[J].高等工程教育研究,2016(6):118-121.

[175] 纪仁杰,刘永红,李小朋,等.OBE理念下机械专业人才培养跟踪反馈机制的构建[J].高教学刊,2021(7):160-164.

[176] 徐畅.产教融合视角下职业教育政校行企协同育人机制构建[J].教育与职业,2018(19):25-30.

[177] 池春阳.利益相关者视角下高职教育产教融合长效机制研究[J].教育理论与实践,2021(33):16-20.

[178] 朱桥艳.跨境电商背景下职业院校现代学徒制人才培养[J].教育与职业,2019(22):106-111.

[179] 鞠雪楠.跨境电商平台克服了哪些贸易成本?[J].经济研究,2020(2):181-196.

[180] 丁宝根."区块链+跨境电商"变革的现实性、限度性与政策建议[J].当代经济管理,2020(1):64-70.

[181] 薛松,刘天琳,刘真真.新农科视阈下地方农业高校"双创"实践育人共同体构建研究[J].中国农业教育,2022(4):25-30.

[182] 井文倩.基于产教融合的"三个结合、八链对接"涉农专业双创人才协同育人机

制构建与实践[J].高教学刊,2022(27):58-61.

[183] 魏冲."互联网+"背景下 高职创新创业协同育人机制研究[J],创新创业,2022(2):112-114.

[184] 肖凌云.高职院校"形势与政策"课"四域协同"教学研究[J].现代交际.2020(21):45-47.

[185] 郭海玲.跨境电商平台信息服务协同模式构建研究[J].贵州社会科学.2021(7):139-147.

[186] 郭海玲.跨境电商信息服务生态系统构成要素与概念模型研究[J].商业经济研究.2021(19):92-95.

[187] 赵锋.高职院校协同创新人才培养机制研究[J].中国职业技术教育,2016(10):67-70.

[188] 中国消费促进数智化发展报告(2022)[EB/OL].(2022-06-22)[2022-11-16].https://ciecc.ec.com.cn/article/gzdt/202206/401_1.html.

[189] 陈丽华.数智化产业供应链公共服务体系建设可行性分析[J].国家治理,2022(1):1-7.

[190] 车明朝.产教融合:如何实现政府主导——常州市科教城管委会"政府主导、产教融合、协同育人"机制的探索[J].中国职业教育,2015(16):14.

[191] 战菲.高职院校产教融合长效机制构建:以跨境电商专业为例[J].企业科技与发展,2021(4):186-188.

[192] 赵思思,李丽悉.1+X证书制度下高职新商科人才培养实践——以跨专业互动教学为视角[J].天津中德应用技术大学学报,2021(12):24-27.

[193] 梁远芳,刘忠萍,骆柳毅."一带一路"背景下跨境电商物流课程教学新思路探索[J].信息版网络商务,2022(1):188.

[194] 鲁鸿雁.基于产教深度融合的跨境电商类课程课堂创新探讨[J].人才培养,2018(6):74-80.

[195] 涂铭旌,唐英,张进,等.创新型人才培养的思路、方法及路径(一)[J].西华大学学报(自然科学版),2012(4):1-4.

[196] 杨英法.显示问题式教材编纂法构想[J].河北工程大学学报(社会科学版),2009(4):72-75.

[197] 雷长柱.创新型人才培养与学生求知欲良性互动机制的构建教育[J].教育评论,2015(3):20-22.

[198] 孙磊.简论学生求知欲的激发[J].兰州教育学院学报,2010(2):76-77.

[199] 教育部办公厅关于建立职业院校教学工作诊断与改进制度的通知[EB/OL].(2015-07-07)[2022-10-09].http://www.moe.gov.cn/srcsite/A07/moe_737/s3876_2dgj/201507/t20150707_192813.html.

[200] 孙波.高等师范体育教育专业学生科研能力培养的对策研究[J].四川体育科学,2004(1):92-93.

[201] 朱薇.典型项目+技能竞赛引领在高职跨境电商教学中的应用[J].科技咨询,2019(29):222-224.

[202] 张志军,郭莹.高职学生职业核心素养培育路径探究[J].中国职业技术教育,2017(4):52-56.

[203] 国务院办公厅关于印发职业技能提升行动方案(2019—2021年)的通知[EB/OL].(2019-05-24)[2022-11-21].http://www.gov.cn/zhengce/content/2019-05/24/content_5394415.htm.

[204] 谢鑫.高职学生职业核心素养与专业技能一体化培育的新模式探索[J].中国职业技术教育,2022(1):80-83.

[205] 张晓娜.工科学生专业技能和职业素养一体化培养[J],食品工业,2022,43(8):219-220.

[206] 何薇,侯贺.南京市医药行业技能型"准职业人"培养模式中职业素养养成的探究[J].佳木斯职业学院学报,2017(11):46.

[207] 谢金.应用型本科院校技术技能人才职业素养探析[J].决策探索,2015(8):55-56.

[208] 郑秀英,王海滨,姜广峰.以专业认证标准为指导,深化高等工程教育改革[J].高等工程教育研究,2011(5):51-53.

[209] 李四清.新形势下高职人才培养与就业结果互动反馈机制的构建[J].教育与职业,2014(35):115-116.

[210] 邢晖.《职业教育法》修订的历程回顾与新法内涵基本点及其影响的分析[J].中国职业技术育,2022(24):5-14.

[211] 邹华胜.服务"一带一路"倡议的我国跨境电商国际化人才培养[J].职业技术教育,2018(15):27-30.

[212] 柴畅."一带一路"倡议下高职应用型跨境电商语言人才培养机制探究[J].中国职业技术教育,2018(17):84-87.

[213] 区域全面经济伙伴关系协定[EB/OL].(2022-01-01)[2022-10-27].http://fta.mofcom.gov.cn/rcep/rcep_new.shtml.

[214] 黄晓凰.RCEP签署对我国跨境电商发展的影响分析[J].商业经济,2021(4):75-77.

[215] 中新(重庆)跨境电商产业园启动运营[EB/OL].(2022-09-25)[2022-10-28].https://baijiahao.baidu.com/s?id=1744940221644204909&wfr=spider&for=pc.

[216] 刘瑞东.产学协同育人背景下驻保高校双创人才培养路径探究[J].中外企业家,2019(10):205.

[217] 韩春霞.大学生思政教育与"双创"教育协同育人的有效策略[J],人才资源开发,2018(14):40-41.

[218] 蹇世琼,彭寿清,李祥."双创"教育中协同育人的实践困境及路径突破[J].江汉学术,2019(4):122-128.

[219] 2022年"一带一路"职业教育国际研讨会召开[EB/OL].(2022-11-28)[2022-12-03].http://www.moe.gov.cn/jyb_xwfb/s5147/202211/t20221128_1006245.html.

[220] 凝心聚力向科技强国目标不断奋进——中关村示范区创新创业主体持续学习党的二十大报告[EB/OL].(2022-10-26)[2022-12-03].https://www.most.gov.cn/dfkj/bj/zxdt/202210/t20221026_183228.html.

[221] 国务院办公厅关于进一步支持大学生创新创业的指导意见[EB/OL].(2021-09-22)[2022-12-03].http://www.moe.gov.cn/jyb_xxgk/moe_1777/moe_1778/202110/t20211013_571909.html.